尼采论自由与偏见

Friedrich Wilhelm Nietzsche

[德国] 弗里德里希·威廉·尼采 著

石磊 编译

中国商业出版社

图书在版编目（CIP）数据

尼采论自由与偏见／（德）尼采著；石磊编译．—北京：中国商业出版社，2016.2（2021.6重印）

ISBN 978－7－5044－9252－4

Ⅰ．①尼…Ⅱ．①尼…②石…Ⅲ．①尼采，F.W.（1844～1900）—哲学思想Ⅳ．①B516.47

中国版本图书馆 CIP 数据核字（2016）第 019929 号

责任编辑　姜丽君

中国商业出版社出版发行

010－63180647　www.c－cbook.com

（100053　北京广安门内报国寺 1 号）

新华书店经销

三河市悦鑫印务有限公司

* * *

890 毫米×1260 毫米　16 开　16 印张　226 千字

2016 年 4 月第 1 版　　2021 年 6 月第 3 次印刷

定价：48.00 元

* * *

（如有印装质量问题可更换）

序

在人类历史的星空里，天才因其非凡的才华与魅力而令人仰慕。在19世纪漫长而黑暗的一百年里，诞生了为数不多的几颗巨星，德国哲学家尼采就是其中的一颗。这个1844年出生于普鲁士牧师家庭的天才，14岁开始就读于德国著名的普福达寄宿学校，1869年进入波恩大学学习神学和古代语言学，并于翌年放弃神学转入莱比锡大学，几年后便成为瑞士巴塞尔大学的古代语言学教授，1879年他因病辞去了大学教职，专职著书，直到1900年离开人世。

像所有的天才一样，他的一生是短暂的。然而，他在哲学史上首开非理性主义哲学的先河，对以后的西方哲学产生了重要且深远的影响。他的人生观对近代人生哲学的发展，起到了不可忽视的作用，在对生命的彻悟中，没有几位哲学家、思想家可以与他相提并论。作为一个伟大的哲学家，正如他自己宣称的那样，他开创了自己的"重新评价一切"的哲学。他对苏格拉底以后的欧洲文化，包括古希腊时期的中世纪的和近代的文化，都提出了严肃的挑战。他对哲学的破坏性和创造性，预言了他将是一个人类哲学史上永不坠落的明星，并永远闪亮在历史的长河中。

他的一生，虽然短暂，却充满了痛苦的体验，但正如浩瀚宇宙飞逝的流星一样，让我们在黑暗的天空看到了生命的光芒，他因为不慎摔倒，身体一蹶不振，而他的激情却和酒神狄奥尼索斯一起站立了起来，并随贝多芬的《欢乐颂》一起走遍世界。他把酒神与日神（阿波罗）的精神捏合在一起，为我们留下了《道德的起源》、《古希腊的悲剧哲学》、《查拉图斯特拉如是说》、《善恶的彼岸》、《历史的用途与滥用》、《看！这就是我》，以及代表作《悲剧的诞生》等诸多作品。《尼采谈自由与偏见》就是其一生作品的一个主题论文集，它的主要内容散存于其丰富的著述之中，它的思想贯穿于由处女作《悲剧的诞生》之始到其最终的著作。

在一个相当长的时期里，尼采以及他的人生哲学，遭到了一些人的歪曲和误解，为了能让现代读者摒弃错误的观念，更好地了解尼采，我们重新编译了这本论文集，旨在帮助广大读者理解先哲意在改变人类思想面貌的人生哲学与审美观，重塑一个美丽的，而非面目狰狞的尼采。就像他的思想一样，他的一生是其作品的最好注释，很少有人能潜心参悟他的作品，但大多数人都非常欣赏他那近似癫狂的酒神精神。人生难免有不得意的时候，人生无法回避悲剧的冲击，只有那些最富于激情的表现，才是最美丽动人的东西。

同时，他也是一个成功者的榜样，他可以给我们现代人探索人生，探索生命提供智慧和勇气。拜读先哲的作品，就是学习先哲的智慧，感受先哲的思想与气质，感悟其充满睿智与激情的人生。在漫长的人生道路上，没有遇到过先哲的幽灵的人生，是不完美的人生。尼采就是一个在我们的人生道路上需要遇到的幽灵，他既会把世人引到一个黑暗的，充斥着无奈与痛楚的世界，又会帮助人们找到救苦救难的仙子，并告诉每一个人面对艰难困苦的人生，唯有日神与酒神及美好理想与非理性主义的激情碰撞，才能摆脱噩梦的纠缠。他把艺术这个人生的另一种表现剖析给人们看，让人们去感悟人生的真谛，感悟痛苦与快乐，感悟成功与失败。

他是一个天才，一个在人类哲学史上、美学史上恣意表演的天才。他也是一个孤独的寂寞的先哲，一个在冷酷的银河里闪烁的星星。去拜访他吧！因为他不仅是一个大哲学家，一个巨匠，他还是一个伟人，一个伟大的诗人，一个载歌载舞的日神，一个百兽献瑞的酒神。他的生命的冲动、意志的力量，让无数人彻夜难眠，让许许多多接受命运挑战的奋斗者彻夜不眠……

在漫漫长夜里，他是最幽远的风景，他独到的以美学解决人生根本问题的答案，既是魔鬼的思想，亦是伟人的见识；他是美丽的，亦是可怜的，因为我们还要告诉你，他是一个精神病患者。就最广泛的、最实际的、最具审美意识的人生哲学而言，我们也许可以说，几个世纪以来，没有多少美学思想、哲学理论对现代人的影响，可以与尼采匹敌。

最后尚需说明的是，由于时代的局限和尼采个人的偏见，本书一些作品中的唯心主义和唯意志论表现得比较明显，有些观点和论述显然是错误的，请读者在阅读中予以鉴别，取其精华，去其糟粕。

目录

一、哲人与偏见 …………… 001
二、自由的精神 …………… 016
三、宗教意识 ……………… 030
四、天才的箴言 …………… 042
五、道德的历史 …………… 054
六、自我剖析 ……………… 069
七、道德之尺 ……………… 083
八、民族与爱国 …………… 101
九、高贵的理解 …………… 118
十、艺术的灵魂 …………… 141
十一、曙光的升起 ………… 166
十二、快乐的科学 ………… 178
十三、天才的感悟 ………… 197
十四、自我的批判 ………… 207
十五、疯狂的激情 ………… 214
十六、艺术的意志 ………… 223

一、哲人与偏见

真理意志注定诱使我们做许多冒险事业，所有哲学家至今都怀着敬意谈论过真理之中那无人不晓的真实性，又有什么问题是它没有向我们提出过！提出的是些多么叫人觉得奇怪、令人困惑、复杂的问题！说来话长，然而又似乎还没有开始。如果我们变得不再相信、失去耐心、不耐烦地躲开、那又有什么奇怪？不正是这个斯芬克斯最终教会了我们自己提出问题吗？究竟是谁在这里向我们提出问题？我们内心的这种"真理意志"究竟是什么？的确，我们曾长久地停下来思考这种意志来自何处，以致最终我们一动不动地伫立在更为根本的问题面前，转而质询这种意志的价值。假定我们需要真理，那为何不需要虚妄？不需要不确定性？甚至无知呢？真理的价值问题自然而然地呈现在我们面前——抑或是我们自己站到了这一问题面前？在这里，哪一方是俄狄浦斯？哪一方又是斯芬克斯？这似乎是一大堆问题，一大堆问号。怎能让人相信，这问题以前从未有人提出过，似乎是我们第一次察觉到了它，瞥见了它，壮着胆子提出了它？因为提出它是有危险的，或许也没有比这更危险了。

事物怎能源自其对立面？比如，真理源自谬误，真理意志源自欺骗意志，慷慨源自自私，智者的慧心源自贪婪，这是不可能的，谁这样想谁就是傻瓜，而且是傻瓜中的傻瓜；具有最高价值的事物肯定有其根源——它们的根源不会是在这个转瞬即逝、充满诱惑、虚幻不实、卑鄙龌龊的世界上，不会在妄想与贪婪之中，而是在神的怀抱中，在永恒中，在匿而不露的上帝那里，在"自在之物"中——它们的根源一定在那里，而绝不会是在别处！这种推理方式暴露了一种典型的偏见，借此可识别出所有时代的玄学家，这种评估方式隐藏在他们全部的逻辑方法背后：依靠这种"信念"，他们尽力探求"知识"，探求某种最终庄严地冠以"真理"之名的东西。玄学家的根本信念是相信价值的对立，就连他们当中最谨慎的人，也未在一开始就提出疑问。因为，首先值得怀疑的是，究竟是否存在对立；其次值得怀疑的是，玄学家认可的普通评估和价值对立，难道是肤浅的推测和一时的想法？何况还很可能是产生于某一角落，也许产生于地狱，或借用时下画家常用的话来说，在某种程度上产生于"青蛙透视画法"。尽管可把许许多多价值归于真实、明确和无私，但一般说来，仍可赋予虚伪、欺骗意志、自私和贪婪，予以更高、更基本的生活价值。甚至那些好的、受人尊敬的事物，其价值所在可能正是暗中与那些邪恶的、显然对立的事物相互联系、相互纠缠、相互交织在一起，甚至实质上正与它们别无二致。但哪一个愿意与这种危险的"猜想"沾边！要想考察这种猜想，必须等待出现新型的哲学家，他们将有别样的趣味和志向，与至今流行的那些———些名副其实地做危险"猜想"的哲学家相反。说实在的，我已目睹这种新型哲学家开始出现了。

我一直注意着哲学家，阅读了他们的大量文字，此刻我暗自思量，大部分自觉的思维肯定属于本能活动，就连哲学家的思维也是如此；在这方面，人们需要重新学习，正如人们对遗传和"天赋"已有新的了解一样。正像生育行为在整个遗传过程中的作用很少被考虑过，"自觉"也很少与真正意义上的本能相媲美。哲学家的大部分自觉思维，都不知不觉地受其本能影响，而被逼入一定的轨道。在其全部条理性和看似自主的活动背后，有评估，有哲学家对维持特定生活方式的需要。比如，确定的事物比不确定的事物有价值，虚幻不如"真实"有价值：这种评估尽管对我们有条件上的重要性，但仍可能仅仅是表面的评估，是特殊种类的无知，而且只是维持像我们自己这样的生物所需要的。总之，个人并不是"衡量事物的尺度"。

我们以为，一种意见的虚假性并不是反对这种意见的理由，也许正是在此处，我们的新鲜话语听起来极其令人不可思议。问题是，一种意见在多大程度上能促进生存、维护生存、维护人类或养育人类？从根本上说，我们认为，虚假的意见，对我们来说是必需且不可少的；不去承认逻辑的虚构，不将现实与纯粹想象的绝对和永恒世界相比较，不经常用数字仿造世界，人就无法生存，放弃虚假的意见就是放弃生存、否定生存。承认不真实是生存的一个条件吧，这肯定是对传统价值观的危险责难！因而胆敢这样做的哲学家便将自己孤零零地置于善恶的彼岸。

　　人们之所以半信半疑、半嘲笑地看待哲学家，并不是因为常常发现他们有多么无知——多么频繁地犯错误，并迷失道路。一句话，就是因为他们不够诚实。哪怕最隐晦地提及真诚问题，他们也都会立即大声义正词严地表示出抗议。他们都摆出一副样子，似乎自己的真知灼见是通过冷酷的、纯粹的、绝对不偏不倚的辩证法的自我发展，而发现和得到的（这与各式各样的神秘主义者形成了对照，他们光明正大而傻里傻气地谈论"神的启示"）；可实际上，他们的主张、思想或"建议"，是带有偏见的，是他们内心欲望的抽象和精炼，他们总是用事后寻求到的论据为其辩护。他们都是鼓吹者，而又不希望别人把他们看成是鼓吹者，也都是自己偏见的狡猾辩护者，并将自己的偏见称作"真理"，而决无勇气承认这一切的良知，也决无风度和胆识让朋友或敌人明白这一切，更不用说以欢悦的自信和自嘲态度做到这一点了。上了年纪的康德，穿着笔挺而讲究，把人们诱入了辩证法的小道，沿着这条小道，又把人们引向了（或更正确地说，错误地引向了）他的"绝对命令"。但康德的伪善，只是令我们这些挑剔者付之一笑，而饶有兴味地觉察出了老道德学家和道德说教者的阴险伎俩。更加可笑的是，披着数学外衣的欺骗手法，如斯宾诺莎就是用数学给自己的哲学穿上铠甲和戴上假面的——实际上，说得明白些，他的哲学就是"对他的智慧的热爱"，以此恐吓胆敢瞥看和攻击那位无敌女神帕拉斯·雅典娜的人。一个病恹恹的隐士用这种伪装，暴露出他是何等的胆怯与脆弱！

　　我已逐渐看清迄今为止的每一种伟大哲学是由什么构成的——即看到了其创立者的自白书，一种不自觉的、无意识的自传；并认识到每种哲学中的道德（或非道德）目的，是长成整个植物真正的活胚芽。的确，要想理解一个哲学家极其深奥的形而上学主张是如何得出来的，最好先问一下自己："他们（或他）以什么样的道德观为目的？"因此，我不相信"求知的冲动"是哲学之父；而认为另一种冲动，在此处同在别处一样，把知识（以及错误的知识）当作一种工具。但无论是谁，在考查人的各种基本冲动以确定它们作为鼓舞人的神灵起多大的作用时，都会发现，这些冲动都在这时或那时作过哲学思考，每一种动机都非常乐于将自己视为存在的最终目的，视为统领所有其他冲动的合法君主。因为每一种冲动都很傲慢，其本身都试图作哲学思考。诚然，就学者来说，就真正的科学家来说，情况可能会有所不同——如果你愿意的话，也可以说情况"较好"。在他们那里，可能真的有比如"求知欲望"那样的东西，有某种小巧而独立的钟表机械，上紧发条，便会不知疲倦地走到终点，其他冲突不会对他们有任何大的损耗。所以，学者的实际"兴趣"一般在完全不同的另一方面——在家庭上，或在经济上，或在政治上；实际上，他的小机械用在哪一研究领域，对于年轻的他是成为优秀的语言学家或生物专家，还是成为化学家而言，都无关紧要。他的特征是决定成为哪种人物的基础。相反，在哲学家身上，则绝对没有不带人格的东西；尤其是他的道德观，确凿无疑地证明了他是谁——也就是说，证明了他本性中最深层的各种冲动是以何种顺序排列的。

　　哲学家多么恶毒啊！据我所知，再也没有什么比伊壁鸠鲁随意拿柏拉图和柏拉图主义者开的玩笑更尖酸刻薄的了；他称他们为狄奥尼西奥斯的奉承者——因而也就是暴君的帮凶和马屁精。除此之外，这个玩笑还等于说："他们都是戏子，他们毫无真诚可言。"这是伊壁鸠鲁对柏拉图的恶毒侮辱：柏拉图和柏拉图主义者很会装腔作势，很有舞台风格，而伊壁鸠鲁却不会！他为此感到恼火。伊壁鸠鲁，这位萨摩斯岛上年长的学校老师，隐居于他在雅典的小花园中，写出了三百多本书，也许出于愤怒，也许出于对柏拉图的强烈忌妒，又有谁知道呢！希腊过了好几百年才看清了这位伊壁鸠鲁学派偶像的真面目。敢问希腊究竟看清了没有？

你们想要"顺应自然"而生活？你们这些高尚的斯多噶派成员，玩弄的又是什么文字把戏！想象你们自己是像自然一样的存在物，无限地奢侈，无限地冷漠，没有目标或思虑，没有怜悯或正义，既果实累累，又颗粒无收，且变化无常；想像你们自己是一种冷漠的力量，你们怎能顺应这种冷漠而生活？生活——不正是力图与这自然不一样吗？生活不就是评价，选择自己所喜欢的事物，不公平、受限制，力图与其不一样吗？就算你们"顺应自然而生活"的命令，实际上意味着"顺应生活而生活"——你们又怎能生活得有所不同？你们为何要根据你们所认可和不得不认可的东西提出一条原则？其实，你们完全不像上面所说的那样：你们假装狂喜地辨读你们的自然规律和准则，但是想要的却完全与此相反，你们这些出色的舞台演员，自欺欺人者！你们傲慢地想要把自己的道德和理想，强加给自然、强加给自然本身，想要把自己的道德和理想纳入到自然之中，你们坚持认为，应该是自然"顺应斯多噶"，想要按照你们自己的形象塑造一切，塑造成永远光辉灿烂，无所不包的斯多噶主义！你们虽然热爱真理，却长久以来，那么顽固，那么死板地以虚假眼光，即以斯多噶派眼光看自然，以致你们已不能再以其他眼光看自然——尤其是，某种不可名状的傲慢使你们疯狂希望：既然你们能暴虐地对待自己，自然也将听任自己被暴虐地对待——斯多噶派不就是自然的一部分吗？但这只不过是个古老而永远讲不完的故事：过去斯多噶派发生的事，今天仍在发生；只要一种哲学开始自信，它就总是按自己的形象去创造世界；它无法用别的办法创造世界；哲学就是这种暴虐的冲动本身，就是最神圣的权力意志，"创造世界"的意志，探求第一原因的意志。

当前整个欧洲都在讨论"真实而明显的世界"问题，讨论得是那么热烈、精细，甚至可以说巧妙，确实值得我们注意；谁要是只听说其背后有"真理意志"，而没有听说有别的东西，那他就不能吹嘘自己的耳朵最敏锐。在极少数的情况下，这种真理意志——某种过大而危险的勇气，玄学家的某种带有绝望色彩的勇气可能碰巧起了作用，从而最终总是宁愿要一把"确定性"，也不要一整车漂亮的可能性；甚至可能有凭良心行事的狂热清教徒，他们宁愿最终相信确确实实的"无",也不愿相信某种不确定的东西。但那是虚无主义,是绝望的、极其疲惫的灵魂的象征,尽管这种美德可能表现出勇气。但一些较为强健、较有生气的思想家,仍渴望生活,他们似乎与上面那种人不同。他们反对现象,傲慢地谈论"透视法";他们认为自己身体的可信性同"地球静止不动"这一视觉证据的可信性,几乎一样低,因而表面上便洋洋自得地把最可靠的占有物放跑了(目前还有什么比人们更坚信自己的身体呢),谁又晓得他们实际上不是企图收复某种过去更可靠的占有物呢?即某种从前的信仰,或许是"不死的灵魂",或许是"造物主",总之是某种思想,与"现代思想"相比,他们借此可以生活得更好,更有活力,更快活。他们不相信现代思想看待事物的方式,不相信昨天和今天建造出来的东西;他们或许对此既有点餍足,又有点嘲笑,不再能忍受杂七杂八、零零碎碎的思想,如所谓实证主义当今投放于市场上的那些思想;他们的趣味也许较为高雅,厌恶所有那些注重实际的半瓶子醋哲学家,厌恶他们那种市集摆摊式的东拼西凑、修修补补的做法。在他们那里,除了这种混杂外,既无新东西,又无真东西。我认为,我们应该同意当今那些持怀疑态度的反实在论者和知识微观分析者;他们的本能具有无法否认的真实性,迫使他们抗拒时髦的现实。他们的倒退与我们何干!他们主要不是想"后退",而是想离开。再多一点力量、冲力、勇气和艺术家的才能,他们便会脱离,而不是倒退!

　　我认为,目前人们总是力图不去注意康德对德国哲学产生的实际影响,特别是忽视他对自己的评价。康德首先对自己的范畴表感到骄傲,他手拿范畴表说:"这是为形而上学所能做的最难的事情。"那就让我们好好理解一下这个"所能"吧!他因发现了人的一种新能力而感到自豪。这种新能力就是先验综合判断。虽然康德在这件事情上欺骗了自己,但德国哲学的发展和迅速繁荣却依赖于他的自豪,依赖于年轻一代急于要与他竞争,努力去发现某种更值得自豪的东西,无论如何要发现"新的能力"。但让我们思考一下,现在正是该思考一下的时候了。"先验综合判断何以可能?"康德这样问自己——他究竟是怎么回答的?"依靠一种手段(能力)",可不幸的是,人们并非只用这几个字,而是排场很大地、非常壮观地充分显示德国人的深奥与雄辩,而完全漠视回答中包含了德国人的可笑无知。人们对这种新能力高兴得发狂,当康德又发现了人的一种道德能力时,这种狂喜便达到了顶点——因为当时德国仍是讲道德的,尚未陷入"严酷的政治斗争"。于是便降临了德国哲学的蜜月。图宾根大学的所有年轻神学家立即涌入到小树林中去寻找"能力"。他们都找到了些什么呢?在德国精神的那个无知、荒唐且依然年轻的时代,浪漫主义这个心存恶意的小仙子,一个劲地在那边吹喇叭、唱赞歌,而当时人们尚不能分辨"发现与发明"!特别是发现了一种"超越能力",谢林称其为智力直觉,由此而满足了天生具有虔诚倾向的德国人急切的渴望。对于这场情绪激昂而偏执怪异的运动(它确实很年轻,尽管它用灰白苍老的概念做了装饰),最不公正的待遇莫过于认真地看待它,甚至满怀道德义愤地对待它。不过世界已变得很老,梦已消散。人们终于揉揉脑门,而且现在仍在揉脑门。人们原来在做梦,尤其是老康德在做梦。"依靠某种手段(能力)"——他说,或至少他想这么说。可这是回答吗?是解释吗?倒不如说仅仅是重复了一下问题吧。鸦片是怎么使人入睡?莫里哀戏剧中的那个医生回答说,是"依靠某种手段(能力)",即催眠作用。

但这样的回答只能用于喜剧中,现在该替换一下康德提出的"先验综合判断何以可能"这一问题了,而取代它的是另外的一个问题,即"为什么必须相信这种判断?"实际上,我们现在应该明白为了保存像我们这样的人,必须相信这种判断是真实的,尽管它们可能是假言判断!或者说得更明白、更粗俗、更易懂些——先验综合判断根本是"不可能的",我们无权拥有先验综合判断,从我们口中说出来的先验综合判断,只不过是假言判断。当然,仍必须相信它们的真实性,因为看似有理的信仰和视觉证据,属于透彻的人生观。最后,再让我们想一想"德国哲学"在整个欧洲产生的巨大影响,毫无疑问,有某种催眠作用的参与,由于有德国哲学,各国高贵的懒汉们、正人君子们、神秘主义者们、艺术家们、四分之三的基督教徒们,以及政治蒙昧主义者们,高兴地找到了一副解毒剂,用来对付仍大行其道的感觉论——感觉论从上个世纪一直泛滥到本世纪。

唯物主义原子论是遭到最彻底驳斥的一种理论，目前在欧洲的学术界，除了日常方便地使用一下外，恐怕没有一个人学问低得去认真地看待它——这主要得归功于波兰人博斯科维奇：他与波兰人哥白尼是至今反对视觉证据的最伟大、最成功的人。因为，哥白尼使我们确信，同感官所感觉到的相反，地球并不是静止不动的，与此同时，博斯科维奇使我们摒弃了对实体、对物质、对土地残留物、对粒子原子的信仰，这是地球上至今为止，对感官所取得的最伟大胜利。但人们必须要走得更远，也对"原子论式的要求"宣战，与其进行无情的血战。这是缘于原子论式的要求，如较为著名的"形而上学要求"，仍在一些地方阴魂不散，而无人对它提出质疑。尤其是，人们还必须给予另一种更为可怕的原子论致命的一击，这就是基督教向人们灌输得最深、最长久的灵魂原子论。让我们用这个词表示这样一种信念，它把灵魂视为某种不可摧毁的、永恒的、不可分割的东西，视为单子，视为原子，应把这种信念从科学中驱逐出去！不过，在你我之间却完全没有必要消除掉"灵魂"，没有必要放弃最古老、最受人崇敬的假设之一——笨拙的自然主义者就常常放弃这种假设，他们几乎一谈及灵魂，就立即失去它。但却应该敞开大门接受新的灵魂假设并使原有的灵魂假设更完善，今后诸如"终有一死的灵魂"、"主观多样性的灵魂"、"作为本能与感情的社会结构的灵魂"等概念，应该在科学中享有合法权利。新心理学家们即将结束那些至今围绕灵魂观念并繁茂生长的迷信想法，因而他们实际上可以说正在将自己投入新的荒漠、新的怀疑——老心理学家们则可能过得惬意一些、舒适一些；不过，新心理学家们最终会发现，正因为如此，他们也注定要发明——说不定或许是发现新的东西。

心理学家应该仔细想一想再断言，自我保存本能是有机物的基本本能。生命首先力求释放自身的力量——生命本身就是权力和意志；自我保存只是其最常见的间接结果之一。总之，在这里就如同在别处一样，让我们警惕多余的目的论本能！——其中之一就是自我保存本能（我们认为它产生于斯宾诺莎的自相矛盾）。因而它实际上是那种自相矛盾方法的必然产物，实质上也必然节省了本能。

也许只有五六个人刚刚醒悟，自然哲学只是对世界的展示和对世界的排列，而不是对世界的解释。但只要自然哲学的基础是相信感官，它就会被视为更多的东西，而且在未来很长一段时间内必然会被视为更多的东西，即被视为一种解释。它有自己的眼睛和手指，有自己的视觉证据和可感知性：这会在贫民趣味占优势的时代产生，产生使人神魂颠倒、使人心悦诚服、使人确信不疑的影响——实际上，它是在本能地遵循这样一条准则，即大众欢迎的不朽的感觉论是真实的。明白了什么，"解释"了什么？仅仅是能被看到和感觉到的东西——人们对每一个问题只能问到这儿。不过，与此相对照，柏拉图的思维方式便是贵族式的，其魅力恰恰在于同明星的感官证据相对抗——也许对这样一些人而言是有魅力的，他们拥有比我们同时代人更强有力、更挑剔的感官，但他们知道如何较为成功地控制感官；他们用灰白而冷酷的概念网来控制感官，用概念网罩住一团混乱的感官，或者用柏拉图的话来说，"罩住这群感官暴徒"。用柏拉图方式战胜世界和解释世界所得到的享受，不同于当今物理学家向我们提供的享受，也不同于生理学家当中的达尔文主义者。"在没有更多东西可看、可理解的地方，也就没有更多的事情需要人们去做。"这个命令确实不同于柏拉图的命令，但对于未来能吃苦且勤劳的机械师和桥梁建筑师而言，却很可能是正确的命令。

要问心无愧地研究生理学，就得坚持认为感觉器官不是唯心主义哲学意义上的现象，它们本身确实不能是原因！所以，感觉论即使不是探索性原则，至少也是条件性假设。什么，另一些人不也说，外部世界是我们器官的产物吗？但若是这样的话，我们的身体作为这个外部世界的一部分，便是我们器官的产物了！于是，我们的器官本身也就是我们器官的产物了！在我看来，如果自因这个概念是某种根本荒谬的东西，那么以上便是完整的归谬法。所以，外部世界不是我们器官的产物。

仍然有一些无恶意的自我观察者相信有"直接的确实性"。比如，"我思"，或像叔本华常说，"我运用意志的力量"。似乎认识能力在此不折不扣地抓住了客体，抓住了"自在之物"。无论是在主体方面，还是在客体方面，都无虚假行为。然而，我要再重复一百遍，"直接的确定性"，以及"绝对知识"和"自在之物"，包含着有词语的相互矛盾。我们的的确确应该摆脱词语使人产生误解的含义！人们也许认为，认识能力正在认识有关事物的一切，但哲学家必须对自己说："当我分析'我想'这个句子表达的过程时，我发现了一系列大胆的断言，很难对其进行论证式的证明。比如，是我在想，必定有某种东西在想，'想'是一存在物的活动，这个存在物被视为原因，有一个'自我'，最后，已经确定了'想'指的是什么——我知道什么'是'。因为我内心尚未决定它是什么，那我如何根据什么标准，以确定刚刚发生的事情是'意志'还是'感情'呢？总之，'我想'这个断言，假设了我当前的状况与我所知道的我自己的其他状况相比较，以确定它是什么。由于具有这种与其他'知识'的回忆性联系，它无论如何对我而言，都没有直接的确定性。"因此，与普通人在这种特殊情况下可能会相信"直接的确定性"不同，哲学家会发现有人向他提出一系列形而上学问题，一些有关真正的良知问题，即"我是从何处得到'想'这个观念的？我为何相信原因和结果？是什么赋予我谈论'自我'的权利，甚至把'自我'说成原因，把'自我'不容置疑地说成思维的原因？"谁敢借助于某种直觉立即回答这些形而上学的问题？且说"我想，我知道这是真实的、实在的和确实的"，那他只会博得当今哲学家的一笑置之和两个问号。哲学家也许会对他说："先生，你可能没有错，但是，为何这才是真实的呢？"

关于逻辑学家的种种迷信想法，我将不厌其烦地强调一个微小而简洁的事实，这个事实已被这些易于轻信的人不情愿地认识到了，当"思想"想要来时，"它"便会来，而当"我"想要它来时，它却不来，故说主语"我"是谓语"想"的条件，是对事实的歪曲。或许可以说自己想有人会说这个"自己"正是那个著名的旧"自我"，但委婉些说，这种人的说法只是一种假设、一种断言，无疑不是"直接的确定性"。毕竟，自己已对这种"自己想"产生了太多的影响，以至于"自己"包含有对这一过程的解释，而不属于这一过程本身。

根据通常的语法规则，此处自己指的是——"想"是一种活动，每一种活动都需要有一主动的动源。因此，正是遵循这一基本相同的路线，旧原子论除了寻找起作用的"力量"外，还寻找这种力量所赖以存在和赖以作用的物质粒子——原子。不过，思维较严密的人，最终已学会了没有这种"土地残留物"也能过日子，也许有一天，我们从逻辑学家的观点来看，习惯了没有那一渺小的"自己"也能过日子。

可以被反驳，的确不是一种理论的最小魅力；正因为可以被反驳，它才会引起思维缜密的人的注意。被千百遍反驳的"自由意志"理论能够存留至今，似乎仅仅是由于这一魅力；经常会冒出某个人觉得自己强大得足以反驳这种理论。

哲学家习惯于谈论意志，似乎意志是尽人皆知的东西；叔本华甚至告诉我们，我们实际上只知道意志，绝对而完全地、不折不扣地知道。但我总是觉得，叔本华在这方面也只是做了哲学家惯于做的事，他似乎采纳了普遍的偏见，并夸大之。我认为，运用意志力尤其是件复杂的事情，是在名义上统一的事情。普遍的偏见正是暗藏在名称之中，并由此而控制了所有时代不够警惕的哲学家。因此，让我们这次破例谨慎些吧！"没有哲学性"吧！我们要说，当运用各种意志力时，首先有多种感觉，即每当我们运用意志力做任何事情时，都会感觉到"我们所离开的"那种状态，感觉到"我们所趋向的"那种状态，感觉到这种"离开"和"趋向"本身，随后还有一种相伴随的肌肉感觉，这种感觉即使未使"四肢"运动起来，也会凭借习惯的力量开始起作用。因此，正如应该承认各种感觉（确实有许多种感觉）是意志的组成部分一样，还应该承认思想。在每种意志行为中，都有一种主导作用想像可以把这种思想与"运用意志力"分隔开，似乎意志便可以留存下来！第三，意志不仅是感觉和思想的复合体，而且还是一种情感，实际上是命令的情感。称作"意志自由"的东西，实质上是优越于必须服从者的情感："我是自由的，'他'必须服从"，这种意识是每一种意志所固有的。每一种意志固有的东西还有注意力的集中，对一件事情的专注，无条件的判断："现在只需要做这件事情"；内心的确信无疑：命令肯定会得到服从以及其他属于命令者地位的东西。运用意志力的人在内心命令表示服从的东西，或是他认为会表示服从的东西。但现在让我们留意一下有关意志的最令人奇怪的事情，意志这玩意儿极为复杂，但是人们对它只使用一个名称。由于在特定情况下，我们既是命令的一方，又是服从命令的一方。而作为服从的一方，我们一行使意志力，通常开始便有受拘束、受驱使、受压迫、反抗和行动等感觉。由于另一方面我们习惯于忽视这种双重性，习惯于用综合性词语"我"来自我欺骗，所以有关意志本身的一整套错误结论和虚假判断，便附着在运用意志力的行为上，导致运用意志力者坚信，只要运用意志力便足以引起行动。因为在大多数情况下，指望得到命令，因而服从，并从而行动的结果时，只是运用意志力，所以这种现象便自我转变成了感情，似乎有一种结果的必然性。一言以蔽之，运用意志力者相当有把握，确信意志和行动从某种角度上来说是一回事。他把意志力的运用归因于意志本身，因而越来越感觉到伴随着所有意志力而运用的力量。"意志自由"——人们用这个词表达运用意志力者的复杂喜悦心情，他下命令，同时又把自己等同于命令的执行者。他作为命令的执行者，也享受到克服障碍的喜悦，但内心却认为实际上是他自己的意志克服了障碍。这样，行使意志的人便在他作为下命令的喜悦心情之外，又加上了他卓有成效的执行工具，即有用的"潜意志"或"潜灵魂"。的确，我们的身体只不过是由许多灵魂构成的社会结构的喜悦心情。结果就是：此处发生的事情，也是在每一个组织良好的情况下发生的事情，即统治阶级总把自己等同于国家的繁荣昌盛。当运用各种意志力时，所涉及的绝对是下命令和服从的问题，下命令和服从的基础，便是上面所说的由许多"灵魂"组成的社会结构；由于这种原因，哲学家有权把运用意志力本身纳入道德领域，并把道德学说视为至高无上关系的学说，于是"生命"现象便展现在这些至高无上的关系之下了。

各种哲学思想并不是随意或自发形成的，而是互相关联地生长起来的。不管它们多么突然和任意地出现在思想中，它们都正如某陆地动物群的集体成员那样，属于一个体系，这一点最终由以下事情暴露了出来：迥然不同的哲学家，怎么总是不断地去填写可能的哲学所具备的一个明确基本表格。在看不见的符咒指引下，他们总是又一次在同一轨道上旋转；不管他们在批判意志或系统意志方面感到彼此多么不相干，他们内心中的某种东西总在指引着他们，某种东西总从确定的顺序，一次又一次地驱使着他们——那就是固有的方法论及他们思想间的相互关系。他们的思想实际上与其说是一种发现，不如说是一种重新认识、一种回忆、一种返回，返回到灵魂的遥远且古老的共同家园，他们的思想正是在这里长大的。到目前为止，作哲学思考只不过是一种最高级的返祖现象。很容易解释为何所有印度人、希腊人和德国人的哲学思维，令人感到惊奇地相似。实际上，哪里有共同的语法规则使语言相类似，哪里也就从一开始便为哲学体系的相同发展和交替，准备好一切条件，恰似阻塞了对世界作出其他解释的道路。乌拉尔—阿尔泰语群地区的哲学家，很可能会以另一种方式看待世界，走上与印度、日耳曼人和穆斯林不同的思想道路。某些语法功能的符咒，最终也是哲学评价和种族气质的符咒。就说这么多吧，以此来驳斥洛克关于观念起源的肤浅看法。

  自因是至今构想出来的自相矛盾的最佳例子，是对逻辑的某种违反，是某种不自然的东西。但人却骄傲得很，力图把自己同这种蠢东西搅缠在一起，而显得深奥和吓人。想要享有最高形而上学意义上的"意志自由"，享有不幸，却仍在受过点教育的人的头脑中，占统治地位的那种意志自由；想要为自己的行为承担全部和最后的责任；想要免除上帝、世界、祖先和社会的责任；这一切所涉及的正是要充当这种自因，而且无比大胆地想要揪着头发往上拉自己而成为存在，从而脱离虚无的泥潭。如果有谁由此而发现著名的"自由意志"概念是多么粗俗而愚蠢，并从头脑中完全清除这一概念，那我请求他把他的"启蒙运动"向前再推进一步，也从头脑中清除可怕的"自由意志"概念的对立面——"非自由意志"，非自由意志相当于对原因和结果的误用。不应像自然哲学家（以及任何其他与自然哲学家一样归化于当前思维的人）遵从流行的傻里傻气的呆板做法，使原因向前挤和推，直至产生"结果"，以此错误地把"原因和结果"具体化。应该把"原因"和"结果"仅仅当作纯粹的概念。也就是说，当作约定的虚构，用以指导事物和彼此的相互理解，而不是用于解释。"自在之物"根本没有"因果关系"，没有"必然性"，没有"心理学上的不自由"。在那里，结果并不跟随在原因之后也没有"规律"可寻。正是我们自己发明了原因、先后顺序、相互关系、约束、数字、规律、自由、动机和目的。当把这种符号世界解释为"自在之物"，并将其与事物混为一谈时，我们再一次像平常所做的那样，制造了神话。"非自由意志"是神话，在现实生活中只有意志坚强和意志薄弱的问题。

当思想者谈及"因果关系"和"心理上的必然性"而表现出几分受强迫、穷酸、卑躬屈膝、受压迫和不自由时，这几乎总是一种征候，表明他内心缺少点什么，至少让人怀疑他有这种情绪，他自己暴露了自己。一般说来，如果观察正确的话，应把"意志不自由"看作由两种完全对立的观点引起的问题，但仍总是由个人内心深处的东西引起的：一些人无论如何也不愿放弃"责任"，不愿放弃对自己的信任，不愿放弃对自己的优点享有的权利；另一些人则相反，不愿对任何事情负责，不愿为任何事情受责备，由于内心的自卑，无论如何也要摆脱事务的纠缠。而后者在著书立说时，习惯于站在罪犯的一边。

请原谅，我是个老语文学家，总禁不住爱捣蛋，以揭露各种恶劣的解释方式，但你们物理学家却那么骄傲地谈论"自然符合于规律"。似乎是吧，不过只是由于你们的解释和恶劣的"语文学"，自然才符合规律的。"自然符合于规律"不是事实问题，不是"原文"，而只不过是对原文意思所作的天真而富于人性的调节和歪曲，以此对现代人的民主本能做出重大让步！"法律面前处处平等，自然在这方面也不例外，同我们没有什么两样。"这是隐蔽动机的一个极好例子，与一切特权和专制相对立的情绪，也是另一种较为精致的无神论再一次隐藏在其中。"既没有上帝，也没有救世主"，这也是你们所需要的。因此"为自然规律而欢呼吧"！

难道不是这样吗？但是，恰如前所述，自然规律是解释，而不是原文。也许会出现这样一个人，他由于具有相反的意向和采用相反的解释方式，会在相同的"自然"和相同的现象中，仅仅看到人们专横地、不顾及他人且无情地坚持，并强力要求这个解释者会非常坚决地把所有"强力意志"的无例外性和无条件性地放到你们的眼前，以至于每一个言词和"专横"这个词本身，最终都显得不合适，或显得像是个软绵绵的比喻，显得太过人性了。但他最后会对这个世界做出和你们一样的断言，即这个世界有一个"必然的"和"可计算的"进程。不过，这不是因为这个世界上存在规律，而是因为绝对没有规律，每一个强力都时时刻刻要实现自己的最终结果。当然，这也仅仅是解释你们是否会急于提出这种异议？哈哈，那就更妙了。

全部心理学至今都搁浅在道德偏见和胆怯之上，它一直不敢驶入深海。由于从迄今为止所写出的东西中，辨认出的尚未说出的东西，似乎还没有谁像我那样把心理学视作形态学和强力意态发展学说。道德偏见的力量已深深渗入了整个知识界，并显然已产生了有害的、阻碍性的、叫人看不清方向的扭曲的作用。真正的生理—心理学不得不与研究者心中的无意识对立情绪作斗争，它的"心"是反对它的，就连"好"冲动与"坏"冲动互为条件的学说，也会在仍然强健而具有男子气概的良心中，引起痛苦和厌恶（将它视为高雅的不道德）。更不用说认为所有好冲动源自坏冲动的学说了。然而如果一个人把仇恨、忌妒、贪婪和傲慢等情感，看作调节生活的情感，看作普通生活中必须有的基本而不可缺少的因素（如果生活要进一步发展的话，这些因素也必须进一步发展），那么他就会因为有这种看法而像晕船那样感到难受。不过，这一假设绝不是巨大而且是在新的危险知识领域内，最让人感到奇怪和最令人痛苦的假设；实际上有许许多多正当理由避开它，但是谁又办得到呢！另一方面，如果我们驾着小船漂流到这儿，那可太好了，让我们咬紧牙关、睁大眼睛，牢牢掌好舵！我们驶向道德，破浪前进，勇敢地向那边驶去，摧毁我们自己身上残存的道德——那有什么关系！从未有比这更为深邃的悟性世界，展现给勇敢的旅行者和冒险者。并因此为回报而作出了牺牲，不是牺牲理智，而是相反！然而心理学家，至少将有权要求人们再次承认心理学是各门科学的皇后。由于有了她的服务和她所提供的知识，其他科学才得以存在。心理学将再一次成功地去研究各种根本问题的必经之路。

二、自由的精神

　　天真纯朴的人！生活在多么叫人奇怪的简化与伪造中啊！一旦留心看到这个奇迹，肯定会惊奇不已！我们是怎么把周围的一切都弄得无挂无碍，舒适简单的！又是怎么使我们的感觉容忍一切肤浅之物的，是怎么能够使我们的思想神圣无比地想要随意胡闹，想要作错误推理！怎么从一开始就想方设法地保持无知状态，以享受几乎不可想像的自由——无思想、轻率、热心和愉快，以此享受生活！至今为止，只是在这一坚硬的、花岗岩般的、无知的基础之上，知识才得以建立起来，而求知的意志则建立在更加强大得多的意志之上，这个意志就是求无知、求不确定、求不真实的意志！不把后者看作前者的对立物，而是看作对前者的提炼！的确，我们希望，语言在这里同在别处一样，不要克服其尴尬处境，希望它对事物只是有逐渐变化和许多改进的地方，仍然谈论对立；我们同样希望，已造成肉身的虚伪道德将歪曲有识别力的人所说的话。我们不时地对其表示理解，对最高级的知识竭尽全力地使我们待在这个简化的、完全人造的、适当虚构的和适当伪造的世界的方式上，并付之一笑，对它热爱错误观点的方式，亦付之一笑，它所以热爱错误观点，是因为作为生活本身，它热爱生活！

　　在这样令人愉快的开始后，人们也许想听到严肃字眼，因为严肃字眼才合大多数一本正经者的心意。当心，你们这些哲学家和知识之友不要因此殉难！留心，不要"为了真理"而受苦！即便为了保护你们自己，也要留心啊！它损害了你良心中的天真无邪和优雅的中立；它使你听不进反对意见，动辄发怒；它使你在与危险、诽谤、怀疑、驱逐甚至更恶劣的敌意行为做斗争时,变得丧失理智、兽性大发、残酷无比。最终使出一着——声称自己是地球上真理的保护者——似乎"真理"是个非常天真无邪的、无行为能力的人,需要有人来保护他!需要你们这些一脸哀容而又游手好闲的先生们和制造时代精神的人们!最后,你们知道得很清楚,即使能说服别人同意自己的观点,也不会产生什么惊天动地的结果。你们知道,至今为止还没有哪位哲学家能说服别人同意自己的观点;你们知道,在自己特意说的话和自己特别喜欢的学说后面(以及偶尔在你们自身后面)加的每一个小问号,要比上诉人在法庭上演的所有严肃滑稽剧和玩弄的骗人把戏,有其更值得称赞的真实性!还不如躲开的好!躲开,藏起来!带着你的各种假面具和各种诡计,以便把你误当作你现在的样子,不要担心你的样子!请不要忘记那个花园,那个有金花格凉亭的花园!把人们聚集在你的周围,他们是花园,或者是白天已成记忆时,黄昏时的水上音乐。选择有益的孤独吧,选择自由的、不受拘束的、轻松愉快的孤独吧,它将使你有权保持善,而不用管是什么意义上的善!每一场长期斗争都使人变得多么恶毒、多么狡猾、多么坏啊!长期斗争是不能明目张胆地用武力进行的。长期地恐惧、长期地警惕着敌人——可能的敌人,会使人变得多么爱攻击别人啊!这些被社会遗弃的人,这些被长期追捕、遭到残酷迫害的人以及被迫隐居的人,这些斯宾诺莎似的人,或吉奥达诺·布鲁诺似的人,最终总是在极其富于理智的伪装下,在不知不觉中,变为有教养的复仇者和毒药的酿制者(只要揭穿斯宾诺莎伦理学和神学的基础就可以看得很清楚),更不用说道德愤怒的愚蠢了。就一个哲学家而言,道德愤怒明确无误地表明:他已没有了哲学家的幽默感。哲学的殉难——他"为真理所作的牺牲",暴露了隐藏在鼓动者和演说者内心的东西;如果至今仍有人一直以艺术家的好奇心打量着哲学家,那便容易理解为何许多哲学家危险地想要看到自己也堕落(堕落成为"殉难者",堕落成为舞台上和讲坛上大声喊叫者)。

每一个出类拔萃的人都会出于本能地寻求避难所和隐居处,在那里他可以摆脱多数人——可以忘却"作为规则的人们",而成为例外。但却是不包括这样的情况,即更加强烈的本能把他直接推向人群,以伟大而杰出的明辨是非者的面貌,出现在人们面前。无论是谁,在与人们交往时,若不偶尔出于恶心、厌烦、同情、沮丧和休戚相关,其痛苦的脸色一会儿发青、一会发白,那他肯定不是一个趣味高尚的人。不过,如果他并不主动挑起这个重担,且不对自己反感,假如他执意避免出现这种情况,执意像我说的那样,静静地、高傲地待在避难所里,那么有一件事便是确定无疑的:他天生不是,也注定不是有学识的料。他这样的人终有一天会对自己说:"魔鬼剥夺了我的高尚情趣!但是'规则'要例外——比我自己,比我这个例外,更令人感兴趣!"于是他会感到垂头丧气,特别是会进入"内心世界"。长期而认真地研究普通人,因而尽量伪装自己,进行自我克制,表现出亲热的样子,进行不自在的交往(除了与同等的人交往外,所有交往都是不自在的交往),构成了每一位哲学家个人经历中不可缺少的组成部分——也许是最令人不快的、最令人作呕的、最令人扫兴的一部分。不过,如果他幸运的话,他作为知识的宠儿,会遇到合适的助手,这些助手会减少和减轻他的工作,我指的是所谓犬儒主义者。犬儒主义者只承认兽性,只承认平庸的东西,只承认他们内心的"准则"。与此同时,他们超凡脱俗,敏感而易激动,喜欢当着人谈论自己和与他同样的人——他们有时沉迷于书本当中,犹如在自己的粪堆上打滚一般。犬儒主义是卑贱的人借以接近所谓诚实的唯一方式,高等人应侧耳倾听一下犬儒主义者讲的所有难听或好听的话,应为粗鲁的人在自己面前的不知羞耻,或为具有科学头脑的人开口说话而暗自庆幸。有时甚至狂喜和厌恶会混合在一起,即会看到天生的畸形儿,天才的头脑竟附在某个不知检点的公山羊和猿人的身上,加利亚尼道长就是如此。这是个在他那个世纪思想最为深邃和敏锐的人,或许也是思想最为肮脏的人——他远比伏尔泰深邃,因而也更加缄默。如上面所暗示的,科学头脑竟安在猿人的躯体之上,卑贱的人竟具有绝好的理解力,这种情况决非罕见,尤其是在医生和品行端正的生理学家当中。每当有人非常无知地谈论人类,并把人类说成是两种——需要肚子的人需要头脑的人,每当有人认为或力图认为饥饿、性欲和虚荣是人类行为的唯一真实动机时,每当有人"诋毁"人类或说人类坏话时,爱知识的人都应侧耳细听。一般说来,只要这种谈论不带有怒气,他就应洗耳恭听。因为,愤愤不平者和总是用自己的牙齿撕咬自己的人,固然从精神上说,会比性嗜嬉戏、自满自足的人站得高看得远。但从其他各种意义上说,他却是更为普通、更为平凡、更无启发性的人。愤愤不平者,是最大的撒谎者。

要让别人理解自己是很难的。尤其是,如果自己像恒河那样急速地思索和生活,而别人却以其他方式思索和生活——即乌龟般地,或至多"青蛙般地"思索和生活(我在尽力使自己"叫人难以理解")。我要衷心感谢某些人的好意,他们竭力挖空心思地对我做出解释。不过,"好朋友们"总是那么悠闲自得,并自以为作为朋友有权逍遥自在。对于他们,首先应提供操场和娱乐场,允许他们误解——自己因此而仍然在笑,或完全不把他们当回事,也不在乎这些好朋友们作何感想——于是还是在笑!

把一种语言翻译成另一种语言,最难表达出来的就是语言风格的速度。语言风格的速度源自民族的特性,若从生理方面来说,源自消化营养物的平均速度。有些翻译者想要忠实于原文,但由于不自觉的通俗化,几乎歪曲了原文。原因仅仅是原文活泼而愉快的速度(借助这种速度而跳过和避开了词语上的所有危险)也是难以表达的。德国人几乎无法快速地说话,由此可以合理地推导出,德国人几乎无法理解自由自在、奔放不羁的思想中,那些最令人愉快、最意气风发的微妙之处。正如丑角在肉体和精神上,与德国人的格格不入一样,阿里斯托芬和佩特罗尼乌斯的作品也无法以翻译方式介绍给德国人。一切沉重、阻滞、笨手笨脚的东西,以及一切冗长而令人厌倦的文风,都在德国人中间花样翻新,大放异彩——恕我直言,就连歌德的那些生硬与优雅参半的散文也不例外。它们所反映的是它所属的"过去美好时光",而表现的是当初的德国趣味。所谓德国趣味,就是有气无力而精巧细致的趣味。拉辛由于具有演员气质是个例外,这种气质使他悟性极高,又精通许多事情;他卓有成效地翻译了培尔的作品,并自愿躲避在狄德罗和伏尔泰的阴影之下,更加自愿地躲避在罗马喜剧作家当中——拉辛也热爱奔放不羁的精神和奇思异想，但这些都不合德国的节奏和规矩。但德语，即便是拉辛散文中的德语，又怎能模仿马基雅弗利的速度呢？马基雅弗利在其《君主论》中，使我们呼吸到了佛罗伦萨干燥纯净的空气，并禁不住以喧闹愉快的方式展现了最为重大的事件，或许以艺术家特有的心怀恶意的对比感，以骏马奔驰的速度，以最为卓越、最为放纵的幽默感，表述了那些冗长、沉重、难以理解而又危险的思想。谁又胆敢用德文翻译佩特罗尼乌斯的作品呢？在题材选择、思想和词语方面，佩特罗尼乌斯比至今为止的任何大音乐家，都更是大师。若像他那样拥有风的双脚，能像风那样急速行进、呼吸和不受约束地表示轻蔑，使一切东西都能跑动起来，从而使一切都健康向上。那么，对布满沼泽的病态世界，对"旧世界"还会在乎什么呢！至于阿里斯托芬——那个善于使人变形的天才，因为他的缘故，我们应原谅曾存在的全部希腊精神——假如我们理解了其深刻含义所需要原谅和变形的所有那些事情的话。关于柏拉图的秘密和其令人猜不透的性格，我思考得最多的就是那件被保密得很好的小事，即在他临终时，枕头下放的不是《圣经》、不是埃及人的书、毕达哥拉斯的书，或他自己的书——而是阿里斯托芬的一本书。没有阿里斯托芬，柏拉图又怎能忍受生活——他所拒绝接受的希腊人的生活！

只有极少数人能保持独立，保持独立是强者的特权。任何试图保持独立的人，即便是最有权利这样做的人，只要不是被迫去这样做，也都证明他或许不仅是强者，而且还有无比大的胆量。他进入了一个迷宫，并千百倍地增加了生活本身已具有的危险；他知道自己将如何，也知道在哪里迷路，将变得孤立无助，被某个良心怪物撕成碎片。假如这样的人倒了霉，他的不幸将远远超出人们的理解力，人们既不会感觉到这种不幸，也不会同情这种不幸。他不能再回头！甚至不能再得到人们的同情！

我们内心最深处的直觉，若突然地讲给那些从气质上和本性上不宜接受它们的人听，肯定会被认为是傻念头，在某些情况下甚至会被认为是犯罪。按照哲学家从前所作的区分，宗教徒有显教教徒和秘教教徒之别。这两者在印度人当中,正如在希腊人、波斯人和穆斯林中一样,一句话,在相信等级差别而不相信平等和平等权利的人当中——在显教教徒看来,相互之间并不那么对立。显教教徒是站在外面,从外面来观察、评价、衡量和判断。较为本质的区别是,显教教徒是从下面往上看事物,而秘教教徒则是从上面往下看事物。在一些心灵层次上,悲剧本身不再显得是悲剧。若把世界上的痛苦聚集在一起,谁敢肯定见到这些痛苦必然会使人生出同情之心,从而使痛苦增加一倍呢?……高等阶级视为补品或提神物的东西,在完全不同的低等人看来,必然是毒品。普通人的美德在哲学家的眼中,也许是邪恶和软弱;高度发达的人,人们原以为他会堕落,走向毁灭,却能靠自己的力量培养出优秀品质。则他为此会在自己所坠入的低等世界中,被尊为圣人。有些书对于心灵和健康具有相反的价值,这要看是低级心灵和低级生命力在利用它们,还是高级心灵和强健的人在利用它们。在前一种情况下,这些书是危险的、引起恐慌的、令人不安的书;在后一种情况下,这些书则是传令号角,召唤最勇敢的人们表现出自己的勇敢精神。供一般读者读的书总有股难闻的气味,卑贱者的气味总是萦绕不散。

年轻时,我们只知道表示尊敬和轻蔑,而不知道有表达细腻感情的艺术,而掌握了这种艺术才是生活的最大收获。我们曾简单地肯定或否定人和事,对此我们不得不深深地悔过。一切就是这样安排的:所有喜好中最糟的一种喜好,即对绝对事物的喜好,总是被愚弄和滥用,直到一个人学会在感情中掺入一点艺术,与虚假和不自然决一高低,就像生活的真正艺术家所做的那样。年轻时特有的激愤之情和恭敬态度,使年轻的生命躁动不安,直到适当歪曲了人和事,便得以把感情倾泻于它们之上;年轻时代本身甚至就是某种歪曲他人他物、令人上当受骗的东西。以后,幻想不断破灭,年轻的心灵备受折磨,最终开始怀疑自身。但即使在良心的这种怀疑和悔恨之中,也仍然激情洋溢,仍然狂暴易怒。此时,它严厉地遣责自己,不耐烦地撕咬自己,为自己的长期自我蒙蔽而进行自我报复,似乎年轻的心灵当初是故意在欺骗自己!在这种转变中,我们不相信自己的感情,以此惩罚自己；用怀疑折磨自己的热情，甚至觉得问心无愧是一种危险，似乎它是自我掩饰，是正直诚实的困倦；尤其是，出于本能地开展起反对"年轻"的事业，十年之后才明白，这一切也仍然是年轻！

在人类历史中的一段最长时期，人们称之为史前时期。某一行为是否有价值，是根据它的后果来推定的，那时并不考虑行为本身，也不考虑其起因。但正如现在的中国孩子的荣辱会影响父母一样，当时成功或失败的反作用力，促使人们认定某一行为是好或坏。让我们把这一时期称为人类的道德前时期。当时尚不知道"了解你自己"这一命令。另一方面，过去一万年里，在地球上的一些广大地区，人们已走得非常远，以至于不再让某一行为的后果，而是其起因，来决定其价值。整体说来，这真是一项伟大成就，是对眼光和标准的一项重大改进，是优越的贵族价值观和"起因"信仰，在不知不觉中带来的结果，也是一个时期的标志。这个时期在狭义上可称为道德时期，因为人们首次尝试了解自己。不是结果，而是起因，好一个一百八十度的转变！观点的转变无疑只有经过长期的斗争和动摇才能实现！毫无疑问，一种不祥的新迷信，一种特别狭隘的解释，便由此享有了至高无上的权威。行为的起因被明明白白、确确实实地解释为意图；人们一致认为，某一行为的价值在于其意图的价值。意图是行为的唯一起因和史前史：于是便在这种偏见的影响下，给予人们道德上的称赞或责备，并以此对人们甚至对至今为止的哲学家来做出判断。不过，由于人们现在有了新的自我意识和敏锐感觉，我们是否可以再次下定决心从根本上把价值颠倒过来？我们难道不是正在一个时期的门槛上吗？首先，这个时期将逆转方向，以超道德而闻名，因为至少我们这些非道德主义者已经开始隐约觉得，某一行为的决定性价值恰恰在于它的无意图，它的全部意图即所看到和感觉到或"意识到"的全部东西。只是表面或肌肤——这种肌肤同每一种肌肤一样，暴露出了某种东西，但却掩盖了更多的东西。简单地说，我们认为意图只是一个符号或症状，它首先就需要解释，而且是个有太多解释的符号，因而它本身没有意义。道德至今被理解为意图，道德——这一意义上的"道德"是一种偏见，同时也许是过早或初步的看法，也很可能是占星术和炼丹术之类的东西，但无论如何，一定是某种必须加以克服的东西。克服道德，甚至自我克服道德——这是心灵上活的试金石，也是对长期秘密劳作的称呼。这种劳作要等待当今最细腻、最正直的良心去完成。

我忍不住要说：必须无情地要求人们对让予的感情、为邻人作牺牲的感情，以及所有舍己为人的道德，作出解释和判断；恰如要对"不偏不倚的沉思"美学，作出解释和判断。在这种美学背景之下，当今对艺术的阉割正不遗余力地力图为自己创造出一种问心无愧的心境。"为他人"和"不为自己"的感情太富于魅力，太甜蜜了，以致无须疑心过重，就会马上问道："它们会不会是欺骗？"它们所取悦的是有这些感情的人，是他享用了它们的果实，还有纯粹的旁观者。这根本算不上支持这些感情的论据，却能提醒人们当心，因而还是要小心谨慎为妙！

无论从人们当今所具有的哪一种哲学观点来看，无论站在什么立场上，我们认为我们生活在其中的那个世界的错误性质，都是我们所看到的最确定无疑的事情。我们可为此找到一个又一个证据，这些证据将诱使我们推测"事物本质"的骗人原理。不过，有人认为思维本身要对世界的虚假负责——好一个体面的退却，每一个有意的或无意的魔鬼的辩护者，都可加以利用——有人认为这个世界，包括空间、时间、形式和运动，都是毫无根据地推论出来的，这样的人至少最终有充分理由对所有思维活动产生怀疑，它至今不是一直在对我们玩弄最卑鄙的伎俩吗？怎么能保证它不继续做它一直在做的事情呢？说实在的，思维者的无知有几分感人和令人肃然起敬。现今竟使他们服侍起意识来，要求它对一些问题作出诚实的回答。比如，意识是不是真实的，为什么意识使外部世界与人保持一定距离，以及诸如此类的另一些问题。相信"直接的确定性"是一种给我们这些哲学家增光的道德上的天真。但是我们现在已不是"完完全全有道德的"人！这种信仰除了是道德外，还是一种愚蠢的观念，并没有给我们增什么光！在中产阶级的生活圈子中，动辄怀疑这怀疑那被认为是品质恶劣的标志，从而被认为是鲁莽轻率的。那么，在我们这些超越了中产阶级的世界和它简单肯定或否定态度的人当中，又有什么能够阻止我们表现得鲁莽轻率。并大声说，哲学家是至今在地球上被愚弄最深的人，终于也有了"品质恶劣"的权利，他们现在有义务表示怀疑，有义务从每一怀疑的深渊往外做最为邪恶的窥视——恕我开玩笑，作此阴郁的怪相和使用这样的表达方式。因为我早已学会了对骗人和被人骗，作不同想法和估价，对哲学家反抗被人骗时的无名怒火，只是付之一笑。为什么不呢？真理比表面现象更有价值。这只不过是一种道德偏见，实际上，这是世界上最难以证明的假设。我们必须承认的是——除非以透视法的评价和表面现象为基础，否则根本就不会有生命；如果像许多哲学家那么品性正直，热情而愚蠢地想完全去除"表面世界"——且假定你能做到这一点，那么，至少你的"真理"会荡然无存！究竟是什么迫使我们认为"真"与"假"处于根本对立的状态？认为只有不同程度的似然性，宛似稍亮和稍暗的色度和色调，即画家所说的不同明暗变化，不就够了吗？纠缠着我们的世界为什么不可能是一种虚构呢？有人会说："但是虚构是创作者的呀？"而对此干脆地回答则说："嗨，这个'是'不也可能是虚构吗？"怎么就不能够对待谓语和宾语那样，对主语也来点讽刺呢？哲学家难道不可以把自己提升到对语法的信仰之上吗？一切都与女统治者有关，哲学家现在不正是该抛弃对女统治者的信仰吗？

假设除了我们的欲望和激情世界外，其他东西都不是"给定的"，假设除了冲动外，我们不能下沉或上升至任何其他的"现实"，因为思维只不过是这些冲动相互之间的关系。那么，我们是否可以尝试着提出这样的问题：给定的"这种东西"凭借与我们相对应的东西，便足以理解所谓的机械（或"物质"）世界？我指的不是幻觉、"假象"或（贝克莱和叔本华所说的）"表象"世界，而是真实程度与我们自己的情感相同的世界——一种较为原始形式的情感世界。在这种世界中，一切尚处于全能的"一"当中，这个"一"后来在有机过程中分叉并发展（自然也变得优雅精致和衰弱）成为一种本能的生命。在这种生命中，全部有机功能，包括自我调节、吸收、滋养、分泌和物质变化，仍综合地相互结为一体，成为一种生命的最初形式。最终，不仅可以做这种尝试，而且逻辑方法也命令做这种尝试。不要假设有几种因果律，只要所做的仅涉及一种因果律的尝试，便不被推至极端。这是所采用的方法应具有的道德，现今尚不能加以批驳——用数学家的话来说，它"得自于定义"。问题最终是，我们实际上是否承认意志是起作用的，我们是否相信意志的因果律。相信这一点只是相信因果律本身——我们就必须尝试着假设意志的因果律是唯一的因果律。"意志"自然只会对"意志"起作用，而不会对"物质"起作用。简单地说，我们必须试着猜测，在辨认出结果的地方，意志是否不作用于意志——在有力量起作用的地方，全部机械作用是否仅仅是意志的力量、意志的结果。最后，假定能把我们的全部本能生活解释为一种基本意志向往的发展和衍生；假定一切有机功能都可追溯至这种强力意志，解决生殖和营养问题的方法也可在这种意志中找到，那么便有权把全部作用力毫不含糊地界定为强力意志。从内部世界来看，根据其"悟知性格"界定和命名的世界，只能是"强力意志"，而别无他物。

"什么？说白了不就是上帝，而不是魔鬼，被驳倒了？"正相反！朋友们！到底谁在迫使你说大白话！

与现代人最终对法国大革命的理解不同的是，整个欧洲高贵的、有眼力的观察者，却隔着一段距离，他们在如此长的时期内、如此狂热地把自己的愤怒和热情，掺进对它的解释之中，以致在这种解释下，文本已经消失了，高贵的子孙或许再次误解了整个过去。也许只有如此才能忍受过去，或确切地说，这不就是已经发生的事吗？我们自己不就是那"高贵的子孙"吗？我们现在明白了这一点，可这不因此也成了过去吗？

谁也不会仅仅因一种理论使人幸福或道德高尚，就认为它是真实的，也是和蔼可亲的。"唯心主义者"除外，他们对真、善、美满怀热情，让所有五花八门的、粗俗的、无恶意的、值得向往的东西，都漂浮在眼前。幸福与美德不是论据，甚至善于思考的人，都那么轻易地忘记了，使人不幸福和使人邪恶也同样不是反论据。一件事可能是真实的，尽管它在很大程度上是有害和危险的。其实，存在物的本质可能是这样的，即人们会由于充分了解它而被压垮，因而头脑的力量可用能忍受"真理"的数量来衡量，头脑的力量也可用稀释、掩盖、美化、弄湿和歪曲真理的程度来衡量。但毫无疑问，对于发现某些真理来说，道德败坏者和不幸者处于更加有利的地位，更有可能取得成功，不要说那些幸福的道德败坏者了——道德家们缄口不谈此类人。对于培养坚强和独立精神的哲学家来说，严厉苛刻和狡猾诡诈，也许是比学者身上那种宝贵的温文尔雅和从容不迫更为有利的条件。试假定"哲学家"这个词并不专指那些著书立说的哲学家！斯丹达尔描绘了奔放不羁的哲学家所具有的最重要特征，考虑到德国人的趣味，我将突出一下这个特征，因为它与德国人的趣味正相反。这位近代的伟大心理学家说："要成为优秀的哲学家，就得冷酷无情、眼光锐利和没有幻想。发了财的银行家，就具有作出哲学发现，即看清存在物所需的部分性格。"

所有深奥的东西都喜欢面具，最深奥的东西甚至憎恨外形和相似。难道上帝的羞愧所寻求的正当掩饰，就应该与此相反吗？真是个值得思考的问题！如果某个神秘主义者也冒险去这样做，那只会令人感到奇怪。有些做法精细得很，要用粗糙的外表覆盖，使其不易辨认；仁爱和宽宏大量之后，最聪明的做法便是拿棍棒痛打一顿目击者，以此模糊他的记忆。许多人都能模糊和滥用自己的记忆，来至少报复一下这个唯一的知情者——羞愧是有创造力的，这并不是人们最感羞愧的坏事情。假面具背后不仅有诡诈——诡诈中也有许多善良。我可以想像，一个人若有昂贵而易碎的东西要掩盖，终生便会像一只箍得很紧的、装满新酒的旧酒桶那样，笨拙地轱辘辘滚动！微妙的羞愧之情使他不得不如此。深感羞愧的人会在朋友们一无所知的小径之上，遭遇命运并做出棘手的抉择。危及生命的危险，朋友们未予注意，重新获得的安全，也悄然不觉。这种隐秘的天性，本能地为缄默和遮掩辩护，尽力避免交流，因而希望并想要用面具占据朋友心目中的地位，即使不希望这样，有一天他也会意识到，还是戴着面具好。每一个思想深邃的人都需要戴面具，而且不仅如此，是由于虚假日增。也就是说，由于人们肤浅地解释着思想深邃的人所说的每句话、走的每步路、表露的每一生命迹象，因而会在他周围渐渐生长出假面具来。

我们必须自己考验自己，证明自己是独立和发号施令的，而且要在适当的时候做此考验。千万不要躲避对自己的考验，尽管这是所能玩的最危险的游戏，最终是面对我们自己，而不是任何其他法官所做的考验。不要依恋任何人，即使是最心爱的人。不要依恋对任何人的同情，即使是对高等人的同情，我们已有缘洞悉他们遭受的特殊折磨和孤苦无助的心境。不要依恋任何科学，即使它从最有价值的方面发现并引诱我们，在表面上专为我们保留发现。不要依恋于自我解放，不要依恋于鸟儿为满足感官快乐所追求的遥远距离。鸟儿总是往高飞，往高飞，就是为了看到身下的更多东西——飞得太高是有危险的。不要依恋自己的美德，也不要完全成为某一专长的牺牲品。比如不要成为"殷勤好客"的牺牲品，对于高度发达的富人来说，这可是最为危险的，他们对自己大大咧咧，几乎毫不在意，把慷慨大方这一美德推至极端，以致使它变成了罪恶。我们必须知道如何保护自己，这是对独立性的最好考验。

正在出现新的一类哲学家，我将冒昧替他们取名。就我对他们的理解而言，就他们允许别人对他们的理解而言——他们从内心希望自己依然是个谜。未来的这些哲学家也许能正确地，或许也是错误地认为，应把自己称作"诱惑者"。这个名字本身毕竟只是一种尝试，还不如说是一种诱惑。

这些未来的哲学家会是"真理"的新朋友吗？很可能是，因为至今所有哲学家都热爱自己的真理，但他们也不会是教条主义者。他们的骄傲与趣味，肯定不是要自己的哲学——仍然是每一个人的哲学，这是至今所有教条主义哲学家内心的希冀和最终的目的。"我的观点是我自己的观点，其他人无权轻易享有。"未来的某一哲学家会这样说。我们必须抛弃想与许多观点一致的态度。一旦被邻人占有，"利益"将不再是利益，又怎么会有"公益"！这个词自相矛盾：可以共有的东西，价值总是很小。最终，事物必然恢复原貌——伟大之物将保持其伟大，深不可测之物将保持其深邃，精巧和令人兴奋之物将保持其精妙。总而言之，一切珍稀之物将保持其珍稀本色。

在说了上面这些之后，我或许无需说明，未来的这些哲学家将有自由的、非常自由的精神。同时那些肯定将不仅是自由精神，而且还是某种别的东西，某种更高等、更伟大、根本不同的东西，希望这点不要被误解、被搞错。但在我说此话的时候，我感到我对他们以及对我们自己负有义务，必须从我们自己身上彻底涤除一种愚蠢的旧偏见和误解。这种偏见和误解犹如一层迷雾，长久以来使得"自由精神"这一概念模糊不清。在欧洲各国以及美国，当前有人在滥用这一名称：他们是一帮非常狭隘的、充满偏见的、被锁链束缚着的人，希望得到的东西与我们的意愿和本能想要的东西相反，如此更不用说相对于正在出现的新型哲学家，他们肯定更加闭目塞听、孤陋寡闻。简单地说，可悲的是，这些起错了名的"自由精神"是平等主义者——是民主嗜好及其"现代思想"的奴隶，且能说会道，能写会算。他们都不孤独，都没有个人内心的那种孤独感，他们是耿直而诚实的，不乏勇气，也不乏光明磊落；可他们不自由，又肤浅得很，尤其是他们几乎将人类的全部苦难和失败，归因于社会至今存在于其中的古老形式，这种观念恰恰完全颠倒了真相！他们用尽全力想要获取的，是绿茵茵草地上羊群的普遍幸福，是每一个人的生活有保障、安全、舒适和慰藉；他们最常高唱和吟诵的两首歌曲和学说是"权利平等"和"同情所有受苦人"——痛苦本身被他们视为某种必须要去除的东西。然而，我们这些与他们正相反的人，已凭借双眼和良心反省这样一个问题，即："人类"至今为止以何种方式和在什么地方，最为起劲地栽种植物；通过反省我们深信，人类一直是在相反的条件下栽种植物，因此应该会极大地增加人类处境的危险性，应长期的压迫和强迫不发展其创造力和掩盖力（即他的"精神"），使他变得细腻和勇猛；应增加生命意志，使其变成无条件的强力意志；我们深信，严酷、猛烈、奴役、外界和内心的危险、隐秘、禁欲、诱惑者的各种诡计和妖术——各种对人类来说是邪恶、可怕、残暴、食肉和阴险的东西。人类的这些对立物，也可用以提升人类；我们说了这些之后，仍觉意犹未尽；无论如何，畅言也好，沉默也好，我们都处在全部现代思想意识和人们喜爱的群居生活的另一极端，或许是在与它作对？我们这些"自由精神"并不是最爱交际的人，这又有何奇怪？我们不想在每一方面都把精神所能摆脱的事物，和精神由此而被逼的地方暴露出来，这又有什么奇怪？至于"善恶的彼岸"这一充满危险的语句所具有的寓意（我们至少应避免把它搞混）。我们决不是"自由思想家"，也决不是这些"现代思想"的忠实鼓吹者。已熟悉或至少已涉足许多精神王国，一次又一次地逃离阴暗而惬意的避难所，偏爱与偏见、年轻时代、出生地、偶然遇到的人和读的书甚或旅行后的疲惫，都似曾把我们禁锢于这些避难所；满怀怨恨地抗拒依赖的诱惑，这种诱惑隐藏在荣誉、金钱、地位或感官兴奋之中；甚至对苦难和疾病的变化无常心亦存感激之情，因为它们总使我们摆脱某一习惯，从而摆脱其"偏见"，并感激我们心中的上帝、魔鬼、绵羊和虫豸；过于爱刨根问底，探究事物到残忍的程度，毫不犹豫地用手指摸索无形之物，用牙齿和胃对付最难消化之物。由于"自由意志"过剩，随时准备做任何需要运用聪明才智和敏锐感官的事情，随时准备面对各种冒险；用先天和后天的灵魂探索难以窥视的意图，和人迹不可至的目的；灯罩下的藏匿者和盗用者，尽管我们从早到晚类似于继承人和败家子、调停者和收税员、守财奴和吝啬鬼，经济地学习和忘却，工于心计；有时为范畴而表现骄傲，有时是饱学之士，有时整夜挑灯工作；如果需要，甚至是稻草人——现今也确实需要，因为我们是孤独的、天生的、起过誓的、招人忌羡的朋友，这种孤独是我们自己在午夜和正午深而又深的孤独——我们，我们的这些自由精神就是如此这般！也许你们的也是某种同类物，你们这些未来的人？你们这些新型哲学家？

三、宗教意识

人类灵魂及其限度，人类至今所获得的内心体验，还有这些体验的高度、深度和距离，与灵魂至今的全部历史及其尚未穷尽的可能性——这对于天生的心理学家和喜欢打"大猎物"的人来说，是注定的狩猎范围。但他肯定会常常绝望地自言自语："一个人！哎，仅仅是一个人！这片大森林，这片处女林！"他希望有几百名打猎助手，有一些训练有素的猎犬，打发他们进入人类灵魂的历史中去，把猎物驱赶到一块儿，但这是妄想，他一次又一次深深地、痛苦地感到，要找到助手和猎犬来帮助做那些直接激起他好奇心的事情有多么困难。新的危险狩猎需要人们勇敢、聪明和敏锐，不幸的是，把学者驱入这些地方后，出现"大猎物"而面临巨大危险时，他们却一点用都没有，此时，他们的眼不尖、耳不灵了。比如，为了推测和确定知识和良心问题，在宗教人士的灵魂中有何种历史，一个人在知识和良心上，也许要有像帕斯卡尔那样深刻、脆弱和广博的体验；然后还要有纯洁而顽皮的灵性，广阔而高高在上，能从上面俯瞰、排列和有效地表述这许许多多危险而痛苦的体验，但是又有谁能帮上我这个忙！谁又有时间等待这样的仆人！能帮忙的人显然是太少了，无论什么时候都很少有这样的人！最终，我们还得自己做每件事，以对每件事有所了解，这意味着我们有许多事情要做！但像我那样的好奇心，肯定是最令人愉快的恶习——恕我这么说！我的意思是，热爱真理会在天国得到报偿，而且在地上已经得到了报偿。

早期基督教的希望和怀疑主义盛行，在奔放不羁的南方世界（在南方世界，各哲学派别之间已进行了几个世纪的斗争，这种斗争颇有价值，罗马帝国提供的耐力训练也很有价值）常见的那种信仰——并不是路德那样的人、克伦威尔那样的人或某个北方的野蛮人，也许是仍依附于上帝和基督教自我克制的真诚信仰；而不如说是帕斯卡尔的信仰，这种信仰令人可怖地类似于理性且连续不断的自杀——这是种坚忍的、长命的、虫豸般的理性，是无法一下子立即杀死的。基督教信仰从一开始就是牺牲——牺牲所有自由、所有自尊、所有精神上的自信；与此同时的是屈从、自我嘲笑和自我残害。这种信仰中有残忍和宗教上的腓尼基精神，使得适合于柔弱的、多方面的、很爱挑剔的良心；它理所当然地认为，使这种精神屈服具有难以形容的痛苦，这种精神的全部过去和全部习惯，都抗拒荒诞主义，而"信仰"正是以荒诞主义的形式发生着。现代人对基督教的一整套术语麻木不仁，不再能体味"十字架上的上帝"这一矛盾说法——在古人头脑中所产生的至高无上的联想。至今无论在哪里，都从未有过如此大胆的颠倒，也从未有过像这种说法那么可怕的、那么好探究的、那么成问题的东西：它重新评估全部古老的价值——正是这个东方人，这个思想深刻的东方人，也正是这个东方奴隶，由此而报复了罗马和其高尚的、漫不经心的宽容，报复了罗马人的无信仰的"天主教"。常常不是这种信仰而是摆脱这种信仰，对这种信仰的严肃性采取半斯多噶派的、面带微笑的冷淡态度，使奴隶们对奴隶主感到愤怒并揭竿而起。"启蒙运动"导致造反，因为奴隶想要人格上的平等，要反对奴隶主的剥削和压迫，要翻身自己做主人。这些都是法国大革命最近一次奴隶大起义的原因。

到目前为止，无论在地球上的什么地方，只要出现宗教神经症，便会对饮食起居开出三个危险的药方：隐居、禁食和禁欲——但却无法确定哪个是因，哪个是果，或究竟是否存在因果关系。这其中的后一种怀疑被以下的事实所证实，即在野蛮人和文明人中，最常见的症状之一便是突然过度纵欲；然后又突然转变为一阵悔罪、弃世和断念。这两种症状也许都可解释为隐蔽性的癫痫？但此处最需要的是把解释撇在一边，在任何其他类型的症状周围，都未出现过如此大量的荒谬和迷信言行，任何其他类型的症状，都未如此令人们，甚至哲学家感兴趣，或许现在该超脱一点，该学会小心谨慎，或更应该把眼光移向别处，或抽身走开。但在最近的哲学背景下，在叔本华的哲学背景下，我们发现了问题本身，即发现了宗教危机和觉醒背后的可怕信号。怎么可能否定意志？怎么可能出现圣徒？——叔本华似乎就是从这一问题起步，并成为哲学家的。因而，叔本华带来的实际后果便是他最坚定的追随者（就德国而言，或许也是他的最后一个追随者），即理查德·瓦格纳竟将其毕生事业止步在这里。最后将那可怕的永恒类型，作为真实的类型搬上了舞台。而此种类型的人在爱和生活的时候，欧洲所有国家的精神病医生，便有机会在近处——在宗教神经病最近一次蔓延和爆发并表现为"救世主"的地方来研究他们。然而，如果在有关圣徒的整个现象中，要问是什么东西使各个时代的各种人最为感兴趣，无疑是其中出现的奇迹，即一连串直接的对立物，一连串被认为在道德上对立的灵魂状态。人们在此处认为，不言而喻，"坏人"一下子转变成了"圣徒"，即好人。至今的心理学都在此出了事；出事的主要原因可能是，心理学将自己置于道德的支配之下，相信各种道德价值观处于对立的状态，认为具体情况的文本和事实中，便具有这种对立。什么？"奇迹"只是解释所犯的错误？只是由于缺乏语文学知识？

拉丁民族对天主教的依恋，似乎比我们北方人对基督教的依恋要深得多。因而在天主教国家并无宗教信仰的含义，似乎完全不同于对新教徒的含义——对拉丁民族而言，是对民族精神的某种反叛，然而对我们而言，则不如说是复归于民族精神。北方人无疑源于野蛮民族，甚至宗教天赋也源自野蛮民族——我们的宗教天赋实在很差。但凯尔特人或许是例外，他们为基督教在北方的传播，提供了最优良的土壤：基督教的理想是尽可能地多吸收北方惨淡的阳光，而在法国生长开花。每当后来法国怀疑论者的血统中流淌着凯尔特人的血液时，他们在我们的口中，产生多么大一股怪异的虔诚味道！奥古斯特·孔德的社会学在我们看来带有多么浓的天主教气味，多么的非日耳曼，本性上又具有多么强烈的罗马人的逻辑！尽管圣伯夫对耶稣教教民抱有敌意，但是他的《波尔罗亚尔修道院史》中，那个和蔼可亲而狡猾的导游,却多么像耶稣教的教民!甚至还有欧内斯特·勒南,宗教的每次震颤,都使他那贪恋酒色、安逸舒适的灵魂失去平衡。这样一个勒南的流言,我们北方人又怎么能够理解!让我们抄录下他的几个精美语句,这些语句在我们看来也许不是那么美丽,即在我们那较为日耳曼式的灵魂中,立时便会唤起多么邪恶和高傲的情感!——"因而可以大胆地说,宗教是正常人的产物,人在最虔诚、对无限的命运最有把握时处于最真实的状态。正是在人最善良的时候,人希望美德与永恒的秩序相一致;正是在人不偏不倚地思考事物的时候,更觉得死亡令人厌恶而荒谬。怎能不认为正是在此时,人看得最清楚?"……这些语句太逆我的耳朵了,太不合我的思维习惯了。当时一看到它们,我便怒不可遏,并在旁边批注道:"真是宗教混账话!"但是平静下来之后,我反而喜欢上了它们,这些应完全颠倒过来看的语句!有自己的对立面,真好,真荣耀!

古代希腊人宗教生活中的一件令人非常惊讶的事情,就是它喷涌出不可遏制的感恩之流——只有非常优等的人,才会对自然和生命抱有如此的感恩之情。后来,当平民百姓在希腊占了上风时,恐惧也在宗教中蔓延开来,于是便为基督教的出现作好了思想准备。

对上帝的热爱,有粗鄙的、实心眼的、纠缠不休的爱。而路德的那种爱,使得整个新教都缺少精致与优雅。这种爱有时表现出东方人式的兴高采烈,犹如奴隶受到过分宠爱和提拔一般。圣奥古斯丁就是如此,他咄咄逼人,举止和愿望全无高贵气质。这种爱有时表现出女性的温柔和欲求,渴望一种神秘的自然的统一,居伊昂夫人就是如此。在许多情况下,这种爱似乎是少女或小伙子青春期的伪装,甚至是老妇人的歇斯底里,当然也是老妇人最后的期待。教会常称这样的妇人为圣徒。

有权势的统治者总是毕恭毕敬地向圣徒打躬作揖(圣徒就是自我屈从和完全自愿地自我奉献的谜),他们为什么打躬作揖?他们在圣徒身上——似乎在圣徒那虚弱而可怜的外表背后感悟到了这种屈从于检验自身的超等力量,感悟到了意志的力量。在这种力量中,他们意识到了自己的力量和对力量的热爱,而且知道如何敬重这种力量。他们敬重圣徒，就是敬重自己内心的某种东西。此外，圣徒沉思冥想的样子，使他们觉得，圣徒不会无缘无故地以如此大的毅力，进行自我否定和压抑自己的本性——有权势的统治者这样探问到。也许其中有某种很大的危险因素，禁欲者或许希望借秘密的谈话者和来访者，做更准确的了解。总之，世界上的统治者在圣徒面前渐渐有了一种新的恐惧，体悟到了一种新的力量，一个尚未被征服的敌人——也正是"强力意志"迫使他们停在圣徒面前。他们不得不盘问他。

在犹太人的神圣的正义之书《旧约全书》中，人物、事例和言论多得数不胜数，希腊和印度的文献难以望其项背。人们站在那些令人惊叹的古人遗迹面前，心中充满了恐惧与敬畏，并悲哀地怀念着古老的亚洲及其凸出来的小小半岛欧洲。欧洲无论如何在亚洲面前，都要扮演"人类进步"的角色。当然，本身只是柔弱而温顺的家养动物，只知道家养动物所需要的人（如今有教养的人，其中包括"有教养的"基督教徒），站在这些遗迹当中不一定会感到惊异，甚至也不感到悲哀——是否喜欢《旧约全书》是"伟大"与"渺小"的试金石？也许他会发现，《新约全书》这本恩典的书更合他的口味（这本书散发出道道地地的、多愁善感的、无知的祈福者和怜悯的浓浓气味）。把这本《新约圣经》（各方面都具有洛可可式的风格）与《旧约圣经》装订成一本书，最终装订成"圣经"，也许是欧洲文坛昧着良心所做的最厚颜无耻的一件事，即"对圣灵犯的罪"。

当今为什么无神论被广泛传播？"圣父"被彻底地驳倒了；"最高审判者"和"最高恩宠者"也被驳倒了；它的"自由意志"也是如此。它未听到，即便是听到了，也将束手无策。最糟糕的是，它似乎无法清楚地表达自己的意思：它是不是拿不准？——这就使我（通过在各种交谈中的提问和倾听）了解到的，欧洲有神论衰落的原因；因为宗教的发展带有其深深的怀疑情绪，故无法使有神论者得到满足。

整个现代哲学有什么贡献？自从笛卡尔以来，实际上更多的是违抗他，而不是依据他的程序——所有的哲学家一直在批判主谓概念的幌子下，试图谋杀灵魂这一古老的概念。也就是说，试图谋杀基督教的基本前提。现代哲学在认识论上采取怀疑态度,并在暗地里或公开地反对基督教,虽然(对于耳朵尖的人来说)并不反对宗教。以前,人们就像相信语法和语法上的主语一样,相信"灵魂"的存在。人们常说"我"是条件,"想"是谓语,受条件制约。想是一种活动,必须假设有一主语是这一活动的原因。于是,人们作出种种努力,看看是否能把事情颠倒过来:"想"是条件,"我"被条件所制约;所以,"我"只不过是由"想"本身所作的一种综合。康德实际上想要证明,从主体出发不能证明主体,也不能证明客体,主体从"灵魂"表面上存在的可能性,一向与他是格格不入的,此种思想便是佛陀哲学,亦曾风靡一时。

宗教的残酷像个大梯子,有许多梯级;但最主要的是三个梯级。从前,人们把自己的财产献祭给神,或是把自己最热爱的人献祭给神——属于此类的有所有原始宗教的首批祭品,以及卡普里岛屿上米特拉神岩洞中,提比略皇帝奉献的祭品,这可以说是古罗马所犯下的所有时代错误中,最最可怕的一种。后来,在人类的道德时代,人们把自己的"天性"献祭给神;这种节日般的快乐显露在禁欲者和"违反天性的"狂热宗教信徒的无情扫视之中。最后,还有什么可以献祭的呢?人们是不是必须要把一切令人感到欣慰、治愈心灵创伤和神圣而崇高的东西,一切希望,一切对隐秘的和协、对未来的幸福和正义的信念,都去献祭给神呢?是不是必须把神本身也当作祭品,并严苛地对待自己,而崇拜石头、愚蠢、重力、命运、虚无?为虚无而献祭神——这一自相矛盾而神秘的、最终的残忍行为,将留待正在成长起来的一代人去完成。但我们大家都已看出了其中的端倪。

无论是谁,若像我这样,被某种神秘的欲望所驱使,长期以来力图把悲观主义搞个水落石出,以摆脱半基督教、半德意志的狭隘和愚蠢(悲观主义在本世纪正是以这种狭隘和愚蠢,即以叔本华哲学的形式展现出来的)。无论是谁,若以亚洲人或超越亚洲人的眼光,真正观察人的内心世界,观察所有可能的思维方式中,最为厌世的思维方式——超越善与恶,不再像佛陀和叔本华的理论,被道德所控制和蒙蔽——无论谁摆脱道德的束缚,或许会不知不觉地睁开眼睛,看见相反的理想——那些最热爱现时、生气勃勃、活泼快活的人们的理想，他们不仅已学会了与过去和现在妥协，而且还希望生活永远保持过去和现在那种样子；不仅对自己而且对整个人生大声喝彩；不仅仅是为人生而且实际上是为需要人生的人们喝彩；因为这些人总是要更新自己，使自己成为必要的。唉，这难道不是恶性循环？

人四周的距离或空间，会随着想象力和洞察力的加强而增大。人的世界会变得更为深广，不断出现新的星辰、新的奥秘和新的观念。也许智力的眼睛以它敏锐和深邃的目光观察一切时，只不过是在眨一眨眼，是在做游戏，是在闹着玩。或许曾引起最多厮杀和苦难的最庄严的概念，如"上帝"和"罪恶"，有一天对我们来说将不再重要，而只不过是老人眼中，小孩子的玩具或小孩子的痛苦。于是"老人"又需要有另一种玩具和另一种痛苦——总是孩子气十足，永远是孩子！

人们是否已观察到，表面的懒散或半懒散，对于真正的宗教生活（也对于其喜欢的、不辞辛劳而明察秋毫的反省；对于"祈祷"时的温和与平静；对于为"上帝降临"时刻做好准备的状态），在多大程度上是必不可少的？我指的是那种问心无愧的懒散，那种只有昔日具有高贵血统的人才享有的懒散，此种懒散与眼下辛苦工作正在败坏——与身心庸俗不堪的贵族气质是多么相似。因而，不正是这种腐败的气质在教育人们"无信仰"，并为"无信仰"铺路吗？比如，在目前远离宗教而生活的德国人当中，我发现了各种不同而出身各异的"自由思想家"，尤其是他们当中的大多数人一代一代辛勤劳作，已消解了宗教本能。因而他们已不知道宗教是干什么用的，只是呆笨而吃惊地注意到世界上还存在着宗教。这些好人感到自己太忙了，无暇旁顾，既要工作又要享乐，还要为"祖国"出力，要看报，还要尽"家庭义务"。他们似乎没有一点时间来顾及宗教。特别是他们不清楚宗教究竟是一种新工作呢，还是一种新享乐。他们自言自语道，反正人们去教堂不可能仅仅是为了破坏情绪吧。于是，他们决不是宗教习惯的反对者；假如环境或国家利益要求他们服从这种习惯，他们就会按要求去做的，正如他们已经按要求做了许许多多的事情一样。而且保证会耐着性子,认认真真地去做,不会表现出烦躁不安的样子。他们繁忙得很,不会在这种事情上表示赞同或反对。当前便可以把属于中产阶级的大多数新教徒划归这种人之列,特别是在人们辛勤劳作的大贸易和商业中心;大多数辛勤劳作的学者和大学的全体教职员工,也可算作这种人(神学家不在此列,心理学家总是感到纳闷,怎么会有神学家?一直想解开这个谜)。就那些虔诚的或仅仅去教堂作祈祷的人们而言,我们不知道一个德国学者目前需要有多少自觉自愿的成分,或随心所欲的意志,才能认真对待宗教问题。他的专业工作(以及我已经说过的他那像工人一样,由现代良心驱迫的辛勤劳作),往往使他对宗教采取一种高傲的、几乎是仁慈的平静态度,偶尔对一些人的"邪"念表示些许的蔑视,他理所当然地认为,谁仍宣称属于基督教会,谁就有邪念。只是在历史的帮助下(因而不是通过自己的亲身经历),学者才得以对宗教表现出可敬的认真态度和某种畏畏缩缩的敬意。但即使他达到对宗教充满感激之情的地步,也仍未更进一步树立起对于教会的信念,从而虔诚地对待宗教。甚或与此相反,他是在对宗教问题漠不关心的环境下出生和长大的,就他来说,这种对宗教的淡漠,通常会升华为小心谨慎和纯洁正直,并避免接触宗教界人士和宗教问题。可能正是他深深的宽容和仁爱,促使他躲避宽容带来的麻烦——每个时代都有自己神圣的幼稚行为,其他时代会因为有人发现了这种幼稚行为而深表忌妒。学者深信自己高人一等,深信自己的宽容问心无愧,深信应确定无疑地把笃信宗教的人视为价值较小的低等人,而他自己则是超出和高于他们的——但他其实也只不过是个傲慢的小侏儒和骗子,过于警觉,不知疲倦地挖掘各种"现代思想"!所有这一切又包含了多少幼稚行为——多少可爱的、小孩子般的、愚蠢的幼稚行为。

无论谁对世界有多了解,都会发现人的浅薄无知是明智的。正是人的乖僻本性使得人轻浮、轻飘而虚伪。在各处都会发现,哲学家和艺术家狂热而极端地崇拜着"纯形式"。毫无疑问,谁都非得膜拜表面上的东西不可,而有时就会不幸掉进它的束缚。那些被烧伤的孩子,那些天生的艺术家,甚至也有等级,他们发现,生活的唯一乐趣就是要尽力歪曲生活的形象（似乎是要疲惫地报复生活）。人们会推测，生活究竟怎么会使他们那么反感，致使他们那么想歪曲、缩小和神化生活中的形象——人们会把艺术家当作笃信宗教的人，并视为最高等级的人。人们满腹狐疑地对不可救药的悲观主义，怀有深深的恐惧。正是这种恐惧迫使人们许多世纪以来，对存在做出了宗教上的解释——人们从本性上害怕会太快地获得真理，在人变得足够强大、足够坚强、具有足够多的艺术家气质以前……虔诚，"神的生命"，以这种观点看，似乎是害怕真理的最终结果，似乎是艺术家在所有最为符合逻辑的真理面前的赞颂和陶醉，似乎是颠倒真理、不惜以任何代价说谎的意志。或许，迄今为止，美化人的最有效方式就是说他虔诚；说某人虔诚，某人就会变得非常狡猾，非常浅薄，非常光彩照人，非常"善良"。其样子也就不再惹人讨厌。

为上帝而爱人类——这是至今人类所获得的最为崇高和最为超然的感情。不要任何补偿地爱人类只不过是另一种愚蠢和残忍的行为，热爱人类的这种倾向，首先必须从一种更高的倾向得到其均衡的比例。谁先觉察和"感受"到了这一点，那么，无论他力图表达事情时多么结结巴巴，他都将永远是神圣和令人尊敬的，是至今飞得最高、迷路迷得最讨人喜欢的人！

我们这些自由人所理解的哲学家——是负有最重大责任的人，对人类的发展负有良心上的责任——会利用宗教来训练人和教育人。正如他们利用当今的政治和经济条件来做这项工作那样。利用宗教所产生的控制性影响，它所迷惑和保护的人是不同的，它所具有创造性和塑造性，也可以是有破坏性的。有些人性格坚强而具有自立精神，天生注定和后天培养成为发号施令的人，具有统治民族的能力。对于这些人来说，宗教是另一种工具，可用来克服行使权力的障碍——是连接统治者和被统治者的纽带，可把被统治者的良心拱手交给统治者，而人们从内心深处总是尽力地逃避服从。贵族出身的人很特别，精神境界高人一等，倾向于过闭门索居、沉思默想的生活，喜欢以较优雅的方式（通过某一阶层中精选的追随者或成员）进行统治。他们可利用宗教获得安宁，远离管理粗俗事物的嘈杂和麻烦，同时避开一切政治鼓动中不可避免的肮脏和龌龊。比如，所罗门就明白这一点，借助于宗教组织，他们拥有为人民指定国王的权力，同时在思想感情上又超然物外，具有高于国王的使命。与此同时，宗教给予某些被统治者引诱的机会，使他们在未来有资格进行统治和发号施令，这些人属于缓慢上升的阶级和阶层，仰赖幸运的婚姻习俗，他们的意志力和自我控制能力在不断增加。宗教向他们提供了充足的动力和诱惑，使他们努力达到更高的智力水平，体验必须进行自我控制的情感，体验沉默不语和寂寞的滋味。某一种族若想超越其卑下的遗传特征，未来达到高人一等的优越地位，则禁欲主义和清教主义便成了教育该种族，和使该种族高尚的不可或缺的手段。最后是普通人即芸芸众生，他们生来是为了干活和劳作的，只有这样才能生存下去，宗教使他们对自己的命运和境况感到心满意足，内心感到平静，觉得服从是光荣，并具有较多的社会幸福感和同情心，脸上容光焕发，使灵魂上的一切平庸、一切卑下和一切贫乏都得到了原谅。宗教连同生活所具有的宗教意义，给这些永远遭受折磨的人带来了阳光，甚至使他们能够忍受自己的悲惨样子；宗教对他们起的作用，恰似伊壁鸠鲁哲学对较高等级的受苦受难者起的作用。起作用的方式别开生面，高雅别致，几乎利用了受苦受难，最终甚至把受苦受难神圣化，证明这是正当的。基督教和佛教中最令人敬佩的，莫过于它们有办法教导最低下的人，通过尊奉表面上等级较高的事物来提升自己，从而使他们对现实世界感到满意。尽管他们觉得在现实世界中生活很困难——据说这种困难是必不可少的。

毫无疑问——对这些宗教作蹩脚的反计算，暴露其隐秘的危险——若宗教不是在哲学家手中作为教育人和训练人的工具，而是一种至高无上的裁决工具；若宗教一心要成为万物的最终目的，而不是充当一种工具，则其付出的代价总是过于昂贵。在人们当中，正如在所有其他动物当中样，总是有一些人，他们是有缺陷的、患病的、堕落的、体弱的、必然受苦的人；在人们当中，成功者也总是例外，而且由于人是尚未完全适应环境的动物，成功者应是罕见的例外。更为糟糕的是，人所处的等级越高，成功的可能性就越小；人类一般政体的偶然性和非理性法则，对高等级的人产生的破坏作用最为可怕。因为这些人的生活条件是脆弱的、多样的、难以确定的。那么，上述这两种最伟大的宗教对生活过多的失败会采取什么态度呢？它们力图保存一切能够保存的东西。实际上，作为受苦受难者的宗教，它们原则上站在受苦受难者的一边，它们总是喜欢那些忍受生活痛苦的人，宁愿把每一种其他的生活体验视为虚假的和不可能。不论我们给予这种溺爱式的和保护性的关心（在关心其他人的同时，更多的是关心受苦受难最多的那种类型的人）多么高的评价，至今至高无上的这两种宗教——这是对它们的一般性的评价，都是导致"人类"停留在低水平上的主要原因，是它们保存了太多的本该消亡的东西。我们要感谢它们做出的无法估价的贡献。哪位充满感激之情的人想一想，基督教至今为欧洲所做的一切不感到难受！但是，在它曾安慰了受苦受难者，鼓励受压迫者和绝望者，给予孤苦无助者依靠和支持后，便把社会中的失意者和苦闷者吸引到修道院和悔罪所。它们还是有计划地、有步骤地、问心无愧地保护一切患病者和受苦受难者，以确确实实地促进欧洲种族的堕落？颠倒全部价值判断，这正是他们所要做的！摧毁强壮者，使一切伟大的梦想破灭。怀疑对美好事物的喜爱，捣毁一切自主自立、男子汉气魄、征服气概、专横傲慢，所有这些最高等级和最为成功的人自然而然所具有的天性——并把这一切都变为犹豫不决、自责自疚和自暴自弃；无疑地，把对社会的全部热爱，把统治尘世的欲望颠倒过来，变成对尘世和世俗事物的憎恨，这就是基督教会强加在自己身上的任务，直到根据它的标准，"对钱财嗤之以鼻"、"对酒色不感兴趣"和"高级人"融合为一种感情为止。如果人们能以伊壁鸠鲁主义者嘲弄的和不偏不倚的眼光，来看一看欧洲基督教导演的这出叫人感到不自在和痛苦、既粗糙又雅致的喜剧，那我认为人们会惊异不已和笑个不停；似乎某种意志支配了欧洲一千八百年，要使人类庄严地流产，难道实际情况不是这样吗？不过，某人若像欧洲的基督教徒那样（比如帕斯卡尔），需要的东西与此战相反，手里拎着一把神圣的斧子，能考察人类的这种自愿性的堕落，他便会愤怒地、同情地、浑身战栗地高喊："喔，你们这些笨蛋，你们这些专横而可恶的笨蛋，你们都干了些什么呀！你们怎么能干出这种事？怎么能这么胡砍乱弄我最好的这块石头！真是放肆无礼！"人们尚未伟大得和坚强得能作为艺术家参与塑造人类的活动；人们尚未强大，也尚未有足够多的远见能以崇高的自我克制力，听凭千百万人必然失败和灭亡的规律肆虐；人们尚未崇高得能够看清把人与人区别开来、迥然不同的等级和差距——这样的人们高喊"在上帝面前人人平等"的口号，至今一直支配着欧洲的命运。以致最终产生了一个发育不良的样子——可笑的物种，一种喜欢群居的动物，谦和有礼，病恹恹，平平庸庸，即当今的欧洲人。

四、天才的箴言

道道地地的教师认真对待各种事情，甚至认真对待自己——不过只是认真对待与学生有关的那些事情。

"为知识而知识"——这是道德设下的最后一个陷阱：我们因此再一次与道德纠缠在一起。

若不是在通向知识的道路上，有如此多的羞愧需要加以克服，知识的魅力便会很小。

犯罪！说这句话，体现了我们对上帝最不老实的态度。

一个人任凭自己堕落，任凭自己被掠夺、被欺骗、被利用，或许是缺乏自信的表现。

只爱一个人，是一种野蛮行为，因为这会牺牲掉所有其他人。只爱上帝也是如此！

"这是我干的！"我的记忆说。"我怎么会干出这种事呢？"我的矜持说，并坚持不退让。最终，还是记忆退让了。

如果人们未能看到那只手——那只温和的杀人之手，那就是对生命的漠不关心。

如果一个人有好品德，那他也就有典型的人生经历，而且情况总是这样的。

作为天文学家的圣人，只要你感到星辰是"在你之上"的东西，你就依然缺乏明智人的眼睛。

造就伟人的，不是高尚感情的强度，而是高尚感情的持续。

达到自己理想的人，也就因此而超越了理想。

许多孔雀藏起尾巴来，不让人们看——这就是孔雀的矜持。

有天才的人，若除了天才外不具有以下两者，即感恩和纯洁，则令人无法忍受。

一个人好色的程度和本性，往往延伸至他精神的极点。

在和平条件下，好斗者只会自己攻打自己。

一个人在本性的驱使下，会力图控制自己的习惯或竭力为自己的习惯辩护，或尊重、责备、掩盖自己的习惯；具有相同本性的两个人，很可能会追求根本不同的目标。

鄙薄自己的人，却会因此而作为鄙薄者，而尊重自己。

一个人知道别人爱自己，可自己却不爱别人，便暴露出了沉淀物，于是沉渣泛起。

一件事情得到了解释，也就与我们无关了。上帝劝告我们："了解你自己！"这究竟是什么意思？意思也许是："别再关心你自己了！要客观而不带偏见！"苏格拉底——变成"科学家"？

在大海上渴死是非常可怕的。过于吹嘘真理的价值，真理就不再解渴了，有必要这样做吗？

"同情所有人"——便会对我的好邻居苛刻而暴虐！

本能。房子着火，却连午饭都会忘记吃——是的，可是却会在灰烬上补吃。

女人忘记如何妩媚动人的速度越快，学会憎恨他人的速度也就越快。

男人与女人的感情是相同的，但进入和摆脱感情的速度不一样。因此男人和女人总是相互误解。

女人有针对某个人的虚荣心，可是，却有并非针对某个人的蔑视——蔑视"女人"。

受束缚的心灵——当一个人紧紧束缚自己的心灵，并囚禁自己的心灵时，会任凭自己的思想享有许多自由。我以前曾说过这一点，但我这样说人们不会相信，除非有亲身的体验。

很聪明的人不知所措时，人们便开始不再给予信任。

可怕的经历提出这样一个问题：有这种经历的人是不是也是可怕的。

心情沉重、郁郁寡欢的人，恰恰会由于使他人心情沉重的东西——恨和爱,而变得心情轻松些,脸上暂时有些表情。

这么冷淡,这么冷冰冰的,可一碰到他却会吃苦头!抓住他的每一只手,会嗖地缩回来!正是由于这一个原因,许多人认为他是炽热的。

谁没有为了博得好名声而委屈过自己?

和蔼谦恭时,男人一点也不招人恨,可是正因为如此,男人太叫人瞧不起了。

男人的成熟,意味着重新获得儿时玩耍时,那种一本正经劲儿。

对自己的不道德感到羞愧,便迈上了一级梯子,登上梯子的顶端,会对自己的道德也感到羞愧。

告别人生应当像俄底修斯告别瑙西卡那样——更多的是祝福,而非迷恋。

什么?伟人?我看到的只是尽力实现自己理想的演员。

训练自己的良心时,它既吻我们,也咬我们。

失望者说——"我倾听反响,可听到的只是赞扬。"

大家都装出一副淳朴老实的样子,于是人人放松了对朋友的警惕。

当前眼光敏锐的人,很可能认为自己在赋予上帝以动物性。

发现人们会相互喜爱，实际上会使情人不再迷恋自己所钟爱的人。"什么！她那么贤淑，会爱上你？有那么蠢？那么……那么……"

福中有祸——"现在一切对我而言都是最美好的。我现在热爱每一种命运——谁愿意像我的命一样？"

不是他们的博爱，而是他们的欲爱不能，才阻止了当今的基督教徒——把我们烧死。

与恶意的谎言相比，善意的谎言更加不合自由精神（"虔诚的知识分子"）的口味（"虔诚的信仰"）。因此与教会相比，便严重缺乏判断力，这是"自由精神"的特征，又是它不自由的表现。

感情可以通过音乐尽情发泄。

性格坚强的一个迹象是，一旦下了决心，即使对最有说服力的反对意见，也会充耳不闻。因而有时也就是一意孤行地要做蠢事。

根本没有道德现象这种东西，只有对现象的道德解释。

罪犯常常与其罪行不符：他们总是为其罪行进行开脱，并为自己的所作所为百般辩解。

罪犯的辩护律师很少具有足够的艺术家气质，以把罪犯的可怕罪行说得美丽动人，并为其减轻罪责。

我们的虚荣心很难受到伤害，而我们的自尊心却易于受到伤害。

对于感到自己命该沉思默想而不是遵奉信仰的人而言，宗教信徒太吵闹，太爱管闲事了，必须要提防他们。

"你想要他对你有好感吗？那你必须在他面前显得局促不安。"

对性爱的巨大期望，以及在这种期望之中表现出的羞怯，会在一开始就歪曲对女人的全部看法。

既不懂得爱、也不懂得恨，这样的女人是平庸的。

我们生活的伟大时代是这样的——我们获得勇气并把内在的丑恶重新命名为内心的至善。

克服一种感情的意志，最终只是另一种感情或另外若干种感情的意志。

有人不知道赞美是什么：一个人若尚未想到自己有一天会被人赞美，他就不会知道赞美是什么。

我们太厌恶肮脏了，竟然忘记了把自己弄干净——忘记为自己辩护。

肉欲常常迫使爱情生长过快，却致使根扎得不牢，很容易拔起。

奇怪得很，上帝想成为作家时学习了希腊语——可惜没有学得更好一些。

受到赞扬而表示高兴，在许多情况下，仅仅是表示礼貌——与精神空虚正相反。

在火刑柴堆上仍欢欣雀跃的人，不是由于战胜了痛苦，而是由于没有感到他所预期的那种痛苦——一个比喻。

当不得不改变有关某个人的看法时，我们把由此而带来的麻烦，重重地记在他的账上。

一个民族是一条迂回曲折的道路，通向六七个伟人——是的，然后围在他们周围。

在一切真正的女人看来，科学对羞耻感怀有敌意。她们感到人们似乎想借助于科学，以窥视她皮肤下面的东西——更有甚者！想窥视漂亮衣服下面的东西。

你想让人了解的真理越抽象，你就必须把越多的感官吸引到真理那里。

魔鬼对上帝了解得最透彻：因而他对上帝敬而远之——魔鬼实际上是知识最老的朋友。

某人江郎才尽，当无法再显示自己能做什么时，便开始暴露出他是什么样的人。才能也是一种装饰，装饰也是一种掩盖。

两性总是相互欺骗：原因是他们实际上只尊重和喜爱自己（或者说得好听些，只尊重和喜爱自己想象中的事物）。男人希望女人温和，但实际上女人像猫一样，从本质上说就是不温和的，而不管她外表装得多么温和。
……

无法实现自己理想的人，比没有理想的人过得更没有意义，更加寡廉鲜耻。

由感觉产生一切信任，一切坦然的心境，一切真理的证据。

伪善并不是好人的堕落，反而在很大程度上，是做好人的一个必要条件。

一个人为自己的思想寻找妇产科医生，而另一个人寻找要帮忙的人。由此便会产生有益的交谈。

与学者和艺术家交往，人们很容易错误估计到相反的方向上去。常常发觉一个杰出的学者是个平庸的人，而一个平庸的艺术家却是个非常杰出的人。

我们醒着的时候和做梦的时候，所做的事情是一样的：只是虚构和想像出与我们交往的人而已——然后立即忘掉。

在报复和恋爱方面，女人比男人野蛮。

作为谜语的劝告——"如果绳子不断，那就先用牙咬，保准没错！"

为了填饱肚子，人很难把自己看作上帝。

我听到过的最纯洁的话——"在真正的爱情中，灵魂裹住肉体。"

我们的虚荣心，希望我们尽最大的努力成为我们最难以成为的那种人。这关系到许多道德体系的起源。

如果一个女人喜欢做学问，那一般说来，她会在性的方面有点毛病。不孕本身会在某种程度上导致趣味的男性化；恕我直言，男人实际上就是"不孕动物"。

将男人和女人泛泛地作一番比较，便可以说，女人如果没有做配角的本能，就不会有装饰打扮的天才。

与怪兽搏斗的人要谨防自己因此而变成怪兽。如果你长时间地盯着深渊，深渊也会盯住你。

诱使邻居对自己有好看法，随后便暗中相信邻居的这种看法——有谁能比女人这么巧妙地会玩魔术呢？

某一时代认为是恶的事情，通常是对人们以前认为好的事情，所做不合时宜的仿效，即旧理想的返祖现象。

在英雄的周围，一切变成了悲剧；在半神半人的周围，一切变成了半人剧；在上帝的周围，一切变成了——什么？或许是一个"世界"吧？

拥有一种才能是不够的，还必须得到你们的批准，方可拥有这种才能——朋友们，是吧？

"哪里有知识之树，哪里就有天堂"——最古老的和最现代的毒蛇都这样说的。

出于爱所做的事情，总是发生在善恶的彼岸。

不喜欢，躲避，欢快地表示不相信，爱讽刺挖苦，是健康的标志，因为一切不受任何限制的事物都属于病理学。

悲剧感随着感官敏感程度而增减。

疯狂就个人而言是少见的，但就集团、政党、国家和时代而言，却屡见不鲜。

……

不仅是我们的理性，而且我们的良知也会屈从于我们最强烈的冲动——我们内心的这个暴君。

我们必须报善惩恶。但究竟为何要报答行善的人和惩罚作恶的人呢？

人把知识传授给他人后，也就不再那么热爱知识了。

诗人对自己的经历表现得很无耻——并对它肆无忌惮地利用着。

"我们的同类不是我们的邻国人，而是我们邻国的邻国人"——每一个国家都这么认为。

爱情将谈情说爱者隐蔽的高尚品质——难得的好品质暴露出来，因而很容易使人对他的一般品质产生误解。

耶稣对犹太人说："法律是为仆役制定的——请像我作为上帝之子那样爱上帝！但是我们这些上帝之子们，又该如何对待道德！"

从每个政党的观点看，牧羊人总是需要有一只系铃领头羊，否则，他有时自己就得充当领头羊。

人确实可以张嘴说瞎话，但是，脸上所带的不自然表情，却会露出真相。

对充满活力的人来说，卿卿我我是叫人感到羞耻的事——是某种贵重的东西。

基督教赐予爱神厄洛斯毒酒,但厄洛斯喝下毒酒后,却没有死,而是堕落成了罪恶。

喋喋不休地谈论自己,也可能是掩盖自己的一种手段。

赞扬远比责备有更多强加于人的成分。

怜悯对知识分子会产生一种荒唐可笑的作用,就像温柔的手,对独眼巨人产生的作用那样。

一个人偶尔会出于对人类的爱而拥抱某个人(因为一个人不可能拥抱所有的人),但这一点绝不应告诉被拥抱的人。

对于被轻视的对象,人们不会表示憎恨;只有对于与自己地位相等,或地位高于自己的人,才会表示憎恨。

你们这些功利主义者——只有在车辆合你们的意时,才喜欢这种有用的东西,实际上你们也觉得车辆的噪音叫人无法忍受。

人最终喜爱的是自己的欲望,而非自己想要的东西。

其他人的虚荣心只有在和我们的虚荣心相反时,才会令我们反感。

关于什么是"诚实",或许至今谁都不足够诚实。

人们不相信聪明人会做愚蠢事——人的权利竟丧失到了如此地步!

我们所作所为的后果，一股脑儿地扣在我们的头上，而对我们在此期间已"改过自新"而漠不关心。

一个人在遭难时而祈神赐福给他，是没有人性的。

与上司关系亲密会使人有苦难言，因为可能会得不到回报。

"我感到难受，不是因为你欺骗了我，而是因为我不能再相信你了。"

亲切有时透着傲慢，令人感到不快。

"我不喜欢他"——为什么——"我比不过他"，有谁这样回答过吗？

五、道德的历史

欧洲目前的道德情操或许是微妙的、敏感的和细腻的,正如截至目前的"道德科学"是最新的、初步的和粗糙的那样——此种对照很有意思,有时会明显地表现在道德家的身上。的确,"道德科学"这个词就它所表达的意思来说,太傲慢了,有失风雅,风雅总是预示着要使用不那么嚣张的词语。人们应该非常清楚地说明,要为建立各种类型的道德理论做好准备。在很长一段时间内还需要做什么,就当前来说,又有哪些事情是必须做的,其中包括:收集资料,全面考察数量众多的、有价值的和特别有价值的细腻感情,并分类。这些感情是活的、不断生长繁殖和消亡的。还应该明确地说,这些活生生的感情反复出现较为常见的形式。毫无疑问,人们至今并没有这种谦虚。所有哲学家在把道德作为一门科学来研究时,都摆出一副充满学究气的、一本正经的样子,要求自己取得某种非常崇高的、非常庄重的成果。他们要给道德以基础——每个哲学家至今都坚信自己为道德奠定了基础。然而,道德本身一直被认为是某种"给定的"东西。描述各种形式的道德与他们那令人尴尬的傲慢自大相距何止千万里遥!这项工作看似微不足道,可是极其纤细的手和极其敏锐的感觉,却不一定能胜任!正因为道德哲学家对道德事实了解得不全面,而只是随意了解一个梗概,或偶尔在哪里看到一个节略本,或许只是了解与他们的环境、地位、教会、时代精神、气候和地区有关的道德——正因为他们对各个国家和各个时代的情况了解得太少,而且也不那么渴望了解这些事情,他们甚至连道德的实际问题都未接触到,因为只有通过对照比较许多种不同的道德,道德的实际问题才会显露出来。在至今的每一种"道德科学"中,实际上确实是忽略了道德本身这一问题;人们丝毫不觉得道德本身有什么问题!哲学家所谓的"给予道德以基础"以及为此而作出的努力,若以正确的眼光观之,只不过是以学术的形式使人坚信流行的道德,以新式表达流行的道德,因而只是在明确的道德范围内的就事论事。而且,从最终的动机上说,是一种否认,即否认对这种道德产生怀疑是合法的,并且拒绝检验、分析、怀疑和剖析对这种道德的信仰。比如,请听一听叔本华是多么无知地谈论他所做的工作,然后你可以对道德"科学"的科学性得出你自己的结论。结果这门科学的最新大师仍在以小孩子和老妇人的口气说话。叔本华虽然实际上是个悲观主义者——可每天晚饭后却吹笛子,这是他的自传说的。由此产生了一个问题:一个悲观主义者,一个抛弃了上帝和世界的人,却在道德面前止步——赞成道德,他究竟还是不是悲观主义者?

撇开像"我们心中有一绝对命令"这样的断言有何价值可谈,我们总可以问:这种断言对不断言者说了什么没有?在另一些人看来,有些道德体系力图为其创立者辩护;另一些道德体系则力图使创立者心情平静下来,使其自鸣得意;借助另一些道德体系,他想要虐待自己,使自己谦卑低下并用报复掩盖自己,给自己脸上贴金,使自己出人头地;这种道德体系帮助创立者忘却,那种道德体系使创立者或创立者身上的某种东西被人忘却;许多道德家喜欢对人类行使权力,喜欢创造性地、武断地对待人类;还有许多道德家,尤其是康德则以其道德使我们确信:"我内心所尊敬的,就是我应该服从的,你我都是如此!"总之,道德体系只是感情的一种手语。

与自由放任相对而言,每一种道德体系都是一种对"自然"同时也是对"理性"的暴政。不过,这并不是反对道德体系的理由,除非人们又利用某种道德体系命令说,所有种类的暴力和非理性,都是非法的。每一种道德体系中本质的东西和无法估价的东西,都是一种长期的约束。为了理解斯多噶哲学、波尔罗亚尔女隐修院或清教主义,我们应记住每一种语言对力量和自由所施加的约束,即韵律的约束、韵脚和韵律的暴政。各国的诗人和演说家都遇到了多少麻烦啊!

当今的一些散文作家也不例外,在他们的耳畔总是回响着要求他们一丝不苟、认真负责的命令,正如功利主义的草率行事者所说,是"为了一个愚蠢的念头"而一丝不苟。这些散文作家便因此而认为自己是明智的,又正如无政府主义者所说,是因为服从了专断的规则才这么认为的,并因此而认为自己是"自由的",甚至是具有自由精神的。然而,奇特的事实依然是一切具有自由、文雅、果敢和巧妙必然性的事物,不管是现在还是过去存在的,无论是存在于思想本身中,还是存在于管理或说话和劝说中,或是存在于艺术中还是行为中,都是凭借着这种专断规则的暴政才得以发展起来的。说实在的,这可能恰恰就是"自然",恰恰就是"自然的"——而不是自由放任!每一位艺术家都知道,他的"最为自然的"状态,即出现灵感时刻的自由安排、定位、布置和构造,是多么不同于他的自由放任状态——知道自己随后会多么严格而小心地遵守许许多多规则,这些规则正是由于其严格性和精确性,而完全无法用观念来加以表述(因为与这些规则相比,即使是最为稳定的观念,也有一些漂浮的、由许多不同部分组成的、含糊不清的东西)。"天上和地上"本质的东西,显然是应该有沿着相同方向的长期服从——由此才会产生,长期以来也一直在产生某些使生活值得过的东西。如美德、艺术、音乐、舞蹈、理性、精神以及任何其他改变了面貌的、精致的、愚蠢的或神圣的东西。精神长期被束缚,思想的传播受到怀疑和限制,思想家在思考时约束自己,按照教会、法庭的规定,或按照亚里士多德的前提进行思考,顽固的宗教意志按照基督教教义解释所发生的一切事情,在发生的每件事情中都要重新发现基督教的上帝,并为其作辩护。这一切暴行、专断、严厉、恐怖和不讲道理,都已证明是一种惩戒手段,欧洲精神借此获得力量、冷酷的好奇心和难以捉摸的流动性。当然也得承认,在这一过程中必须窒息、闷死和毁掉许多不可恢复的力量和精神(因为在这里跟在别处一样,"自然"会显露真相,并表现得过于辉煌,不偏不倚,令人震惊,却是崇高的)。过去欧洲的思想家们思考事物,只是为了证明某件事情,如今则相反,凡事"想证明某件事情"的思想家,我们都对其表示怀疑。所要证明的事情总是在事前就已经决定了，这是他们以极其严格的思维方式所带来的结果，就像在古代亚洲的占星术中那样，或像当今的基督教道德为了"上帝的荣耀"或为了"灵魂得救"而解释当前的个人事件那样。无论是广义上的奴役还是狭义的奴役，都是精神教育和训练的一种不可缺少的手段。我们则可以用这种眼光看待每一种道德体系，因而每一道德体系"自然"要教导人们憎恨自由放任，憎恨太大的自由，使人们坚信需要限定地平线，需要履行当前的义务，告诉人们应当收缩眼界。所以从某种意义上，也就是告诉人们，愚蠢是生活和发展的一个条件。"你必须长期服从某人，否则会遭难，会不再尊重自己"——在我看来，这就是自然的道德命令，肯定既不像老康德希望的那样是"绝对的"（因而才会有"否则"），也不是针对个人而说的，而是针对民族、种族、时代和阶层而说的，尤其是针对一般意义上的具有动物性的"人"，即人类而说的。

勤劳的种族感到无所事事，非常难受，但英国人本能中是把星期天遵奉为极其神圣之日，以致下意识地渴望这一天不要休息，仍然工作。于是便设计出斋戒，古代世界也经常可以见到这种情况（虽然严格说来就南方民族而言并不是与工作有关）。许多种类的斋戒是必需的；哪里的强大势力和习俗占优势，哪里的立法者就务必要指定闰日，在这些日子这种冲动将受到约束，学会重新感到饥饿。从一种更高的观点看，整个时代在感染道德狂热时，看起来便像是那些插入的克制和斋戒时期一样，学会低声下气，学会屈从——与此同时也学会弄干净自己，把自己打扮得漂漂亮亮。对某些哲学派别也可以作类似的解释（如希腊文化当中充满情欲气氛之下的柱廊派）。由此也可得到解释以下矛盾现象的一个线索：为什么正是在欧洲历史上基督教最盛行的时期，并且一般说来只是在基督教情绪的压力下，性冲动才会升华为爱情。

柏拉图的道德中有某种东西实际上并不属于柏拉图，而仅是出现在他的哲学中，或者可以说，是不由自主地出现在他的哲学中，这种东西就是苏格拉底哲学。柏拉图太高贵了，看不上苏格拉底哲学。没有人想伤害自己，因而所有罪恶都是在不知不觉中犯下的。坏人会自己损害自己；如果他知道什么是罪恶，他就不会作恶了。所以坏人只是出于错误的观念而做恶；若使他摆脱错误的观念，就必然会使他成为好人。这种推理方式散发着民众气味，民众只是觉察到由做恶而造成的令人不快的后果，由此而作出实际判断，说"干坏事是愚蠢的"；同时他们把"善"等同于"有用的和令人愉快的"，而不作进一步的思考。至于每一种功利主义体系，我们可以立即认为也有与上面相同的根源，并循着此踪迹追踪下去，很少会出错。柏拉图解释老师的信条时，竭力将一些高雅的和高尚的东西塞进去，他是所有解释者中最为大胆者，把整个苏格拉底的形象拔高，变成了一个受人欢迎的主题和一首大家喜爱的歌曲。用无穷无尽的、令人难以置信的变体展示他，即用他自己的所有伪装和多重性来展示他。

"信仰"与"知识"这一古老的神学问题，或者较为明白地说，本能与理性这一问题，即就对事物的评价而言，本能是否应该比理性享有更大的权威，理性想要根据动机，根据"原因"，也就是要根据目的和效用来估价和行动。这个问题一向是个古老的道德问题，最先出现在苏格拉底的头脑中，早在基督教出现之前就分裂了人的心灵。苏格拉底本人当然是由他具有的才能牵着鼻子走，先是站在理性一边。而实际上，他终生所做的，只是嘲笑高贵的雅典人，表现出的那种叫人难看的无能，他们像所有高贵的人一样，是受本能驱使的人，绝对无法对行动的动机给出令人满意的答复。然而，最终他也嘲笑了自己，虽然只是默默地、偷偷地嘲笑。由于具有较为敏锐的良知和较强的反省能力，他发现自己也处于相同的困境，也是那么无能。他自言自语道："但人们为何因此要使自己脱离本能！应摆正本能的位置，也应摆正理性的位置——人们必须遵从本能，但同时必须劝说理性用有力的论证来辅助本能。"说这样的话，实际上是这位伟大而神秘的讽刺家的虚伪，他把自己的良知带到了这样的境地，在这种境地，他满足于一种自欺欺人。而实际上，他觉察到了道德判断中的无理性。柏拉图在这些事情上较为无知，没有平民的那种狡猾，想要用他的全部力量证明，理性与本能自发地导向一个目标，导向善，导向"上帝"。柏拉图以降，所有神学家和哲学家都采取了与此相同的路线，这意味着在道德问题上，本能到目前为止取得了胜利。不过，理性主义之父（从而也是法国大革命之祖父）笛卡尔是个例外，他仅承认理性的权威，不过理性只是一种工具。

不管是谁，研究某一门科学的发展史，都会发现线索，并借此可理解获得所有"知识和认识"中最古老和最常见的过程。不管在哪一领域，最先发展起来的都是早熟的假说、虚构、善良而愚蠢的"信仰"意志，以及怀疑精神和耐心的缺乏——我们的感官姗姗来迟，而且从未完全学会成为获取完整知识的器官。在一定的场合中，我们的眼睛易于产生已经产生过的图景，而难捕捉住某一印象中的变化和新奇之处，因为后者需要运用更大的力量，更多的"道德"。耳朵听任何新的东西也很困难和费力，因此初听异国音乐会感到很别扭。我们听到人们说另一种语言时，常不自觉地力图用我们熟悉的词语学说这种语言。我们的感官也敌视和嫌恶新事物。一般说来，甚至在"最简单的"知觉过程中，也是各种感情占支配地位，如惧、爱、恨以及被动的懒散之感。如今读者很少读一页书上的所有单词（更不用说所有音节了），而只是读每二十个词中的大约五个词，并"推测"这些词可能具有的适当意思。与此相同，我们现在很少正确而全面地去观察一棵树，也很少观察它的叶子、枝干、颜色和形状，我们发觉想象一棵树要容易得多。甚至在最非凡的经历当中也这么做。我们杜撰的大部分经历，几乎不能说服我们思考任何事件，除非我们是事件的"发明者"。这一切有助于证明，源于我们固有的本性，从久远的年代起，我们就一直习惯说谎，或者说得较为文雅或矫饰一些，也就是说得较为好听一些。

一个人的艺术家气质远要比他所意识到的多得多。在热烈的谈话中，常常可以根据对方表达的思想或根据我认为他头脑里想的东西，非常清楚而明晰地观察到他的面部表情，其清晰程度要远远超过依靠视觉的力量，即双眼肌肉的巧妙运用所能看到的程度。他也许装出的是一副完全不同的表情，或根本没有表情。

白天做什么，梦中也会做什么，反过来也是如此。梦中所经历的事情，若在梦中常经历这样的事情，最终就完全与"实际"经历的事情一样了，与我们心灵中的东西相关联。由此我们就更加富有或贫乏，就或多或少地有了一种要求。最终，在大白天，甚至在最清醒的时刻，我们也会在某种程度上被梦中的情景所支配。设想某人在梦中经常飞翔，设想他一做梦，就感到自己具有飞翔的能力和技术，感到这是自己的特权，自己享有的一种特别引人忌羡的幸福。这样的人相信自己稍微动一下念头，就能做各种转弯动作，就能自由自在地飞翔，并毫不费力地、不受约束地"上升"，可自然而然地"下降"不用费劲！具有这种梦幻经历和做梦习惯的人，怎能不发觉另一种幸福，即便是在醒着的时候！他怎能不渴望另一种幸福？与他自己的"飞翔"相比，诗人们所描述的"飞翔"，对他来说肯定太世俗、太费力、太剧烈，也太麻烦了。

人们之间的区别，不只是表现在他们列出所想要的不同东西上，也不只是表现在他们对什么是值得为之奋斗的好东西意见不一上，以及对公认的好东西其价值大小、等级高低意见不一上，这些更多地表现在他们认为什么是实际拥有或占有一件想要的东西上。比如，就女人来说，控制她的身体和性满足，对于一个较为节制的人而言，便是拥有和占有的足够充分的标志；另一个疑心较重和对占有具有更大渴求的人，则觉得这种表面的拥有"成问题"，想做较为精细的检验，来弄清女人是否不仅只是把身体许给他，而且还愿意为了他放弃自己拥有或想要拥有的东西，只有在做了这种检验之后，他才把她视为"占有物"。然而，即使做完这种检验，仍会有人觉得还有怀疑的余地，占有欲还未得到满足：他会问自己，女人在为他放弃了一切之后，是否会为他的幽灵也这么做？他首先想要完全彻底地被人了解。为了得到爱，他大胆地将自己暴露在光天化日之下。只有当他心爱的人对他不再存任何幻想，既爱他的卑劣和肮脏，又爱他的善良、坚忍和高尚精神时，他才会感到完全占有她。一个人想要拥有一个国家，会发觉卡廖斯特罗和卡塔利那的高妙手法适用此目的。另一个人的占有欲若较为高雅，便会自言自语道："我在想占有的地方不应行骗。"一想到他的假面具将在人们的心中占支配地位，他就生气，且不耐烦。"所以，我必须让人们了解我，首先要学会自知之明！"人们总是会发觉乐善好施的人，给需要帮助的人帮助，让受惠者对他们的帮助表示深深的感激和眷恋。以这种傲慢态度，他们便像对待财产那样控制穷人，他们的乐善好施好像出于拥有财产的欲望。他们的施舍若与其他相重复，或被其他领先，他们便会忌妒万分。父母总是不自觉地把孩子塑造成自己的样子——他们把这称作"教育"。没有哪位母亲在心底里怀疑她生的孩子是自己的财产，没有哪位父亲会对坚持自己的思想和价值观念犹豫不决。的确，从前父亲认为自己有权决定新生婴儿的生死（如在古代德国人中间）。与父亲一样，教师、班长、牧师和君主，也在每一新来的人身上，看到拥有一项新财产的机会。可结果是……

古罗马历史学家塔西佗和整个古代世界的人都说，犹太人是一种"生来当奴隶"的民族。犹太人自己却说，自己是"上帝的选民"——犹太人完成了颠倒价值评价的奇迹，由此在几千年岁月中获得一种危险的新魅力。他们的先知把"富裕"、"不信神"、"邪恶"、"暴力"、"官能"等词语融合为一体，最先把"现世"这个词铸造成了贬义词。犹太民族的意义就在于这种价值评价的颠倒上（其中还包括把"贫穷"这个词用作"圣人"和"朋友"的同义词），这与犹太民族一起，体现了道德上的奴隶起义。

可以推断出：太阳附近有无数黑暗的天体。这些天体是我们绝不会看到的。我们私下说，这是个比喻：道德心理学家把全部星辰的文字仅仅看成一种比喻性的符号语言，在这种语言中，许多事物也许是还未表达出来的。

我们从根本上误解了食肉的野兽和食肉的人（比如，亚历山大的巴比伦西亚大主教切萨雷·博尔吉亚），误解了他的本性。我们力图在这些最健康的热带怪物和产物的体格上发现了"病态"，甚至力图在它们身上发现与生俱来的"地狱"，几乎所有道德家至今都是这么做的。道德家是不是憎恨原始森林和热带地区？他们是不是在不遗余力地诽谤"热带人"，说他们使人类患病？使人类堕落，或说他们自作自受，自己折磨自己呢？为什么这样做？是为了偏袒"温带地区"、偏袒温带人、偏袒"道德"、偏袒庸庸碌碌的人吗？那么，应该写出这样一节——胆小的道德。

所有致力于所谓"幸福"的道德体系,能是什么呢?只能是针对生活中不同程度的危险而提出的行为建议;只能是医治人们感情,纠正好倾向和坏倾向的药方。只要人们尚有强力意志,想要去充当主人,就只能是大小权宜之计和巧妙手法,充满了老妇人的智慧。它们的形式都怪诞而荒唐——它们针对"一切"发表议论,因为它们在不能得出普遍规律的地方得出了普遍规律;它们都无条件地说这说那,并把自己视为无条件的;它们都不仅让人感到半信半疑,而且只有在放入过多的佐料,散发出危险气味,尤其是散发出"来世"的气味时,才是可以忍受的,也才具有诱惑力。从智力方面来说,它们都没有什么价值,根本不是"科学",更不是"智慧"。但再说一遍,它们是权宜之计,掺杂着愚蠢——无论是像斯多噶学派劝说和鼓励人们的那样,对各种热烈而愚蠢的感情采取漠不关心和冷漠的态度;还是像斯宾诺莎建议的那样,不再笑、不再哭,通过分析和剖析感情;或者像亚里士多德的道德学说所鼓吹的那样,把感情降低到清白无邪的适当程度,让感情得到满足;或者把道德视为拥有自觉减弱的感情,用艺术的符号作用使其超凡脱俗;或表现为音乐,或表现为对上帝的热爱,或表现出为了上帝而对人类的热爱。因为在宗教中,感情只要是……就会被再次授予公民权。最后,甚至是像波斯诗人哈菲兹和歌德教导的那样,若是富有智慧的怪老头和酒鬼,就可以顺从和沉溺于感情,并大胆地放开精神和肉体自由意志的缰绳,因为在这种人那里是可以放纵感情的,因而也应该写出这样一节:"胆小的道德。"

自从有人类以来,就一直有人群(家族联盟、社会、部落、民族、国家、教会),并总是大多数人相应地服从于发号施令的少数人。所以,至今为止,人类最为经常地身体力行服从,最为出色地培养出了服从精神,因而有理由认为,服从是每个人天生的需要,是人正式的良知,它发布以下命令:"你应当无条件地做某事,无条件地不做某事。"总之,"你应当"这种需要力求自己满足自己,力求用某一内容来填写其表格,并依照其强度、不耐烦程度和急切程度,可不加选择地立即明白和接受各种各样的命令对他喊出的任何东西——这些下命令的人可以是父母、老师以及各层领导。人类发展所受到的极大限制，迟疑徘徊，经常地倒退和改变方向，都可归因于服从这一群居本能遗传得非常好，而命令艺术却受到了损害。倘若设想一下这种本能增加到最大限度，则下命令的人和独立的人最终将销声匿迹，或许他们心灵深处会感到内疚，会先进行一番自我欺骗，然后才能下命令，就像他们也只是在服从。目前欧洲实际上就存在着这种情况，我称它为命令阶级的道德虚伪。他们使自己免遭内疚折磨的方法，只能假装是在执行（先辈、宪法、正义、法律或上帝本人的）年代更为久远的、更高一级的命令，甚至用撷取民众流行意见的熟语来为自己辩护，称自己是"人民的头等公仆"或"公共福利的工具"。另一方面，爱群居的欧洲人目前摆出一副唯我独尊的样子，对自己的各种品质赞不绝口。其中包括热心公益、和蔼可亲、服从依顺、勤劳、节欲、谦虚、宽容、富于同情心。由于有了这些品质，他便温文尔雅，坚忍不拔，有益于民众，从而具有了人类特有的美德。然而，在认为不能缺少领袖的情况下，当今人们一再试图把爱群居的聪明人聚集在一起，以此来取代发号施令者。比如，所有代议制政体便起源于此。尽管如此，对这些爱群居的欧洲人而言，出现一个绝对的统治者会是一种多么大的幸福，又会摆脱一个多么不堪忍受的重负啊。拿破仑的出现所起的作用，就是最近对这一事实的伟大证明。拿破仑的影响史，可以说是这个世纪最值得尊敬的个人和时代所获得的高级幸福的历史。

在各个种族相互融合的时代，人的身体中继承着多种多样的血统。也就是说，继承有相互对立的，而且不仅仅是相互对立的本能和价值标准。它们相互冲突，很少能平静下来。文化孕育出的这样一种人，通常是软弱的人。其根本愿望是结束内心的战争。在他看来，幸福就是某种镇定药，就是某种（如伊壁鸠鲁式的或基督教式的）思维方式。尤其是悠闲、无打扰、精神充实和最终和谐带来的幸福——用圣洁的修辞学家圣·奥古斯丁的话来说，就是"安息日的安息日"。然而，倘若本性上的这种矛盾和冲突成为生活的另一种激励和刺激，同时在另一方面，如果除了其不可调和的本能外，他们身上还继承和被灌输适当的控制力和机敏性（即自我克制和自我欺骗的能力），来进行内心的这种冲突，那就会出现一些叫人不可思议的人，他们注定要征服和胜过他人。最佳例子便是古雅典的政治家亚西比德阳恺撒（按照我的鉴别力，我要把欧洲第一人霍亨斯陶芬王朝的腓特烈二世与恺撒联系在一起），艺术家当中或许是列奥纳多·达·芬奇。他们恰好出现在渴望悠闲且软弱类型的人大量涌现的时代。这两种类型的人是互补的，亦产生于相同的原因。

只要认为道德判断的效用仅仅是群居的效用，只要着眼点仅仅是保存社会，完全根据是否危害社会来决定什么是不道德的，就不会有"爱邻人的道德"。即便时常可见到些许关心、同情、公平、文雅和互助，那么即便在这种社会状况下，所有这些本能很活跃，近来被冠以各种荣誉称号，被称为"美德"，并最终与"道德"概念相重合。但在此时，它们仍不属于道德估价领域——它们仍超越了道德。比如，同情行为在古罗马最鼎盛的时期，既不被称为好，也不被称为坏，既不被称为有德，也不被称为缺德；即便受到赞扬，赞扬中也含有怨恨和轻蔑，顶多把同情行为直接与有利于全体福利、有利于国家的行为作一番比较。毕竟，相对于惧怕邻人而言，"爱邻人"总是次要的事情，部分是相沿成习的，是随意表露出的。对社会组织来说，似乎已牢固建立起来，且能抵御外部危险。正是这种对邻人的恐惧会再次带来有关道德评价的新观点。某些强烈而危险的本能，如进取心、轻率鲁莽、报复心、狡猾、贪婪和权力欲，从一般效用的观点出发，不仅给予荣誉——当然是以不同于此处所给出的名义，而且还加以鼓励和培养（因为在抵御共同的敌人时，永远需要它们），但现在人们却感到这些本能的危险增加了一倍（眼下缺少发泄这些本能的机会）。因而逐渐给它们加上了不道德的恶名，还对它肆意加以诽谤。相反地，本能和倾向却获得了道德荣誉，群居本能地逐渐退出舞台。在一种观点、一种状况、一种感情、一种倾向或一种天赋中包含有多少危及社会的危险——这便是现在的道德观点。在这里，恐惧再次成为道德之母。正是有最高尚和最强烈的本能，充满感情地爆发，并在使人远远高于和超过群居良知的一般低水平时，社会的自我信赖能力便会被摧毁。社会对自己的信心,可以说社会的脊梁便会折断。因此,这些本能会受到最猛烈的谴责和诋毁。崇高的独立精神、鹤立鸡群的意志,甚至富于说服力的理性,都被觉得是危险的。于是,将个人提升至人民之上,招致邻人恐惧的一切,便都被说成是罪恶。宽容大度的、不喜铺张招摇的、善于自我平衡的性情,以及平凡的愿望和欲望,获得了道德上的殊荣和声誉。最后,在和平气氛很浓的环境下,很少有机会也没有必要把感情训练得严厉和严格。现在,每一种形式的严厉,甚至公正上的严厉,都开始使良心感到不安;透着傲慢与严厉的高贵和自我负责总是惹人生厌,引起人们的猜疑,"羔羊",尤其是"绵羊"才赢得人们的尊敬。在社会发展史上,病态的温和娇柔达到一定程度,便会使社会本身站在损害社会的一边,站在罪犯的一边,而且摆出一副一本正经、真情实意的样子。在社会看来,惩罚似乎有欠公平——的确,此时"惩罚"和"惩罚的义务"的思想叫人民感到痛苦和惊恐。"使罪犯不再能够为害,不就足够了吗?为什么还要惩罚?惩罚本身人可怕了!"一旦提出这些问题,群居的道德也就是恐惧的道德,便会宣告终结。假如能完全消除危险,消除造成恐惧的原因,同时也就终结了这种道德。只要考察一下当今欧洲人的良心,总是会从他们的习处和隐蔽的凹陷处,发现相同的命令——胆小的民众的命令:"但愿迟早不再有害怕的东西!"迟早——哪里是迟早,现在这种意志和通向这种意志的道路,在整个欧洲就被称作"进步"。

我要立即再说一遍,我已说过上百遍的事情,因为人们的耳朵不愿听这样的真理——我们的真理。我们都很清楚,若有谁直接地,不是在比喻的意味上把人归于动物之列,那听起来有多刺耳。可是,偏偏在谈论具有"现代人"特征时,我们常常使用诸如"畜群"、"畜群本能"这样的词语,这会被视为我们的罪过。但能有什么办法呢,别无选择,因为这正是我们的新见识。我们已发现,在欧洲以及受欧洲影响的国家中,人们在主要的道德判断上的意见都一致:在欧洲,人们显然都知道苏格拉底认为自己不知道的事情,也都知道当初那条著名的蛇答应教给人的事情;如今他们"知道"什么是善,什么是恶。因此，如果我们老是反复说，欧洲人认为自己知道的事，欧洲人用自夸自责赞美自己、称自己为善的，只是畜群之人的本能，那听起来一定很刺耳，且叫人很反感。这种本能已显露出来且越来越强烈，而且随着它生理上的症状，近似性和相似性不断增大，它越来越占据支配地位，且凌驾于其他本能之上。目前欧洲的道德只是畜群道德，所以，照我们的理解，它仅是一种人类道德。与其相并列的在它之前或在它之后，可能还有而且也应该还有其他许多道德，尤其是一些高层次的道德。可是，为免遭这种"可能"和"应该"的损害，这种畜群道德竭尽全力地保护自己。它执拗而毫不容情地说："我就是道德本身，再没有其他什么道德了！"而实际上，借助一种迁就和迎合畜群最高尚欲望的宗教，使事情已发展到了这样一种程度，以至于我们经常发现这种道德甚至越来越明显地表现在政治和社会制度中：民主运动继承了基督教运动的遗产。可是它的速度，对那些性急者和那些被畜群本能弄得疯疯癫癫、心烦意乱的人来说，则嫌太慢而令人困倦。信奉无政府主义的野狗越来越猛烈地狂吠和越来越不加掩饰地龇牙咧嘴就清楚地表明了这一点，这些野狗目前正在欧洲文化的街道上游荡。他们都反对温和而勤劳的民主主义者和革命思想家，也更加反对蠢笨的冒牌哲学家和那些自命为理想主义者、希望建立"自由社会"的博爱思想家，可实际上他们却是一丘之貉。对于除了自治的畜群以外的任何社会形式，都抱有根本的敌意，都一致坚决反对一切特殊要求、一切特殊权利和优先权。这意味着最终反对一切权利，因为如果人人平等，也就没有人再需要"权利"了，都一致怀疑惩罚的公正。但他们也都同样信奉同情的宗教，凡是感受过、生活过和遭受过的一切，对此表示同情（下至禽兽，上至"神"——过分"同情神"是民主时代的现象）。他们一起为同情呐喊，为同情焦急。一般说来，对痛苦恨得要死，几乎像女人那样不能目睹痛苦，不能听任痛苦存在。他们都不由自主地黯然忧伤，心肠变得很软，欧洲止被其迷惑，仿佛受到一种新佛教的威胁。他们一致坚信相互同情的道德，好像这就是道德本身，就是顶点，是人类所达到的顶点。未来的、独一无二的希望，也是对当前的安慰，对过去所有债务的大清偿。全都一致相信社会是拯救者,也就是相信畜群,相信"自己"。

我们都有一种不同的信念——不仅把民主运动视为一种堕落的政治形式,而且认为它相当于人的一种堕落和衰落的形式,其中包含着人的平庸和贬值。那么,我们应该把希望寄托在何处呢?寄托在新哲学家身上——别无其他选择;寄托在身体非常强健、创造力非常丰富的人身上——他们能提出相反的价值判断,能重新估价和颠倒"永恒的价值";寄托在先驱者身上,寄托在未来的人身上——他们目前便勒紧裤腰带,打紧鞋带,迫使太平盛世走上新的道路。为了使人懂得人类的未来就是他们的意志,人类的未来取决于人的意志,为了准备好在培养和教育人方面,进行大规模的冒险和尝试,以结束愚蠢和偶然的恐怖统治(这种统治至今的名称是"历史",它最近的形式是"最大多数人"这一愚蠢说法)。为此,迟早需要有一种新型的哲学家和命令者。一想到这些哲学家和命令者,一切与那些神秘的、可怕的和仁慈的生物有关的事物便显得那么的苍白和矮小。这种领导者的形象在我们眼前晃动——我是否可以大声说你们就是自由精神?为了产生这种精神,人们一方面要创造这种精神同时也要利用这种精神的条件。还有所推定的方法和检验,借此灵魂可逐渐成长,达到非同一般的高度,具有非常大的力量,以致感到不得不执行这些任务,以及对价值进行重估。在其新的压力和锤炼之下,良心会被铸得如钢铁般坚硬,心肠也会变得硬如黄铜,于是可承受责任的重压。另一方面则非常需要这样的领导者,这样的领导者很可能供应不足、早产和堕落,但这些正是我们真正担心和发愁的事。你们知道得很清楚,你们这些自由精神!这些便是横扫我们生活的思想及暴风雨。几乎没有哪一种痛苦比看到、发现或感受到一个杰出人物迷失道路和堕落,更加叫人难以忍受的了。但是,倘若某个人独具慧眼,看到"人类"自身有可能堕落,倘若他像我们那样认识到在摆弄人类命运的游戏中,至今起作用的仍是极端的偶然性,无论是上帝的手,还是"上帝的指"都未参与这场游戏!倘若他发觉了隐藏在白痴般欣然接受和相信"现代思想"背后的命运,尤其是发觉了隐藏在全部基督——欧洲道德背后的命运,那他遭受的痛苦便是其他任何人都无法比拟的。他瞥见了通过耐心积蓄和扩大人的能力和能量所尚能发掘的人的潜力;他十分清楚地知道,人尚有发挥最大潜力的余地,知道普通人过去常常面对神秘的决定和新的道路——他从自己最为痛苦的回忆中,或许更清楚地明白这一点。即回忆一下各种讨厌的障碍,至今都已成为碎片,被粉碎、沉没,变得不值一提。克服了这些障碍,便可取得最高层次的发展。人类普遍退化至"未来人类",即蠢货和浅薄者所理想化了的未来人类的水平。人类的这种退化和生长受到阻碍,变成绝对群居的动物(或者如他们所称谓的,变成"自由社会"的人)。人类受到这种残酷对待,成为具有平等权利和要求的特别矮小的动物,无疑是可能的!若谁参悟出最终结局可能是这样,谁便可以体验到其余人类所未曾体验过的另一种厌恶——或许也是一种新的使命!

六、自我剖析

　　冒着道德说教一向显示出的那种风险，用巴尔扎克的话来说，就是坚决暴露自己伤口的风险。我斗胆对科学与哲学相互地位的改变而提出抗议，这两者之间的地位正在不知不觉地发生着变化。我的意思是说，人们必须有权根据自己的经历来看待如此重要的地位问题，而不是像瞎子那样谈论颜色，不要像女人和艺术家那样对科学说三道四。他们出于本能，也出于羞愧地叹息道："唉！这该死的科学！总是把事情弄得水落石出。"科学家宣布独立，宣布从哲学的统治之下解放出来，是民主的组织状态和混乱状态的后果之一。现在的学者都是一副自我陶醉、春风得意的样子，但这并不意味着自我吹嘘就发出香气。此处还是民众的本能发出叫喊："摆脱一切主人。"科学在反抗了神学、取得辉煌战果，并不再是神学的"仕女"之后，现在肆无忌惮、不知天高地厚地提出要为哲学制定法律，还声称该轮到它来充当"主人"了，那么我在说什么呀！它是声称要由自己来充当哲学家。在我的记忆中，对不起！是一个科学家的记忆中，可曾听说过年轻的自然科学家和年老的医生（更不用提所有学者中最有教养和最自负的语文学家和中小学老师了，他们从职业上来说不分你我）对哲学和哲学家采取幼稚傲慢的无礼态度。有鉴于此，专科医生和专业人员出于本能对所有综合工作和综合能力则采取守势；另一次，辛勤工作的工人觉察到哲学家过着悠闲舒适的生活，因而感到自己受了委屈，并被人小看了。还有一次，功利主义者由于患有色盲症，在哲学中看不到任何东西，而只是看到一系列遭到驳斥的体系和"没有给任何人带来任何好处的"过高开支；另一次，人们普遍对隐蔽的神秘主义感到恐惧，担心知识的疆界被调整；另一次，对个别哲学家的蔑视，不知不觉地发展成了对整个哲学的蔑视。最后，我常常发现，在年轻学者对哲学不屑一顾的态度背后，也有某位哲学家造成的恶劣后果。虽然人们已痛下决心不再遵奉他，可是却未能消除对其他哲学家的嘲笑和蔑视，造成对整个哲学的敌意。（在我看来，比如叔本华对最为现代的德国人造成的影响就是如此。由于疯狂地反对黑格尔，他成功地把整个最新一代德国人与德国文化的联系给切断了，而这种文化一直在提升和完善历史感。但正是在这一点上，叔本华本人的贫乏、接受能力之差和反德国精神的强烈，到了无以复加的地步）总的来看，正是现代哲学家的卑劣，从根本上损害了人们对哲学的尊敬，也给民众的本能敞开了大门。仅让我们承认现代世界已在多大程度上偏离了赫拉克利特、柏拉图、恩培多可勒世界的整个生活方式，并想一想那些庄严华贵的隐居修道者，当时被称作什么。而现在哲学界的代表人物，受当今时尚的影响，即高的太高，低的太低（在德国，例如，柏林的两头雄狮，无政府主义者欧根；杜林和调和主义者埃迪亚德·冯·哈特曼，都是如此），对此，出身较高贵的老实科学家又有什么感觉！特别是看到那些自称为"实在论者"或"实证主义者"的哲学家，肯定会使野心勃勃的年轻学者心中产生不信任感：这些哲学家顶多是学者和专家，这一点很明显！他们都已被科学所征服，重新受科学的支配。他们有时要求从自身得到更多的东西，却无权享有这些更多的东西，也无权承担这些更多东西的责任。他们目前在言行上值得称许地，并充满憎恨地，不相信哲学的监督责任和至高无上的地位。如今科学蓬勃发展，一副安然自得的样子，而现代哲学却在逐渐下沉。当前剩下的部分激起的即使不是轻蔑和怜悯，也是不信任和不愉快。哲学已还原成"知识理论"，实际上只不过是各时代的一门缺乏信心的学科，一种教人忍耐的学说；哲学甚至还从未跨过门槛，尚未登堂入室；也可以说，哲学是在做最后的挣扎，已走到路的尽头，处于临死前的痛苦之中，以唤起人们的怜悯之心。这样一种哲学怎么能够占据支配地位？

阻碍哲学家成长的危险如今多而又多，导致人们怀疑这个果实还能否成熟。科学的范围和结构已大大地扩展,与此同时,哲学家也越来越有可能在学习时就感到疲惫厌倦,也越来越有可能去从事某一方面的研究,"成为专家",从而不会再往高升。也就是说,不再会具有超人的眼光,不再会俯视一切。或升高升得太晚了,成熟的最佳时期和力量的巅峰时期已经过去,他已受到损伤,变得粗糙而衰弱,因而他的观点,他对事物的一般评价就不再有什么重要意义了。也许正是智力良心的改进,使他在征途上犹豫彷徨;他害怕受到诱惑变成浅薄的涉猎者,变成百足虫,变成千芯啄;他太清楚了,一个目光敏锐的人,若已丧失了自尊,便不再能发号施令,也不再能引导人们;除非他立志要成为伟大的演员,成为通晓哲学的江湖骗子,成为精神上的捕鼠者。总之,成为把人引上歧路的人。从根本上说,这实际上不是个良心的问题,而是个趣味的问题。给哲学家增添更多困难的还有这样一个事实,即他要求自己作出判断,说是或否,不是对科学,而是对人生和人生的意义。他不情愿地学会相信,作出这种判断是他的权利和义务,于是他设法完全依靠最为广泛的(或许是令人烦恼的、毁灭性的)经历,来行使这一权利,并达到上述信念。在这一过程中,他常常显得犹豫不决,产生怀疑,被惊得目瞪口呆。其实,哲学家长期以来一直被大众误认为是混同于科学人士和典型的学者,或被误认为是混同于具有高尚宗教情操的、无情无欲的、超凡脱俗的、耽于幻想的、醉心于上帝的人士。然而,当一个人听说某人由于过度"富于智慧的"或"哲学家般的"生活而受到赞扬时,其意思只不过是过"谨慎而离群索居的"生活。智慧,对大众来说似乎是一种飞翔,是一种成功地脱离罪恶游戏的手段和手法。但真正的哲学家——我的朋友们,难道对我们来说不是这样吗?——过的却是"非哲学的"和"没有智慧的"生活,尤其过的是一种不谨慎的生活。感到有义务和责任做许许多多的尝试,感到生活中的各种诱惑——他不断冒险,参与这种罪恶的游戏。

所谓天才,要么产生,要么创造(就这两个词最充分的意思而言)。相对于天才而言,学者,即一般科学家,身上总是有某种老妇人的味道。因为他们跟老妇人一样,也不熟悉人类的这两项主要功能。当然，应该承认，似乎是作为补偿，这两种人也是值得尊敬的——这里强调的是值得尊敬。但是，在承认这一点时，也还有一些令人烦恼的事情。让我们较为仔细地去考察一下：科学家是什么样的人？首先，科学家是普通类型的人，他们具有普通的美德；也就是说，是非统治类型、非权威类型、非充满自信类型的人；他们勤劳刻苦，耐心地与普通人打成一片；他们生性喜欢像自己那样的人，生性喜欢这样的人需要的东西。例如，需要拥有足以过温饱生活的收入和一块绿草地，没有这些便无法放下工作稍作休息；需要得到人们的尊敬和关注（这些首先是得到承认和可以得到承认的先决条件）；需要好名声带来的温暖与幸福；他们的价值和有用性，需要得到永恒的认可，还要一次又一次地克服内心对这一点的怀疑，尽管这种怀疑存在于所有从属性人们的心底。学者与其身份相称，也有一些可鄙的毛病和缺点：他们气量狭小，充满妒忌，对那些他们无法企及的性格，他们的眼睛特别犀利，可从鸡蛋里挑出骨头。他们易于相信别人，但只是在自己能随心所欲时才易于相信别人，并不滔滔不绝地说个没完；但是在领导伟大潮流的人面前，他们表现得较为冷淡，不那么愿意开口，此时他们的眼睛像是平静而毫无波澜的湖面，狂喜或同情都不能使其有波动。一个学者所能做的最坏和最危险的事情，皆产生于他那种类型的人的平庸本能，产生于平庸的耶稣会教义，此种教义出于本能尽力要消灭杰出人物，力图弄断，或更好些，放松每一把弯弓。当然，要怀着体谅的心情放松，自然也是用宽厚的手放松。怀着易于相信别人的同情心放松。这就是耶稣会教义的真正手法，它一向知道如何把自己装扮成富于同情心的宗教，并兜售给人们。

　　无论人们多么满怀感激之情地欢迎客观精神——谁不对一切主观性及其讨厌的自我意志腻烦得要死！可是，最终人们要学会小心对待自己的感激之情，停止过分赞颂精神的无私化和非个人化，最近人们似乎把精神的无私和非个人化当作了目标本身，当作了拯救和荣耀——特别是悲观学派常常这么做，而该学派也有充足的理由向"无私的知识"致以最高的敬意。客观的人，不再像悲观主义者那样咒骂和斥责，理想的学者，在遭受了许许多多全面的和局部的失败后，其身上的科学本能便开始全面发展,这样的人无疑是一种实际存在的最昂贵的工具,但他的作用却掌握在一个更加强而有力的人手中。他仅仅是一件工具;我们可以说,他是镜子——不是"目的本身"。客观的人确实是镜子,习惯拜倒在要了解每件事情之前,只具有了解或"反映"等词语表示的欲望——他等待着,直到发生某件事,然后敏感地展开四肢,即使是神的轻轻脚步飘然而过,也会在他的表面留下痕迹。不管他仍具有什么"个性",这种个性在他看来也都是偶然的、任意的,而且常常令人不安。他已慢慢地在很大程度上把自己视为外部形式和事件经过的反映。他尽力回想"自己",可常回想得不对;他动辄便把自己与其他人混在一起,搞错自己的需要,只是在这方面他不精细,粗心大意。他也许为自己的身体,为了与妻子和朋友闹点小别扭,为缺少朋友和社交活动而苦恼。的确,他设法去思考自己的痛苦,但却是白费力气!他老是走神,思考的总是一般的情形,昨天他不知道如何自助,明天他也不知道如何自助。他现在不认真对待自己,也不为自己花很多时间。他安详而宁静,不是因为没有烦恼,而是因为没有能力去理解和对付自己的烦恼。他习惯于殷勤对待所有事物和经历,高高兴兴、亲切接受所遇到的每一件事,他总是那么性情温和,那么超然物外,对什么都不置可否。在许多情况下,他不得不为他的这些美德付出代价!在一般情况下,作为人,他太易于成为这种美德升华后剩下的渣滓了。假如有人想从他那里得到爱或恨,我指的是上帝、女人和动物所理解的那种爱和恨,那么他会竭尽全力,提供所能提供的一切。但是,如果他爱得不深,恨得不深,如果他在这方面表现得虚伪、脆弱、有问题和堕落,人们也一定不要吃惊——他的爱是不自然的,他的恨是造成的,不如说是一种力气活儿,有点卖弄和夸张的味道。他的真诚完全以客观为转移,只有在完全安详和宁静时,他才是"真实的"和"自然的"。他那映照一切和总是自己擦得很亮的灵魂已不知道如何肯定,如何否定。他不懂得发号施令,他也不搞破坏。"我几乎什么都不怕"——他与莱布尼茨一起这么说。我们可不要忽视和小看这个几乎!他也不是模范人物,他不超过任何人,也不落后于任何人。他对一切都采取极其超然的态度,既没有理由支持正义事业，也没有理由支持非正义事业。人们长期以来把他混同于哲学家，把他混同于恺撒的老师和文明的独裁者，并给予其太多的荣誉，忽视他身上较为本质的东西——他是一件工具，可以说是个奴隶，当然是那种最受人尊敬的奴隶，但没有一点自己的东西，几乎什么也没有！客观的人是一件工具，一件昂贵的、易于损坏的、易于失去光泽的衡量工具和反射工具，需小心使用和照料。但他不是目的，不是向外去的和向上去的，不是其他存在物借以为自身辩护的互补性的，不是终点，更不是起点。不是一项创生性的或原创性的事业，也没有任何想成为主人而必须具备的那种英勇果敢、坚强有力、以我为中心的气质，而只不过是陶工使用的柔软的、空心的、精巧的、可移动的模板，要用某种内容和框架使其"成形"。他通常是个没有框架和内容的人，一个"无私的"人。顺便说一句，也就是对人毫无吸引力的那种人。

如果现今某一哲学家声称自己不是怀疑论者——我相信人们已能从上面对客观精神的描述中推测出他会这么做，大家都会听得不耐烦。人们因此会忧虑地注视着他，会提出许许多多的问题……的确，在胆小的听者当中，他从此便会被说成是危险人物。目前有许多胆小的听众，在他们看来，抛弃怀疑论似乎使他们听到远处响起了某种预示灾难的声音，似乎某处正在试验一种新型炸药，或许是一种精神上的炸药，一种新发现的、俄国的虚无主义，一种悲观主义的善良意志，它不仅意味着否定，而且还实践着否定——太可怕了。针对这种"善良意志"——简直就是实际否定生命的意志，当今人们普遍承认，没有比怀疑论更好的安眠药和镇静剂了。怀疑论是一种平和的、惹人喜欢的、诱骗人的罂粟花：当今的医生把哈姆雷特看作"精神"及其地下噪音的解毒剂。"我们的耳朵中不是已充满了令人不快的声音吗？"怀疑论者说，他们是喜欢安静的人，可以说是一种安全警察，"这种暗中的否定太可怕了！住嘴，你们这些悲观的鼹鼠！"怀疑论者是种娇贵的动物，很容易被吓倒。其良心所受的教育，使他一听到否定便惊跳起来，甚至听到清脆而坚定的肯定也会惊跳起来，像是被什么咬了一口。肯定！或否定！——在怀疑论者看来是与道德相对立的。正好相反，他喜欢采取孤高超然的态度来显示他的美德，同时或许还会和蒙田一起说："我知道什么？"或者和苏格拉底一起说："我知道我什么也不知道。"或者"在这个世界上，我不相信自己，况且门也没有向我敞开。"或者"即使门是开着的，我干嘛要立即进去？"或者"仓促提出假说有什么用？不提出任何假说倒可能很有风度。干嘛非得立即把弯的东西弄直不可？干嘛非得立即用某种麻絮填塞每个洞？没有足够的时间了吗？没有空闲时间了吗？哦，你们这些坏家伙，难道就不能等一等吗？不确定的事物也自有其魅力，斯芬克司也是女妖锡西，女妖锡西也曾是哲学家。"——怀疑论者这样安慰自己。老实说，其需要某种安慰，因为怀疑论是某种生理气质性疾病在精神上的集中表现，这种疾病用一般话来说就是神经衰弱。每当长期分离的不同种族和阶级一下了突然相互融合在一起时，便会发生这种疾病。新一代人的血液中继承了不同的价值标准和对价值的评估。在他们身上，一切都是躁动不安的，一切都处于混乱、怀疑和试验当中。各种最有效的影响力作用都很有限，各种美德相互阻碍且无法成长，无法在人们心中扎根，无法相互保持平衡，无法成为稳定因素，人们的身心缺少垂直的稳定性。然而，这些无法形容的人患病最重和退化最厉害的是意志；他们很长时间不再独立作出决定，很长时间不再有运用意志力的压力感，也不再有英勇无畏的冲动——他们对"意志自由"产生了怀疑，甚至不相信睡梦中有意志自由。当今欧洲的景象是，人们愚蠢而轻率地力图把各个阶级、各个种族彻底地融合在一起，所以在它的所有高度和深度上都表现出了怀疑主义情绪。有时展现出的是多变的怀疑主义，这种怀疑主义迫不及待地、漫无边际地从一个枝干生长到另一个枝干，有时呈现出一片阴暗的样子，就像填满了问号的乌云。常常对自己的意志厌烦得要死！意志瘫痪了，我们在哪里看不到这样的瘸子？可常常装扮得多么好看！打扮得多么诱人！为这种疾病备有最漂亮的盛装和伪装。这些盛装当前在橱窗中标示的名称大都是"客观性"、"科学精神"，等等。"为艺术而艺术"和"纯自觉的知识"只不过是经过打扮的怀疑主义和意志瘫痪——我愿意为欧洲病作出的这种诊断负责。意志病在整个欧洲的传播是不均等的；在文明盛行时间最长的地方，病得最厉害，此种病的种类也最多；只要在西方文化松松垮垮的遮盖物之下，"野蛮人"仍（或再次）维护自己的权利，这种病便会减轻。所以人们可以很容易地发现和理解，正是在当今的法国，其意志最为薄弱；法国一向善于把其可怕的精神危机转化为某种可爱而迷人的东西，现在突出地显示出了它对欧洲的智力优势，成了展示怀疑主义的全部魅力的课堂和展览会。作出决定以及坚决执行一项决定的力量，在德国较为强大，而在德国北部又比在德国中部强大。在英格兰、西班牙和科西嘉要更为强大得多，与前者联系在一起的是黏液很多的迟钝。与后者联系在一起的是坚硬的颅骨。更不用提意大利了，它还太年轻，还不知道自己想要什么，先得表明自己能否运用意志。但运用意志的力量最为强大、最令人惊奇的地方，是在广袤的罗马帝国中部，是在俄罗斯。在那里，运用意志的力量已存储和积蓄了很长时间，在那里，意志——拿不准是否定性的还是肯定性的，正虎视眈眈地等着被释放。要使欧洲摆脱其最大危险，不仅需要有印度战争和在亚洲的纠纷，而且还需要有内部的颠覆，需要把帝国摧毁，分裂成一个个小国，需要建立议会，还需要使每个人感到有义务在吃早餐时看看报纸。我说这些并不是真的希望发生这些事情；相反，我内心倒希望发生相反的事情——我的意思是，俄国表现出更加咄咄逼人的架式，促使欧洲也下决心摆出同样咄咄逼人的架式。即开始具有统一的意志，依靠一新的社会集团统治欧洲，这是欧洲自己的一种百折不挠的、令人敬畏的意志，它将确定未来几千年的目标。这样，在欧洲已上演过长时间的小国家喜剧，以及欧洲在封建与民主之间的三心二意，最终会宣告结束。小政治的时代一去不复返。下个世纪将发生争夺世界统治权的斗争——人们将屈从于大政治。

欧洲人显然已进入了新的好战时代。关于这种时代或许会在多大程度上会促进另一种更加强大的怀疑主义发展，我想初步用一则寓言来发表我的看法。热爱德国历史的人是会理解这则寓言的。腓特烈大帝的父亲古怪而令人难以捉摸，发疯似的喜欢长得高大漂亮的掷弹兵（他作为普鲁士国王，生了一个对一切抱怀疑态度的军事天才，因此，也就带来了一种已成功地出现于世界舞台的新型德国人），一度曾具有天才的眼光和理解力：他知道当时的德国缺少什么，缺少这种东西要比缺少文化和社会形态更令人忧虑和担心一百倍。出于本能和内心的深深不安，使他对年轻的腓特烈抱有敌意。当时缺少的是男人：他极为痛切地感到自己的儿子不够男人气。不过，在这件事情上他真的弄错了，但处于他的位置谁又不会弄错呢？他看到儿子滑入了无神论的泥潭，整日一副神气活现的样子，像机灵的法国人那样快活和轻浮。在他背景中看到了那个大吸血鬼，那个大蜘蛛——怀疑论。他感觉到一颗无可救药的、可怜的心灵不再硬得足以作恶或为善，感觉到被折断的意志是不能再下命令的。可是与此同时，在他儿子的心中却形成了一种新的更加冷酷和危险的怀疑论，又有谁知道这在多大程度上正是由他父亲的恨、冷冰冰的忧郁和孤独的意志所造成的呢？这是一种英勇无畏、充满男人气的怀疑论，与军事和征服天才紧密联系在一起，并附着在腓特烈大帝的身上第一次进入了德国。这种怀疑论貌视一切，但却能把握一切；它颠覆一切，却也占有一切；它不相信一切，但却并没有因此而丧失自我；它孕育出危险的自由精神，但却牢牢地守护着心灵。这是德国式的怀疑论，作为挥之不去的腓特烈主义，已上升到最高的精神境界。很长一段时间，一直把欧洲置于德国精神及其批判性和历史性的怀疑之下。仰赖于德国的伟大语文学家们和历史批判家们，其无比坚强的、不屈不挠的男人性格，已逐渐确立了一种新的德国精神——尽管在音乐和哲学方面存在着浪漫主义倾向。这种精神中男人气的怀疑论明显地占着上风，其表现是，比如，无所畏惧地直视一切，勇敢而严格地剖析一切，毅然而然地踏上发现的征程，在一望无云而预示着危险的天空下毅然而然地加入到圣洁的北极探险队。面对这种精神，面对法国历史学家米什莱称之为宿命论式的、讽刺性的、魔鬼般的精神，冲动热情而浅薄的人道主义者战栗着在胸前划起十字，便不足为奇了。但是若要认识到德国精神中"男人"的这种恐惧在多大程度上使欧洲从独断论的沉睡中觉醒了过来。还得回想一下，一定要用这种新观念来克服以前的观念——并非很久以前。一个男性化的女人会大胆而无所顾忌地、自以为是地向欧洲这样推荐德国人，即他们是性情温和的、好心肠的、意志薄弱的、喜欢诗歌的傻瓜。最后，谨让我们真正从内心深处理解拿破仑见到歌德时的惊奇：他看到的正是许多世纪以来被人们视为"德国精神"的东西。

于是，如果在未来哲学家的画像中，某一特征使人提出这样一个问题，他们不就是前述意义上的怀疑论者，则他们身上的某种东西也只能如此定名。他们也同样有权把自己称为批判家，而且他们无疑将成为实验家。通过我冒昧地给他们取的这个名字，我已明白地强调了他们从事的尝试活动和他们对尝试活动的热爱。这是否因为他们作为名副其实的批判家，将喜欢在一种新的、或许更为广泛和更为危险的意义上来利用实验？由于酷爱知识，他们是否会在大胆而痛苦的尝试中比民主时代受到骄纵的敏感趣味所能赞同的更向前迈进一步？毫无疑问，这些未来的哲学家绝对不能没有那些把批判家与怀疑论者区别开来并按良心办事的重要品质。我指的是他们对价值标准要充满自信，并有意识地运用首尾一致的方法，谨慎而勇敢，卓尔不群，要有能力自己对自己负责。而且，他们将公开宣称自己喜爱否定和剖析，宣称应该具有某种谨慎的残酷，即便是在心滴血的时候，也知道如何稳妥而灵巧地运用匕首。他们要比讲人道的人所希望的更为严厉（而且并非仅仅总是对自己严厉），他们讨论"真理"不会是为了"愉悦"自己，或"振奋"和"鼓舞"自己。相反，他们几乎不相信"真理"可以使人沉醉于这些感情。倘若有人当着这些严厉人的面说："那种想法使我振奋，那它为何不是真的？"或者"那件作品使我着迷，那它为何不是出类拔萃的？"或者"那个艺术家使我感到充实，那他为何不是伟大的？"这些人便会微微一笑，或许不仅是微微一笑，而且还从内心厌恶所有这些如痴如狂的、理想主义的、女人气的、不男不女的表现。若有人能窥视他们的内心深处，他多半不会发现他们打算把"基督教感情"与"古代审美力"，甚至与"现代议会制政体"去相调和（在我们这个很不确定的因而很调和的时代，则必然会在哲学家身上发现这种调和）。这些未来的哲学家不仅会要求自己具有批判素养和每一种有助于智力纯洁和严谨的习惯，他们甚至还会把它们展现出来，作为自己的特殊装饰，不过他们并不会因此而希望别人把自己称为批判家。在他们看来，若像当今人们喜欢做的那样判定"哲学本身就是批判和批判科学——仅此而已！"那可是对哲学不小的侮辱！虽然对哲学的这种评价会得到法国和德国的所有实证主义者的赞同（甚至可能会赢得康德的欢欣，这很合他的口味：请回想一下他的主要著作的名称），但我们的新哲学家们却会说，批判家是哲学家的工具，正由于这一原因，作为工具，他们远远不是哲学家！就连柯尼斯堡的那个伟大的中国佬也只是一个伟大的批判家。

　　我坚持认为，人们最终应停止把哲学工作者以及一般的科学家同哲学家混淆在一起——原因正是在这里，应该严格地使他们"各得其所"，而不应给予前者过多，而给予后者过少。要把自己培养成真正的哲学家，哲学家就应该亲自踏上所有的台阶，而其仆从，即哲学的科学工作者，现在则仍然站立，必须仍然站立在这些台阶之上。哲学家自己或许必须曾经是批判家、怀疑论者、独断论者、历史学家，此外还必须曾经是诗人、收藏家、旅行家、解谜者、道德家、预言家、"自由精神"，以及其他各种各样的人，从而遍布人类价值和判断的整个领域，要能用各种各样的眼睛和良知，从高处眺望任何远处，从低处仰望任何高处，从每一角落窥视任何辽阔的地方。但这一切仅仅是他执行任务的初步条件；任务本身还另有所求——即要求他创造价值。哲学工作者则是以康德和黑格尔为光辉榜样，要确定某种现有的庞大估价系统，并使之形式化，不论是在逻辑领域、政治（道德）领域、还是艺术领域。所谓现有的估价系统就是以前确立、创造的价值，它们已广为流行，且暂时被称作"真理"。这些研究者所要做的就是将至今发生和受到尊敬的一切，弄得显而易见，且易于想象、明白易懂、易于驾驭，并把一切长的东西，甚至"时间"本身弄短，并制服整个过去。这是项令人惊叹的艰巨任务。执行这项任务，任何高雅的矜持，任何顽强的意志，都定会得到满足。然而，真正的哲学家们却是命令者和立法者，他们说："就应该如此！"他们最先确定人类的去处和动机，由此而撇开一切哲学工作者和一切制服过去者的先前劳动——他们用富于创造力的手掌握未来，现在和过去的一切，并由此而变成了他们的手段、工具和锤子。他们的"认识"就是创造，他们的创造就是一种立法，他们的真理意志就是强力意志。现在有这样的哲学家吗？过去有这样的哲学家吗？某一天是否一定会有这样的哲学家？

我越来越清楚地意识到，哲学家作为一个不可缺少的人物，日益发觉自己，而且是不得已而发觉自己。处于与他生活的时代相对立的地位，他的敌人总是其所处时代的理想。至今人们称他为哲学家的那些所有促进人性发展的非凡人物——很少将自己看作是爱智慧的人，而是将自己看作是招人讨厌的傻瓜和危险的质问者——已发现其使命，其非自愿的、必须执行的艰巨使命（不过，最终则将是伟大的使命），便是来充当其时代的内疚。在把解剖刀放在时代道德的胸膛上时，他们便暴露出了自己的秘密。他们这样做是为了使人类获得新的伟大，是为了发现一条尚未被踩出的提升人类的新路。他们总是发现，在大多数各种各样受人尊敬的当代道德背后，有许许多多的伪善、懒惰、自我放纵和自我忽略，有许许多多的道德已经过时。他们总是说："所以我们必须迁移至你感到最不舒适自在的地方。""现代思想"想要把每一个人拘于一隅，以限定在一个"专业"之中，来面对大量这样的现代思想，哲学家将把人的伟大，即伟大这个概念，定义为人的广博和全面，定义为人的多才多艺。他甚至要根据一个人所能忍受和承担的数量和种类，根据一个人所能肩负更多责任的程度，来确定其价值和等级。如今，现代趣味、道德削弱和减弱了的意志中，最适合于现代精神的就是意志的薄弱。因此，按照哲学家的理想，伟大这一概念中尤其要包括坚强的意志、坚定的信念和不屈不挠。而相反的学说则适合于相反的时代，相反的学说确立的理想是病态的、弃绝欲望的、谦卑的、无私的人类。在这种时代，如16世纪，意志能量过分积聚，私欲横流。在苏格拉底时代，有一些本能衰竭的人，即上了年纪的保守雅典人，他们纵情欢乐，也正如他们所说的，"是为了幸福"；也正如他们的行为所表明的，"是为了快乐"。他们嘴上总是冠冕堂皇，而他们所过的生活却早已使他们无权这么说。在这些人当中，为了灵魂的伟大，也许需要佯装无知，需要苏格拉底式的恶毒和厚颜无耻,他们不仅伤害了"高贵者"的灵与肉,而且砍伤了自己的肉,而脸上的表情分明是说:"在我面前别遮遮掩掩的!喂,我们是平等的!"与此相反,当前在整个欧洲则只有人民大众得到荣誉和分配荣誉,"权利的平等"可以极其容易地转变为错误的平等。我的意思是说可以很容易地转变为反对一切稀有的、奇特的、享有特权的东西的全面战争,反对高等人、高等义务、高等责任、创造全权和贵族气派的全面战争。因而当前"伟大"这一概念中应包含努力使自己高贵,使自己离群索居,与众不同,出类拔萃,并尽力靠个人主动性生活;哲学家的以下一段话,在某种程度上透露了自己的理想:"最伟大的人是最能独处、最能隐藏、最能反其道而行之的人,同时,是超越善恶的人,是掌握自己道德的人,是意志极为充沛的人;这才可以称他为伟大——多样而完整,丰富而全面。"且再问个问题——现今伟大是否可能?

很难弄清楚哲学家到底是什么样的人,因为这是不能由别人告诉的,而必须靠亲身经历来"了解",也可以自负得不屑于了解。目前大家都谈论自己不能亲身经历的事情,但不幸的是,在涉及哲学家和哲学问题的事情上尤其是这样,很少人了解这些问题,也很少有人能了解这问题,因而普通人对它们的了解都是错误的。比如,快速运行的狂放而充溢的精神,与不出一点错的逻辑论证的严谨和必然,在哲学上的真正结合,是大多数思想家和学者凭自己的经验所不能了解的,所以若有人在他们面前谈论它,他们便会表示不相信。他们会觉得每一种必然性令人讨厌,是一种叫人感到痛苦的强迫性服从和受约束的状态。在他们看来,思维本身是件缓慢而迟疑不决的事情,几乎是件麻烦事,常常"要令高贵者流汗"——绝不是件容易而神圣的事,也与跳舞和充溢没有密切关系!"思维"和"认真"、"艰苦地"对待某件事对他们来说是一回事,这就是他们的"体验"。在这方面艺术家或许有更为敏锐的直觉。当他们不再"随意"做某事时,当一切必然的事情达到顶点时,当他们对自由、微妙、力量的感觉,对富于创造性的确定、处置和塑造的感觉达到顶点时,他们会特别清楚地明白这一点。简单地说,此时那种必然性和"意志自由"对他们来说便是一回事。总而言之，心理状态有等级划分，问题的等级划分与它相对应。最高等级的问题无情地拒斥每一个这样的人，这些人胆敢接近这些问题，但上苍却未赋予他们崇高而强大的精神来解决这些问题。敏捷的普通智力，或笨拙而正直的力学以及经验主义者，都在以其平庸的抱负，奋力接近这样的问题，并力图在某种程度上进入这种"最为神圣的地方"（当今有那么多的人作此努力），但这又有什么用处。粗糙的脚千万不要踩这样的地毯——这是事物的基本法则所规定的。大门对这些不速之客仍然紧紧关闭着，虽然他们可以用身体和头猛撞大门！人们必须出身高贵，或更确切地说，必须有这方面的教养：一个人仅仅是凭他的出身而具有从事哲学研究的权利，此处哲学一词取其较高层次的含义。在这里，祖先，即"血统"，也起着决定性作用。要有许多代人为哲学家的诞生来铺平道路；他的每一种道德必须单独获得、培养、遗传和具体表现出来；其中不仅有狂放的、流畅的、细腻的思路和思绪，而且尤其要有肩负重大责任的心理准备，要有君临天下的威严目光和敢于藐视一切的面容，要有不同于普通大众的义务感和道德感，要充满同情心地保护被误解和被恶言中伤的一切并为其辩护，无论是上帝还是魔鬼，要满怀喜悦地实践最高的正义，要掌握发号施令的艺术，要有充足的意志，要有留恋不舍的目光，同时也要很少赞美，很少仰视，很少爱……

七、道德之尺

我们的道德？我们很可能仍然拥有着道德，虽然它们很自然地不再是那些严肃而庄严的道德。正是因为这些道德，我们敬重我们的祖辈，也与他们保持一定的距离。后天的欧洲人，20世纪的第一代人仍将具有我们危险的好奇心和各种各样的掩饰技巧。我们在感官和精神上得以成熟，而表面上甜蜜得残忍。如果必须拥有道德的话，多半只拥有与我们内心感受最深的、最隐秘的倾向相吻合，并与我们最强烈的需要相吻合的道德。好吧，那就在迷宫中找一找这样的道德！我们知道，在这种迷宫中，许多东西丢失了，许多东西完全丢失了！还有比寻找结果的道德更滑稽的事吗？这不就是相信自己的道德吗？但这种"相信自己的道德"，实际上不就是过去人们所谓的"问心无愧"吗？这可是一种令人尊敬的思想长辫子，我们的祖辈常将它悬在脑后，也常将它悬在理解力的背后。所以，情况似乎是，无论我们认为自己在其他方面多么不老派，多么不像祖辈那样令人尊敬，可我们却是祖辈们名副其实的子孙，我们这些问心无愧的、最后的欧洲人，仍然留着他们的辫子。嗳！但愿你知道情况会很快、非常快地发生变化！

在星空中，有时是两个太阳来决定一个行星的轨道，有时是数个色彩不同的太阳，时而用红光，时而用绿光，在一颗行星的周围闪耀，随后又同时把两种光对准这颗行星，使它放出缤纷绚丽的色彩。与此相同，由于我们的"星空"结构复杂，现代人也受到了各种不同道德的影响；我们的行为交相辉映出各种各样的色彩，很少是意义明确的——在许多场合，我们的行为是杂色的。

爱自己的敌人？我认为人们已经完全学会了这样做。这种事情在当前大大小小的规模上，千百次地发生着；而且有时会发生更崇高和更高尚的事情：我们学会了在爱的时候，而且恰恰是在爱得最深的时候，去鄙视被爱的对象。然而这一切都是在不知不觉中发生的，没有任何喧哗，也没有任何夸示，只有善意的羞愧和遮遮掩掩，不允许傲慢而自负地大谈道德。道德作为态度是与我们当今的趣味相对立的。这也是一种进步，就像在我们的父辈那里，宗教作为一种态度一样，而最终与趣味相对立，这是一种进步。父辈的趣味包括对宗教抱有敌意和伏尔泰式的仇恨（以及所有那些以前属于自由思想家哑剧的东西）。它是我们良心中的音乐和精神中的舞蹈，清教徒的祈祷、道德说教和假道学，都不会与它合拍。

有些人非常看重别人，认为他们在道德上圆熟老到，道德辨别力深刻而敏锐。与这些人打交道时，要特别小心！如果他们当着我们的面犯过一个错误（哪怕是有关我们的错误），他们都决不会饶恕我们，他们出于本能，必然会毁谤和诬蔑我们，即使他们仍然是我们的"朋友"。保佑健忘者吧，因为他们甚至能"战胜"自己的错误。

法国的心理学家——如今其他地方还有心理学家吗？从未停止过以讥讽态度，从多方面欣赏资产阶级的愚蠢，就好像……总之，他们由此揭露了某些东西。比如福楼拜，这位里昂的正直市民，最终既未看到、听到，也未品尝到任何其他东西，这就是他的自我折磨方式其高雅的残酷。既然这一话题越来越令人厌倦，那我就换个话题说点别的供大家消遣吧！我要说的就是，胖胖的善良而诚实的普通人，总是不知不觉地对较为高尚的人，和这些人要执行的任务，作出机警的反应。这是一种敏锐的、带倒刺的、耶稣教教民的机警，要比鼎盛时期的中产阶级的鉴别力和理解力敏锐千百倍，甚至比其牺牲品的理解力还要敏锐。这些再一次证明，"本能"是至今发现的所有智力中理解力最强的。总之，你们心理学家研究的是"规则"与"例外"斗争的哲学。在这种哲学中，人们看到的是适于展示上帝和上帝般恶意的场面！或坦率地说，就是对"好人"，对"具有善良意志的人"……对你自己做的活体解剖！

做出道德上的判断和谴责，是智力低下者对智力较高者最喜爱进行的复仇，也是对他天赋较差的补偿。最后，这是一种获取精神和变得敏感的机会——其所获取的是一种恶毒的精神。令他们内心高兴的是，到底还是有一种标准，根据这一标准，天赋较高的人和天生享有较多特权的人，对他们是平等的。他们主张"在上帝面前人人平等"，并几乎是为此而需要信仰上帝。也正是在他们当中，可以见到最坚定的无神论反对者。假如有谁对他们说："崇高的精神与纯粹有道德的人他们的诚实和可敬有天壤之别。"那会使他们勃然大怒。我将设法不去说这样的话，我要用我的理论奉承他们，说崇高精神本身只是作为道德品质的最终产品而存在，它是在"纯粹有道德的"人身上，所有品质的综合，这些品质只有经过长期训练和实践才能获得；或许要经过许多代人才能获得。崇高精神完全是正义的精神化，是仁慈和纯洁的精神化，它知道自己被授权而维持世界上的等级划分，不仅在人之间，甚至在事物之间，维持等级划分。

既然人们现在都那么热烈地赞扬"无利害关系的人"，我们就来或许不无某种危险地看一看，人们实际上对什么感兴趣。普通人从根本上说，他们的内心深处一般关心什么事情，假如表面的东西不欺骗我们的眼睛的话（这里所谓的普通人包括有文化的人，甚至包括学者，或许还有哲学家），令较高层次的天性和较高雅、较挑剔的情趣感兴趣及沉醉的大多数事情，普通人似乎绝对"不感兴趣"。假如他还是发觉应该对这些事情感兴趣，他便称这种态度为无利害关系，并奇怪怎么能够"置身事外"。一些哲学家也总是像大众那样，富有魅力而神秘地、恍如隔世地表现出这种惊奇（或许这是因为他们未体验过这种较高层次的天性），而不是指出这样一个赤裸裸的、率真朴实的、合情合理的事实真相，即"无利害关系的"行为是令人很感兴趣的"有利害关系的"行为，只要……"那么爱呢？"爱毕竟是"非利己主义的"吧？你们这些傻瓜！"那干吗还要赞扬自我牺牲者？"——凡是实际作出牺牲的人都知道，自己想为此而得到某种东西，或许是某种内心的东西；知道自己在这方面作出牺牲，是为了在另一方面得到的更多。或许只是一般地更多，甚至只是使感到自己得到的"更多"。可这却是个要提出问题和回答问题的领域,较为挑剔的人是不愿留在这里的,因为在这里真理要回答问题时,必须要强忍住不打呵欠。毕竟,真理是女人,对她不应使用武力。

道学家对传闲话者说:"我有时崇敬和尊敬无私的人,但不是因为他无私,而是因为我认为他有权牺牲自己的利益而有益于另一个人。"总之,问题总是他是谁,另一个人又是谁。比如,在一个命中注定下命令的人身上,自我牺牲和与世无争,非但不是美德,反而是对美德的糟蹋,在我看来就是这样。每一种无私道德体系,都把自己视为无条件的,是对每一个人有吸引力的,因而这种道德体系不仅对高雅趣味是犯罪,而且还会刺激人们犯下忽略个性的罪恶,是一种在博爱的掩盖之下对人的另一种勾引,而且偏偏是对各种高级、罕见和享有较多特权的人的勾引和损害。各种道德体系首先一定要屈从于等级划分,其假设必须做得问心无愧,以至于它们最终彻底明白,说:"适合一个人的也适合另一个人,是不道德的。"那个道学家和好人这样说。他这样劝说道德体系实践道德,是不是应该受到人们的嘲笑?但如果谁想站在嘲笑者一边,那他也许正得得叫人受不了,甚至高雅趣味也显得有不当之处。

凡是在当今鼓吹同情(同胞的痛苦)的地方,如果我推测得正确的话,没有哪种宗教比这种宗教鼓吹的时间更长了。心理学家都应侧耳静听,要去透过所有那些虚荣,再去透过此种宗教的鼓吹者(以及所有鼓吹者)习以为常的噪音,他会听到自我蔑视的纯正旋律,并沙哑地呻吟着。欧洲因此而被遮蔽了光辉,变得丑陋不堪。一个世纪以来,此种情况有增无减(其首批症状已在加利亚尼致德·埃皮奈夫人的一封具有丰富思想的信中记录得清清楚楚)——但愿自我蔑视不是造成此种状况的真正原因!具有"现代思想"的人,即自负的类人猿,对自己极端不满意——这可是千真万确的。他在受苦,他的虚荣偏偏要他"与同胞一起受苦"。

欧洲的平民百姓——绝对需要一套服装。他需要把历史当作服装的储藏室。他自然注意到,没有哪套服装合他的身——他换了一套又一套。让我们看一看19世纪,该世纪的人们对各种服装样式的喜好变了又变,并且时常因为"没有一套服装适合自己"而感到绝望。无论是把自己打扮成浪漫的,还是古典的,基督教的、佛罗伦萨画派的、巴洛克风格和洛可可风格兼具的、"民族的",一切都是白费——都不"合身"!但是精神,尤其是"历史精神",却受益于这种绝望:可一次又一次地试验过去的和外国的新样品,穿了脱,脱了穿,然后打包收起来,尤其是对它进行了研究——我们的时代是在"服装"方面第一个勤奋好学的时代。这里所谓服装指的是道德、信条、艺术趣味和宗教,我们比其他任何时代都更要准备好举行盛大的狂欢,准备好发出最富于精神性的节日般的欢笑,和表现出无比的妄自尊大,去准备好干下天大蠢事,像亚里士多德那样嘲弄世界一番。或许正是在这里,我们还可以发现从事发明的天地,甚至仍可发挥其创造力,很可能是作为世界历史的模仿者以及上帝的助手。或许,虽然目前一切的前途暗淡,但我们的欢笑本身却可能是前途一片光明!

历史感(即迅速察觉一个民族、一个社会或一个人赖以生活的估价等级体系的能力,亦即"察觉本能",察觉这些估价之间的关系,察觉这些估价的权威与作用力量的权威的关系)——我们欧洲人宣称这种历史感是我们所特有的,是在各阶级和各种族的民主式混合中的,是使欧洲陷入迷人而疯狂的半野蛮状态之后,降临到我们身上的。只是在19世纪,人们才承认这种能力是第六感官。由于这种混合,过去的每一种生活形式和方式,以及过去各种紧密相邻和互相重叠的文化,都汇成了我们这些"现代灵魂";我们的本能目前在各方面都在回溯,我们自己成了一种混乱;如前所述,最终精神会在其中觉察到自己的优势。借助肉体和欲望的半野蛮状态;我们可以暗中进入各个地方,进入高尚时代的人们从未进入过的地方。尤其是可以进入各种不完善的文明迷宫,进入至今地球上存在过的各种半野蛮状态。由于大部分人类文明都处于半野蛮状态,因而历史感几乎就是对一切的感觉和所有方面的本能,也就是对一切的喜好和所有方面的口才。由此证明,这种历史感是一种卑鄙的感官。比如,我们再次欣赏一下荷马:最令我们高兴的也许是知道如何欣赏荷马,而很有文化的人(如17世纪的法国人,像圣·埃夫雷蒙,他责备荷马精神过于宽广，甚至像该世纪的伏尔泰最后回声）则不能这么容易地欣赏他——他们几乎不准自己欣赏他。他们的鉴赏力非常明确地肯定和否定，他们很容易产生憎恶，对一切陌生事物的犹豫和不愿接受，对令人不快的强烈好奇心，感到极端厌恶，以及每种自立自足的卓越文化都不愿承认自己有一种新的欲望，也都不愿承认不满意自己的状况，更不愿赞美陌生的事物。所有这一切决定了他们甚至不喜欢世界上最好的东西，只要这些东西不是他们的财产，或不能成为他们的猎物。对于这种人来说，最不可理解的，正是上述历史感及其屈服于一切的好奇心。莎士比亚的情形也是这样，他令人惊异地把西班牙人、摩尔人和撒克逊人的趣味综合在一起，古希腊悲剧作家埃斯库罗斯圈子内的古雅典人若见到此种情形，是会气死的。可是我们却偏偏接受了这种随意的混合，这种对最为精巧之物、最为粗糙之物和最为矫揉造作之物的混合，这种暗自以充满信心和真心诚意的态度所作的混合：我们欣赏这种混合，将它视为专门为我们保留的精美艺术品，并尽量不让自己受到那些包围着莎士比亚艺术和趣味的英国大众，那令人窒息的烟雾亲近和干扰，或许就像在那不勒斯南区奇亚扎那样，尽管这里的下水道臭味刺鼻，可我们仍然自己走自己的路，并且所有的感官保持着警觉。作为具有"历史感"的人，我们有自己的美德，这是不容争辩的：我们不虚伪、不自利，我们谦逊、勇敢，我们习惯于自我克制和自我牺牲，也很知道感恩，很有忍耐力，很殷勤。但尽管具有这一切美德，我们或许却不是很"有品味"。让我们最后承认，我们这些具有"历史感"的人最难理解、感受、体会和喜爱的是从根本上对它抱有成见，几乎对它采取敌对态度；我们历史感的巨大功用就在于，同高雅趣味形成必要的对照，至少是同很低级的趣味形成对照。我们只能在心中唤起微小而短暂的、蒙受天恩的幸福感觉和对人类生活的赞美，好像是零零散散地照耀着我们，是在一巨大力量自动停在无穷和无限之前的那些时刻，所遭遇的奇妙体验——是在突然停下和呆立，稳稳地、一动不动地站立在仍然颤抖的大地上，而感到一阵狂喜时的那些时刻和奇妙体验。成比例对我们而言是陌生的，我们实际上渴望的是无限，是浩瀚无垠。像骑在气喘吁吁向前奔跑的马上的人那样,我们面对无限放松了手中的缰绳——只有处于最危险的状态时,才会感到幸福至极。

　　无论是享乐主义、悲观主义、功利主义,还是幸福论,所有这些思维方式都是根据快乐和痛苦,即根据伴随情况和次要因素,来衡量事的价值,因而只是表面讲得通的思维方式,是天真幼稚的,每每意识到创造力量和艺术家良心的人,都会瞧不起它,对它表示蔑视,尽管并非没有同情。同情你!当然,这不是你所理解的那种同情;不是对社会"疾苦"的同情,不是对"社会"中病人和不幸者的同情,不是对躺在我们周围地上对身心有缺陷的人的同情,更不是对牢骚满腹、怨气冲天与闹革命的奴隶阶级的同情,他们力图去夺取权力,并把这称为"自由"。我们的同情是一种较为高尚的、目光较为远大的同情——我们看到了人如何使自己变矮小,我们有时以无法形容的痛苦心情,来看待你的同情,有时抵制你的同情,有时认为你的一本正经比任何一种轻浮都更加危险。如果可能的话(没有比"如果可能的话"这一说法更为愚蠢的了),你想要消除掉痛苦,那我们呢?实际上,我们似乎反而想要去增加痛苦、想要使痛苦比以往任何时候都更加令人难以忍受!你所理解的幸福——肯定不是一个目标,而在我看来似乎是一种结局。此结局立即使人类显得荒唐可笑而且可鄙,同时也就使人类的毁灭合乎需要!痛苦,巨大痛苦的磨炼——你难道不知道正是这种磨炼带来了人类至今的全部提升?遇到不幸时心灵的紧张会由此获得力量,见到残垣断壁时心灵震颤,经历忍受、解释和利用不幸时,迸发出创造力和英勇精神,以及心灵所感受到的一切深刻、神秘、假相、精神、诡计或伟大——哪一样不是通过痛苦,不是通过巨大痛苦的磨炼获得的?在人身上,被创造物和创造者结成了一体:在人身上不仅有物质、破布条、泥土、淤泥、愚蠢、混乱,而且还有创造者、雕塑家、铁锤的坚硬、旁观者的神奇和死亡。你懂得这种对比吗?你对"人身上被创造物的同情",是同情那些不得不被塑造、捣烂、锻冶拉长、烘烤、淬火和精炼的东西。同样,那些必然受苦和注定受苦的东西。而我们的同情——你难道不明白我们相反的同情对象是什么吗?既然它抵制你的同情,将你的同情说成是最糟糕的纵容和软弱无力，因而也可以说是同情反对同情！但再重复一遍，还有比快乐、痛苦和同情更高级的问题。所有只讨论快乐、痛苦和同情的哲学体系都是天真且幼稚的。

我们这些不讲道德的人，与我们有关的这个世界，有恨和有爱的世界，由微妙的命令和微妙的服从组成的这个几乎看不见、听不见的世界；一个在各方面都"几乎"吹毛求疵、暗中使坏、刻薄苛刻，从而需要认真地加以对待的世界。而且，这个世界受到了很好的保护，不容笨拙的旁观者和常见的好奇心去窥探！我们被织进了义务网和外衣中，无法摆脱义务——正是在这里，我们是"负有义务的人"！固然，我们偶尔可以戴着"镣铐"混在"刀剑"丛中跳舞；但是更多的时候，我们是咬牙切齿的，并对不可思议的艰苦命运很不耐烦。但若我们随心所欲，傻子和幽灵便会说："你们是没有义务感的人。"——傻子和幽灵总与我们作对！

诚实，姑且承认它是我们，我们这些自由精神无法摆脱的美德。好吧，我们便以我们的倔强和爱来培育它，并不知疲倦地"完善"这种美德，因为只有这种美德能与世长存。愿它有一天像光彩夺目的、嘲弄人的蓝色黄昏那样，以其阴郁黯淡的严肃表情，扫视一下这个上了年纪的文明！然而，如果我们的诚实有一天终于感到了困乏，叹口气，伸伸四肢，发觉我们太辛苦了，想让诚实像招人喜爱的邪恶那样可爱一点、平易一点、柔和一点，那就让我们这些最近的禁欲者仍然辛苦下去吧，用我们身上仍有的魔鬼般倾向去帮助那种美德吧！我们对粗陋之物和未下定义之物感到厌恶，并竭力禁止一切的意志——对冒险的喜爱，我们那敏锐而好挑剔的好奇心，那极难捉摸的、被掩盖着的、富于理智的追求权力和想要征服一切的意志（此种意志将在未来的所有领域贪婪地游荡）。让我们与我们的所有这些"魔鬼"一起去帮助我们的"上帝"吧！人们很可能会因此而误解和误会我们。但这又有什么关系！他们会说："他们的'诚实'——那是他们的魔鬼般倾向，而绝不是其他什么东西！"即使如此，这又有什么关系！即便他们说得对，难道至今所有的神就没有被重新洗礼而命名为魔鬼吗？说到底，我们对自己知道些什么呢？那引导我们想要被命名的精神，我们对它又知道些什么？内心到底有多少种精神？让我们这些自由精神谨防我们的诚实变为虚荣、装饰、夸示和局限性以及愚蠢！每一种美德都很容易变为愚蠢，每一种愚蠢也都很容易变为美德：他们用俄语说——让我们谨防因为过于诚实而变为圣人和招人讨厌的人！生活对我们来说不是已短了一百倍，太短暂而不能再使我们自己厌烦了吗？我们相信永生，以便……

　　我希望得到人们的原谅，因为我发现，至今为止的一切道德哲学都是单调而乏味的，都属于催眠器具。在我看来，"美德"更多的是被其鼓吹者的单调乏味，而不是被任何其他东西损害了；但与此同时，我不想忽视它们的一般有用性。最好是思考道德的人尽可能地少，因而最好是道德总是不要令人感兴趣！但我们不要害怕！目前的情况仍然和以前一样。欧洲没有人认为（或暴露出有这样的想法），可以用危险的、强词夺理的、诱人上圈套的方式，只对道德进行理论探究，没有人认为这种探究会带来灾难。比如，看一看不知疲倦的、不可避免的英国功利主义者吧，他们是多么沉重而令人尊敬地步向边沁的后尘，同时大踏步前进，正像边沁曾步法国唯物主义哲学家爱尔维修的后尘那样！没有新的思想，也未用较优雅一点的词语去表达旧的思想，甚至都未把前人发表的看法做适当的汇编。总而言之，是一种叫人无法忍受的文献，除非人们知道如何使它带有恶作剧的味道。实际上，英国人由来已久的恶习，即所谓言不由衷和道德上的虚伪，已经暗暗钻入了这些道德家的身子。这回是隐藏在科学精神这一新的形式之下。而且，他们还秘密地与良心作对，在用科学精神拙劣地修补道德时，以前的清教徒们自然要忍受良心的极度痛苦。（道德家不正是清教徒的反面吗？也就是说，道德家不正是思想家吗？思想家则把道德看作成问题的、值得加以考问的。总之，把道德看作是个问题。道德化不正是——不道德吗？）最后，他们都希望英国的道德被世人承认其具有权威性，因为人类，或"一般效用"，或"最大多数人的幸福"——不！是英国的幸福，便会由此得到最大的改善，他们会想尽一切办法使自己相信，努力追求英国式的幸福（我指的是追求舒适和时髦，其最高级形式便是议员席位），就是踏上了享有美德的正道。实际上，他们会想尽一切办法使自己相信，如果说世上至今为止有美德的话，那么美德便存在于这种努力之中。这些受到良心驱使的、心情沉重的广大平民，没有一个知道，哪怕一丁点儿以下事实，即"一般福利"决不是人们所能理解的理想、目标或观念，而只是一种骗人的万灵药而已。对某个人公平的事，对另一个人就可能是不公平。一种道德对所有人的要求，实际上会损害高等人。一句话，人与人之间是有道德与道德之间的等级差别。这些信奉功利主义的英国人是一种谦逊的、从根本上说平庸的人，因而如前所述，就他们是令人生厌的部分而言，人们对他们的用处不可能有很高的评价。人们甚至应该在某种程度上利用以下诗句鼓励他们——

为你们这些名人欢呼吧，推着独轮车旋转，

"越长久——越好"，从而显示出

脑袋和膝盖更加僵硬：

没有欢笑，也从不开玩笑，

永远平庸，

决无天资，也没有机智！

在近来这些以人道引以自豪的时代，仍然存在着大量的恐惧，存在着大量对恐惧的迷信，存在着对"残忍的野兽"的大量恐惧。抑制住这种恐惧，便是这些较为人道时代的自豪所在——以致连明显的事实，似乎也争得几个世纪的同意。很久以来，一直没有人提及，因为提及这些事实，似乎会使已被杀死的野兽起死回生。我任凭这样的事实逃走，或许在拿某种东西冒险；那就让其他人再去捉住它，给它喝大量"虔诚感情的牛奶"，使它在以前的角落安静地躺下来，被人遗忘掉。人们应重新了解残忍，睁开自己的眼睛；人们最终应学会不耐烦，以使一些厚颜无耻的严重错误——正如古代和现代哲学家一样，使人们对悲剧产生错误的看法——不再能趾高气扬地到处游荡。我们说它是"高等文化"的每一样东西，其基础都是对残忍的精神化和强化，这就是我的论点。"野兽"根本没有被杀死，它仍还活着，仍还在健壮地成长，只不过被改变了外形。构成悲剧痛苦的欢乐的东西，就是残忍。在所谓悲剧式同情中欣然起作用的东西，在每一崇高之物，甚至是形而上学最为崇高和最为细腻的震颤中，欣然起作用的东西，只是从掺和在一起的残忍成分中才获得了它甜蜜的感觉。古罗马人在竞技场中所享受到的，基督教徒在对十字架的迷恋所享受到的，西班牙人见到柴捆和火刑柱时或观看斗牛时所享受到的，当今自愿受苦受难的日本人，向往流血革命的巴黎郊区工人，耐着性子看完《特里斯坦和伊索尔德》演出瓦格纳音乐的爱好者——所有这些人所享受到的，是女巫喀尔克的"残忍"这副灵丹妙药。当然，我们在此处必须完全抛弃以往大错特错的心理学，这种心理学教导人们，残忍只是产生于见到其他人受苦。其实，从自己遭受的痛苦中，从致使自己遭受的痛苦中，也会获得极大的享受。只要人们心甘情愿地进行宗教意义上的自我否定，像腓尼基人和禁欲主义者那样进行自我残伤，或者一般地禁绝酒色，禁欲和追悔，只要人们像清教徒那样一阵阵地悔罪，剖析良心和像帕斯卡尔那样献祭理智，人们在内心中就受到了残忍的引诱和逼迫，一种危险的自己对自己的残忍。最后，甚至可以说，追求知识的人也是残忍大师和残忍的崇拜者，因为他迫使自己违背自己的意愿，常常是违背自己内心的希望。想予以肯定，表示喜欢和爱慕时，却说"不"。的确，每当人们想从本质上深刻理解某一事物时，便是对精神上根本意志的违背，便会对它造成有意的伤害，因为精神出于本能其瞄准的是肤浅的外表和表面的事物——甚至追求知识的每一渴求，都有些许残忍。

若不作进一步的详细说明，人们便不会理解我在这里所说的"精神上的根本意志"，那就让我作一点解释吧。那个通常被称作"精神"的专横傲慢的东西，想要在内部和外部都成为主人，想要感觉到自己是主人；它有一追求简化的多样化意志，是一股有约束力的、有驯服力的、专横傲慢的、实质上力图统治一切的意志。在这里，它的需要和机能，与生理学家认为一切活着、成长和繁殖的东西所具有的需要和机能一样。精神占用异体成分的能力，表现在将新事物同化于旧事物、简化复杂事物、视而不见或否认绝对矛盾的事物的这样一种强烈倾向中。同样，它还随意重新强调、突出和伪造异体成分中，"外部世界"各部分中的各个特征和各个方面。因此，其目的便是把新"经验"、各种各样的新事物纳入到旧的排列中。总之，就是成长，或者较为严格地说，其目的是感觉到成长，感觉到能力的增强。这种意志还有一种显然相反的精神上的冲动可供利用，一种突然对无知、对关上门、关上窗子的偏爱，一种内心对这对那的否定，一种对接近的禁止，一种对许多可认识事物的戒备态度，默默无闻，对离群索居的满足，对无知的接受和赞同。若采用比喻的说法，就是根据它的占有能力，"消化能力"程度所需要的一切（实际上，"精神"比其他任何东西都更类似于胃）。在这方面，精神还有种偶尔表现出来的习性，那就是任凭自己受骗（或许会淘气地觉得事情不是这样的，但却任凭被看作这样），喜欢不确定和模糊不清，极为喜爱随心所欲的、异乎寻常的狭隘，喜爱离自己特别近的东西，特别显眼的东西，喜爱被放大的、被缩小的、畸形的、被美化的东西。总之，喜爱强力的所有这些随心所欲的表现形式。最后，在这方面，精神还肆无忌惮地欺骗其他精神，在其他精神面前掩藏自己的真实看法——这是对创造力、塑造力和变化力的不断挤压和滥用。精神便由此而欣赏它诡计多端和多种多样的伪装，还欣赏由此而获得的安全感。正是依靠它多变的手法，精神得到了最好的保护和隐藏！与这种喜欢表面事物，喜欢简化、伪装、喜欢覆盖物，喜欢外表的倾向相反，还有知识分子的崇高倾向在起作用，那就是坚持深刻地、多方面地、透彻地看待事物；这可以看作知识分子是良心和趣味的一种残忍，每一英勇无畏的思想者都会承认自己身上有这种残忍，只要他已在足够长的时间内，使自己的眼睛变得敏锐而冷酷无情，足以进行反思，并已习惯于严厉惩罚和尖刻的词语。他会说："我的精神倾向于有某种残忍的东西。"以此谨让道德高尚者与和蔼可亲者尽力劝说。实际上，如果我们这些自由精神，我们这些很自由的精神所谈论的、低声议论的和赞美的，不是我们的残忍，而或许是我们的"过分诚实"，那听起来会好听一些，或许有一天我们真的会得到这样的死后荣誉！与此同时，因为到那时还有很长一段时间，所以我们决不应该用这种辞藻华丽的、天花乱坠的道德废话包装自己，我们以前的全部行为已使我们厌恶这种趣味和这种趣味的泛滥。它们是些漂亮的、闪光的、铿锵有力的、喜庆的字眼，例如，诚实、热爱真理、热爱智慧、为知识献身、诚实者的大无畏精神。在这些字眼中有某种东西使人心中充满了自豪感。但我们这些隐士和土拨鼠，很久以前在我们良知的深处便已深信，辞藻的这种值得尊敬的炫耀，也属于人类潜意识中虚荣的陈旧而虚假的装饰、便宜而俗艳的服装和金粉，并深信即使在这种讨人喜欢的颜色和重新涂抹油漆之下，也必能再次辨认出自然的人。总之，把人还原为自然状态，明了至今乱涂乱画在自然的人这一永恒的观念之上。有许多徒劳而不真实的解释和次要意义，使人从今以后站立在人的面前，就好像他受过科学训练后变得冷酷，而站立在其他形式的自然面前那样。两眼像俄狄浦斯那样的无所畏惧，双耳像尤利西斯的那样紧紧塞住，对旧形而上学的捕鸟者发出的引诱声充耳不闻，这些捕鸟者已在太长的时间内向他发出哨声："你拥有的更多！你的地位更高！你的出身不同！"——这可能是一项古怪而愚蠢的任务，但谁又能否认这是一项任务！我们为何情愿从事这项任务？或换一种方式提出这个问题：我们干嘛非得了解这些事情？每个人都会向我们提出这一问题。我们一再受到追问，我们也千百遍地问过自己这个问题，但是还未曾找到，也无法找到较好的答案……

学识会改变我们，他的功用正像不仅仅起"保存"作用的营养那样——生理学家也明了这一点。但在我们灵魂的深处，完全"在下面"，确有某种冥顽的东西，某种坚如磐石的命运，对预先确定和选定的问题，预先给出的判定和回答。对于每一基本问题，说出的都是这样一句不可改变的话："我就是如此。"比如，思想者无法重新了解男人和女人，就只能更全面地了解男人和女人。他内心最终所能了解的只是关于他们的"固定不变的"东西。我们偶尔发现问题的某些答案，会成为我们的坚强信念：或许它们此后便被称作"信仰"。然而，一段时间以后，人们在这些信仰中便只能看到自知之明的足迹，也只能看到标示出我们自己就是问题的路标。或更正确地说，只能看到我们所包含的巨大愚蠢，我们在精神上的命运，在我们身上的，完全"在下面"的冥顽之物。在对我自己进行这番慷慨的恭维之后，我或许能说一些有关"当今妇女"的实话，只希望大家从一

七、道德之尺

开始就明白，我说的绝对是实话。

女人希望独立，于是就开始向男人说明有关"当今妇女"的事情——这是全面丑化欧洲的最严重的事态发展之一。像这种带有女人气的科学性，想要自我暴露的笨拙尝试，究竟要展现些什么东西给人们啊！女人暗中是那么爱卖弄学问，那么浅薄，那么爱摆小学校长的架子，那么气量狭小而又自以为是，那么放纵和轻率。只要仔细看一看女人对孩子的一言一行，便会了然！而实际上，这一切至今只是由于惧怕男人才得到了最好的抑制和控制。假如她开始从根本上和原则上丢掉她那些显示魅力、玩耍嬉戏、驱走忧愁、减轻痛苦和从容不迫的智慧及艺术，假如她忘记了自己渴望得到好东西的细腻天性，那将会变成什么样子！女人的嗓音已被提高，经圣·阿里斯托芬的手？有人感到害怕的是，女人极其明确地以威胁语调说出了女人从男人那里总的需要什么。女人因此声称自己是科学的，这难道不是最俗气的吗？至今为止，幸好启蒙一直是男人的事情，男人的天赋——因而我们仍然"在自己人之间"；最后，看一下女人所写的有关女人的全部东西。我们很可能会十分怀疑女人是否真的想要去了解自己，是否能够了解自己。如果女人不是想由此为自己得到新的装饰物那么她为何想使人们怕？或许她想由此获得控制权。但女人并不想了解事情真相——女人关心事情真相有何用？从一开始，事情真相就最令女人感到陌生，最令女人反感，也对女人最富有敌意。女人了不起的本领就是造假，关心的主要是外表和漂亮。让我们承认，我们男人尊重和喜爱的正是女人的这种本能和本领。我们任务艰巨，为调剂身心喜欢寻找这样的人为伴，在她们身边，在她们的扫视之下，与她们纤巧的愚蠢相对照——我们的严肃认真、一本正经、博大精深也像是一种愚蠢。最后，我要问的是：女人是否认为女人的思想深刻，或是否认为女人心中有一杆公平秤？至今最瞧不起女人的是女人自己，而根本不是我们。这难道不是事实吗？我们男人所希望的是，女人不要为了再教育男人而损害自己的名誉了；教会发布命令说：女人莫谈神学，这正是男人对女人的关心和照顾。拿破仑曾告诫极为高雅的法国女作家斯塔夫人——女人莫谈政治！这也是对女人好。在我看来，谁是对当今的女人大声疾呼：女人莫谈女人！那他便是女人的真正朋友。

当女人提及法国革命者罗兰夫人、斯塔夫人或者法国女小说家乔治·桑，并似乎由此证明了有利于"当今妇女"的什么东西时，其实是暴露了本能的堕落，以及低级的趣味。在男人看来，这三个女人是滑稽可笑的——仅此而已！而这恰好是不利于妇女解放和自主的得来全不费工夫的最好反证。

厨房中的愚蠢就是女人做饭、烧菜和操持家务，全然不动脑子！女人不理解食物意味着什么，而只是一味地做饭烧菜！假如女人是能思考的动物，那她在做了几千年的饭之后，肯定已发现了生理学上最重要的事实，也掌握了医术！由于女人做的饭很糟糕——厨房中完全没有理性——人类的发展已在极其长的时期受到阻碍，并受到最严重的干扰，甚至在今天事情也几乎未见好转——说给中学女生听的一席话。

有些异想天开的想法和有些句子就那么几个词，却能一下子把整个文化、整个社会浓缩进去。德·兰伯特夫人随便对儿子说的一句话就立于此类："亲爱的，你向来只知道做蠢事，做蠢事使你特别快活。"——顺便说说，这是古往今来对儿子所说的最富于母性、最富于智慧的话。

毫无疑问，每个高贵的女人都会反对但丁和歌德对女人所抱持的信念——前者这样唱道：她望着上天，我望着她；后者把它解释为"永恒的女性引我们上升"，因为女人恰恰把这一点寄托在永恒的男性身上。

关于女人的七则格言
有个男人向我们匍匐而来，
最长的无聊时间便会逃走！
唉！上年纪和学问，
为柔弱的美德也赋予力量。
灰黑色衣服和沉默不语，
使每个女人显得——庄重。
我在幸福时要去感谢谁？

上帝！——和我那不错的女裁缝！
年轻时，饰满鲜花的洞穴；
年老时，一条龙从中爬出。
高贵的称号，漂亮的腿，
还有男人：哦，但愿我是他！
言简意赅——
对母驴是光滑的冰！

女人至今一直被男人像鸟儿那样看待着，是从高处降落到他们中间，迷了路的鸟儿。女人被视为柔弱的、脆弱的、未经驯化的、陌生的、可爱的和活泼的东西——可又被视为必须关起来的东西，免得她飞走。

在"男人和女人"这一根本问题上犯错误，否认男人和女人存在着最深刻的对立，否认男人和女人之间有必要存在永远敌对的紧张状态，梦想着男人和女人或许应享有平等的权利，接受同等的教育，拥有同等的权利和义务：这是思想浅薄的典型标志。思想者若在这一危险的方面显得浅薄——简直就是本能上的浅薄！那他便可以被认为是可疑的，但这岂只是可疑的，而且是被出卖的和被泄露的；他很可能就会在所有根本的人生问题上太"浅薄"，无论是现在的、还是未来的人生问题，就无法具有任何深度。另一方面，一个人若在精神和欲望方面具有深度，且在慈悲方面具有深度，能严肃和严厉起来，能既仁慈又严厉，他就只能像东方人那样看待女人。他肯定会把女人想像为一种所有物，即一种可关在屋子里的财产，命中注定必须干家务，履行自己的天职。他肯定会像以前希腊人所做的那样，在这个问题上根据亚洲的绝妙理性和优越本能来采取自己的立场。亚洲的那些最优异的继承者和学者——众所周知，随着文化和强力的增加，从荷马到伯里克利时代，逐渐变得对女人越来越严厉。总之，变得越来越具有东方特点。让我们好好想一想，这是多么必要，多么符合逻辑，又多么合乎人性啊！

女性在当前比以往任何时代都更要受到人们的尊敬，这是民主时代的趋向和基本趣味，恰似不尊敬女性属于旧时代那样而立即滥用这种尊敬，又有什么奇怪？她想得到更多的东西，她学会了提出要求，对她的满腔同情和尊敬终于令人感到不那么舒服；她喜欢为得到权利而竞争，其实是喜欢争斗本身：一句话，女人正在失掉贤淑和端庄，正在抛弃对男人的恐惧。但"抛弃恐惧"的女人会牺牲掉自己最具女人特点的本性。一旦不再需要也不能充分发展男人身上的那种令人惧怕的品质，或更明白地说——男人身上的那种男子汉气概，女人便会得寸进尺。这是十分合情合理的，也是完全可以理解的；而叫人不那么好理解的是，正是由于这个原因促使女人堕落——这正是当今的情况。在这件事情上不要自欺欺人了吧！哪里的勤劳精神战胜了尚武精神和贵族精神，哪里的女人便会争取获得小职员那样的经济和法律上的独立。在正在形成的现代社会的入口处，镌刻着这样几个大字："作为女职员的妇女。"虽然她由此盗用了新的权利，渴望成为"主人"并把妇女"进步"镌刻在她的旗帜上，但显而易见，其结果却正好相反——女人退化了。自法国大革命以来，欧洲妇女的影响力随着她们权利的增加，反而下降了。因此，"妇女解放"只要是妇女自己所希望和要求的，到头来更会是最具女人特征的本性不断削弱和消亡的明显征兆。妇女解放运动中有一种愚蠢，一种几乎是男性的愚蠢，对此，有教养的女人会深感羞耻。在自己最有把握取胜的领域丧失直觉；不注意练习运用适合自己的武器——在男人面前，甚至"在书本面前"忘乎所以；大胆而放肆地消除男人对蒙着面纱的、根本不同的理想女性所抱有的信念，某种永恒而必要的并具有女人味的东西；一而再再而三地、喋喋不休地劝说男人放弃这样的观念，即要看护、照顾、保护和纵容女人，似乎女人是某种娇弱的、极难接近的、又常常很招人喜爱的家畜。劝说男人放弃一切不得体的、令人气愤的、带有奴役和束缚味道的东西，尽管这些东西是妇女在至今社会秩序中的地位曾经招致的和仍然招致的。这一切若不是预示着女性本能的瓦解，即非女性化，又预示着什么呢？的确，在有学问的男性蠢驴当中，有不少女人的蠢朋友和腐蚀者，他们劝说女人按上述方式实行非女性化，仿效欧洲"男人"以及欧洲"男子汉气概"遭受的所有那些愚蠢。他们想要把女人降低至"一般文化"的水平，甚至想让妇女只知道看报和插手政治。他们在各处甚至想使女人成为自由精神和文艺工作者。似乎不虔诚的女人并不会使思想深邃的、不信神的男人感到十分可恶和可笑；而几乎在各处，女人的神经都正在被那种最为病态和最为危险的音乐（即最新的德国音乐）摧毁，她一天一天地越来越歇斯底里，也越来越无法履行她最基本的职责，即生育强壮孩子的职责。他们想在更多的方面"培养"女人，如他们所说，是利用文化使"女性"强健起来。似乎历史没有明白无误地告诉他们，"培养"人类和人类的衰弱。也就是说，人类意志力的衰弱、减弱和消失总是齐头并进。世界上最强有力的和影响最大的女人（最近的一位便是拿破仑的母亲），要感谢的正是其意志力使她们获得了力量和并超越了男人。使人尊敬女人以及常常害怕女人的，是她的天性（女人的天性要比男人的天性更加"自然"），她的纯真的、食肉动物般的狡猾与灵巧，她的手套下面的老虎爪子，天真幼稚的利己主义，桀骜不驯和内心的放荡，和那叫人不可理解的、范围广泛的、偏离常规的欲望和美德……人们尽管害怕但却同情"女人"。原因在于，女人似乎比任何其他动物遭受的痛苦要更多，更加脆弱，更加需要爱，更加注定要感到幻想的破灭。恐惧与同情：至今为止，男人正是带着这些感情站在女人的面前，总是一只脚已陷入了悲剧，这种悲剧在给人乐趣的同时也叫人撕心裂肺。不是吗？一切不是都行将结束吗？女人不也是正在摆脱幻想吗？女人不是正慢慢地越来越招人厌烦吗？欧洲啊！欧洲！我们知道总是有脚的动物对你最有吸引力，这种动物又在威胁着你！你那古老的寓言会再次成为"历史"。一种巨大的愚蠢会再次制服你并把你带走！上帝并没有隐藏在它的下面——绝对没有！只有一种"思想"，一种"现代思想"……

八、民族与爱国

我破天荒地又听了一遍理查德·瓦格纳《名歌手》的序曲。这是一部恢宏的、华丽的、冗长的当代艺术作品，它自豪地假设了两个世纪以来的音乐，仍然活在人们的心中，因而人们能够理解这部作品。令德国人感到光荣的是，这 假设没有落空！我们发现，这部作品中混杂着有各种风格和力量，各种季节和气候！给我们的印象是，一会儿是古代气息，一会儿是异国情调，让人难以接受，过于现代派，既传统得自命不凡，又狂放不羁，并不时显得调皮捣蛋，而更多的时候却是粗糙而刺耳——有火一般的热情和勇气，同时也有过熟水果的暗茶色皱皮。它忽而广阔汹涌地奔流，一下子又踌躇徘徊片刻，好像在原因和结果之间，敞开一个缺口，沉闷得几乎迫使我们做 场噩梦；但它已再次扩展和拓宽了古老的欢快之流，并扩展和拓宽了新老幸福之流。其中特别包括这位艺术家毫不掩饰地对自己感到的快慰，他欣喜而惊异地觉察到自己精通作品中运用的各种应急手法，这些都是些新的、新学会的、未得到全面检验的艺术上的应急手法，但他却清晰地展示给我们。然而从各方面来说，却毫不优美，毫无南方风格，绝无南方万里无云的清澈天空，也毫无优雅可言，没有舞曲，也几乎没有追求逻辑的意志；甚至显得有些笨拙，并有意加以突出，似乎这位艺术家想要对我们说："这就是我的一部分意图。"它像是件沉重的装饰物，某种过于粗俗而死板的东西，大肆炫耀高深的、老古董般的、别出心裁的比喻和俏皮话；像是某种最好和最坏意义上的德国式的东西，某种德国风格的东西，由许多部分组成，杂乱无章，不可穷尽；像是德意志灵魂的某种扩充和膨胀，不怕将自己隐藏在极端的堕落和颓废之下，或许只有如此，才有宾至如归的感觉。像是德意志灵魂的真正名副其实的象征，既年轻，又年老、太成熟，可还是太富于发展潜力。这种音乐表现了我所认为的德国人的情况，他们属于前天和后天——但他们尚没有今天。

我们这些"善良的欧洲人"，也会一连几小时沉湎于强烈的爱国主义，并陷入古老的恋情和狭隘的观点中。我刚刚举了这方面的一个例子——一连几小时充满民族激情，充满爱国痛苦，充满其他各种汹涌而至的古老情感。有些人要花半年时间，另一些人则要花半辈子时间，这要看他们消化和"政变材料"的速度和力度了。实际上，我可以想像一些懒惰的、优柔寡断的种族，他们甚至在当今迅速变化的欧洲，也要花半个世纪的时间，才能克服爱国主义和乡土情感的返祖性发作，而再次返回理性状态。也就是说，返回"善良的欧洲主义"。我在脱离主题思考这些事情时，碰巧亲耳听到了两位老爱国主义的对话——他们的听力显然都不太好，因而说话声音较大。一个说："他对哲学的了解跟农民或新兵一般多，很无知。可如今这又有什么关系！目前是大众时代，大众匍匐在一切规模巨大的事物面前。政治方面的情况也是如此。政治家给大众建起了一座新的通天塔，大众把极端庞大的帝国和极端巨大的权力称作'伟大的'。而与此同时，我们这些较为谨慎和保守的人，却不放弃古老的信念，而仍然认为只有伟大的思想，才使某一行动或事情伟大，但这又有什么关系。假设一位政治家想要迫使其人民从事'激烈的政治活动'，人民则生来没有搞政治的天赋，因而不得不牺牲自己古老而可靠的道德，放弃爱，趋向于新的、可疑的平庸。假设一位政治家想要迫使其人民'从事政治活动'，而人民在此之前要有比这更好的事情去做和去思考，从内心深处厌恶政治性国家的动荡、空虚和争吵不休。假设一位政治家想要激发其人民沉睡的激情和欲望，想要使他们对自己以前的畏首畏尾和超然冷漠感到耻辱，使他们对自己的洋腔洋调，和隐藏在内心永恒的东西感到讨厌，想要贬低他们的最基本的禀性，搅乱他们的良心，使他们的思想狭隘，趣味'民族化'——什么！一个政治家要干这些勾当，他的人民要在未来的全部日子里，为此而悔过，这样一个政治家会是伟大的吗?""当然了!"另一位老爱国者会斩钉截铁地回答说:"否则他就不会这么做了!想做这种事也许是发疯了!但一切伟大的事情的开头也许都是这么发疯!""真是滥用词语!"另一位大声反驳道:"是强大!强大!强大而疯狂!而不是伟大!"两位老人显然激动起来,互不相让地喊叫着自己的"真理";但我在一旁却感到很惬意,思量着较为强大的一方,会以多快的速度控制另一方,思量着一个民族在智力上的浅薄会得到补偿,即另一个民族会变得深刻。

不管我们是将它称为"文明"、"人性化",还是"进步",也不管我们是否只褒不贬地也用政治套语,将它说成是欧洲的民主运动。总之,在所有由这类套语指明的道德和政治前景的背后,庞大的生理过程正在展开,且在日益扩大,这就是欧洲人的同化过程;他们正日益脱离各统一种族,在气候和遗传上借以产生的那些条件;他们正日益摆脱许多世纪以来,铭刻在身心上的环境限制。也就是说,正在缓慢地出现一种从本质上说是超民族的游牧性人。从生理上说,这种人的特征是,拥有最大的适应本领和能力。欧洲人的这种演化过程,其速度会由于旧病的严重复发而受到阻碍,但它的强度和深度却会因此而增强和加大——仍在肆虐的"民族感情"风暴和重压,还有方兴未艾的无政府主义,也都与它有关。这一过程带来的结果很可能是他们天真的宣传者和赞颂者,即"现代思想"的倡导者始料不及的。通常把人拉平、使人平庸的那些新条件,这些都是些有用的、勤劳的、可充当不同角色的、聪明的群居人——极有可能也会产生一些特殊人物,这些人都具有最为危险的媚人品质。因为,虽然适应能力很强的人,每天都在努力对付不断变化的情况,但每隔一代人,甚至每隔十年便开始一项新的工作,所以,不可能产生强有力的那种类型的人;虽然这种未来的欧洲人给人的总体印象,很可能是一大群能说会道的、意志薄弱的、手很灵巧的工人,但他们像需要每天的面包那样,也需要有主人和下命令者;欧洲的民主化会有助于产生一种准备接受奴役的人,但是在一些个别的特殊情形下,强者必然会比以往变得更强大、更富有。这要归因于他所受的无偏见的教育,归因于他诡谲多变的手法、办法和伪装。我的意思是，欧洲的民主化同时也不自觉地创造了一种培养暴君的环境——我取暴君这个词的所有意思，甚至包括其最超自然的意思。

有一段时间，人们认为德国人的特点是有深度，但既然现在最为成功的新德意志精神渴望已得到了完全不同的荣誉，并已体验不到有深度的"妙处"。因此，眼下采取下述观点，就是适时的和爱国的，即我们曾自我欺骗，自我表扬。总之，德国人的所谓深度本质上是种异样的、不对头的东西，谢天谢地，那是我们即将成功摆脱的东西。那么，让我们试着重新了解德国人的深度。为此，需要做的唯一一件事就是剖析一下德国人的灵魂。德国人的灵魂首先是由许多部分组成的，来源是多种多样的，是聚集拼凑成的，而不是实际建造成的——其起源造就了这一结果。如果一个德国人冒昧地宣称："哎呀，我的心中有两个灵魂。"那他就是瞎猜了，德国人的灵魂远不只是两个。但作为由许多种族混合掺杂而成的民族，作为名副其实的"中欧民族"，德国人要比其他民族显得更加不可捉摸，更加充实，自相矛盾和未被人认识，不可预料，更加令人惊讶和可怕。他们是无法加以界定的，因而单单这一点就已令法国人望尘莫及。德国人的一个特点就是，"德国人是什么样的人"这一问题，在他们当中从未消失。德国剧作家科策布确实非常了解德国人：他们兴高采烈地向他喊道——"我们是大家所熟知的"；法国女小说家桑也认为自己了解德国人。德国浪漫主义小说家让·保尔知道自己在宣称，对德国哲学家费希特的虚伪的、充满爱国热情的恭维和夸大，感到愤慨时，在做什么？但歌德对德国人的看法却很可能不同于让·保尔，尽管他承认让·保尔对费希特的态度是对的。但问题是——歌德究竟怎么看德国人？可是歌德对周围的许多事情从未明确地说明自己的观点。他很狡猾，整个一生都知道如何对一些事情保持缄默——他这样做也许是有充分理由的。的确，使他感到高兴的既不是"独立战争"，也不是法国大革命，促使他重构"浮士德"，甚至重新思考"人"的整个问题，却是拿破仑的出现。他用非常严厉的词语谴责德国人引以为自豪的东西，说这些东西来自外国：他有一次把大家知道的德国人的气质，界定为

"对自己和他人弱点的宽容"。但，他是不是搞错了？德国人的特点是，很少有人对他们的看法是完全错误的。德国人的灵魂中有走廊和游廊，其中有洞穴、躲藏处和地牢；虽然杂乱无章，但却让人感到神秘莫测，魅力无穷；德国人非常熟悉如何通向混乱的小径。正如一切事物喜欢自己的象征那样，德国人喜欢云彩和一切朦胧的、演进中的、半明半暗的、潮湿隐蔽的东西。在他们看来，一切不确定的、未充分发育的、自我置换的、成长中的东西，就都是"有深度的"。德国人本身并不存在，他正在变化，也正在"发展"。所以，"发展"实质上是德国人的发明，在哲学惯用词语的广大范围内，击中了它的主导思想，该思想连同德国啤酒和德国音乐一起，正努力使整个欧洲德意志化。外国人对德国人灵魂深处的矛盾，展现出来的谜，感到惊讶并为其所吸引（黑格尔将这些谜予以体系化，理查德·瓦格纳则最终将它们谱成了曲）。"性情温和而怀有恶意"——这样一种并列在每个其他民族那里是荒唐的东西，但不幸的是，在德国却常常是正当的。只要在斯瓦比亚人当中生活一段时间，就会体验到这一点！德国人木讷而不善交际，可使人惊奇的是，身体却异常灵活，胆子也特别大，善于走钢丝，连诸神都不敢睁眼看。谁若想亲眼看一看德国人的灵魂，那就看一看德国人的趣味，看一看德国人的艺术和举止好了——粗俗得哪里谈得上"趣味"！最高贵的和最俗气的竟比肩而立！这种灵魂的整个构造是多么杂乱，多么丰富！德国人拖拽着自己的灵魂，拖拽着自己经历的每一件事。他消化事件的能力极差，从未"摆脱"它们；德国人内心深处进行着的是一种艰难而犹豫不决的"消化"过程。正如所有慢性病人，与所有消化不良的人喜欢方便的东西一样，德国人喜欢"坦率"和"诚实"：坦率和诚实来得多方便！德国人的诚实，这种袒露心迹，这种自满自得，这种亮底牌，很可能是德国人当今所做的最危险的、也是最成功的伪装，也正是他玩弄的手法；运用此手法，他"仍然能得到许多"！德国人自由放纵，因而用忠实而茫然的蓝眼睛注视着一切——其他国家便立即把他与他的晨衣混淆在一起！我的意思是说，听凭"德国人的深度"保持自己的原样吧——我们或许只有在自己人当中才能随便嘲笑它！今后我们最好还是继续对它的外貌和好名声表示尊敬,最好不要将我们作为一个有深度的民族的古老声誉,过于廉价地换成普鲁士的"精明",换成柏林的风趣和坚毅。就让人们认为自己深刻、笨拙、敦厚、诚实、傻气好了;这样做或许反而才是深刻的!最后,让我们应对我们的名声表示敬意——我们并非无缘无故地被称作"虚伪的民族"……

"古老的美好"时光已逝,莫扎特的心中这样唱道。我们是多么幸福啊!他的洛可可式音乐仍然对我们颇具吸引力,他那"与人们相投的志趣"、细腻的热情和那孩子般对中文及其华丽辞藻的喜爱,他的谦恭有礼,对典雅、多情、轻快、伤心落泪的渴望,他对南方的信仰仍然召唤着留在我们内心的某种东西!但这一切迟早将结束!但谁又会怀疑对贝多芬的理解和喜爱,会更早地结束!因为他只不过是风格断裂和过渡的最后回声,而不像莫扎特那样,是欧洲许多世纪以来伟大鉴赏力的最后回声。贝多芬是经常出毛病的古老灵魂,是与不断生长,且过于年轻的未来灵魂之间的中间事件;他的音乐映照着永恒失去和永恒希望的曙光,而欧洲正是沐浴在这种曙光之中而与卢梭一起做梦,围绕着法国大革命的自由之树跳起舞来,最后在对拿破仑的崇拜中险些跌倒。但这种思想感情已多么快地变得那么苍白,如今理解这种思想感情是多么困难。卢梭、席勒、雪莱和拜伦的语言,听起来是多么陌生,只有在他们的共同心胸中,欧洲的命运才能说出话,才知道如何用贝多芬的曲调歌唱!无论德国音乐后来变成了什么样子,其都属于浪漫主义,也就是属于这样一场运动,这场运动从历史上看,要比那伟大的插曲,即欧洲从卢梭向拿破仑的过渡,要更加短促、短暂、更加肤浅,同时也属于蓬勃兴起的民主精神。韦伯——如今我们多么为《自由射手》和《奥伯龙》担心!多么为马施内的《汉斯·海灵》和《吸血鬼》担心!甚至多么为瓦格纳的《汤豪舍》担心!这些都是消亡了的、但尚未被人遗忘的音乐。而且,整个浪漫主义音乐还不够高贵,音乐味也不够浓,只能在剧场中和大众面前勉强维持其地位。从一开始,浪漫主义音乐就是二流音乐,真正的音乐家是不把它放在眼里。费利克斯·门德尔松的情况则有所不同,这位性情平和的大师，以较轻盈的、较纯洁的、较愉快的灵魂，很快就赢得了赞誉，也同样快地被人遗忘了，成了德国音乐的一段美丽插曲。但罗伯特·舒曼却认真对待事物，因而从一开始也被人们认真对待——他是创立流派的最后一个人，现在舒曼的浪漫主义流派已被超越，难道我们不感到心满意足、如释重负吗？舒曼遁入了其灵魂的"撒克逊式瑞士"，其性格一半像维特，一半像让·保尔。他的《曼弗雷德》歌剧音乐是个错误，是个误解，而且冤枉了拜伦。舒曼的趣味，从根本上说是一种小家子趣味（也就是说，是一种危险的喜欢温和抒情和感情陶醉的倾向）。他总是离群索居，胆怯地后撤和退缩，是个高尚的意志薄弱者，完全沉湎于千篇一律的欢乐和忧伤之中，从一开始就多少有点女人气，亦有些自傲。这样一种舒曼，早已仅仅是音乐上的德国事件，而不再像贝多芬那样，在更大的程度上也不再像莫扎特那样，是欧洲事件；在舒曼那里，德国音乐受到了最大的威胁，有可能不再是欧洲灵魂的代言人，而沦为纯粹的民族事务。

对于有第三只耳朵的读者来说，阅读德文书真是一种折磨！他站在缓慢旋转的声音沼泽地旁，是多么气愤，在没有旋律、没有节拍、没有舞曲的情况下，德国人竟称之为"书"！竟还是读书的德国人！他读得多么懒散，多么勉强，多么差劲！究竟有多少德国人知道，并认为自己应该知道，每一种好的句子中都蕴含艺术——若要理解好的句子，就必须觉察到这种艺术！例如，若误解了它的速度，便会误解句子本身！人们不应对决定韵律的音节犹豫不决，应感到打破过于严格的对称，是有意的，而且是一种魅力。并应耐心而仔细地倾听每一个连贯之处和自由速度之处，应觉察出元音和复合元音之间顺序的意义，应觉察出其排列顺序是多么微妙地、多么丰富地给它们增添色彩。读书的德国人当中，有谁会殷切地承认这种义务和要求，又有谁会殷勤地非常仔细地倾听语言中的艺术和意愿？毕竟，人们"对此不感兴趣"。于是，人们没有听到风格上极为明显的对比，于是，最为细腻的艺术技巧便浪费在了聋子身上。以上便是我看到人们极其笨拙而并非出于直觉地，把两位散文大师混淆在一起时的感想。一位大师的词语迟疑不决，冷冰冰的，似乎是从潮湿洞穴的顶上落下来。他希

八、民族与爱国

望它们发出沉闷的响声和回声；另一位大师，则像舞剑那样灵巧地挥洒语言，从手臂到脚趾上下翻飞，嗖嗖作响，寒光凛凛。

德文文体与和谐悦耳的声音和耳朵毫不相干，我们的那些优秀音乐家文章写得很差，便证明了这一点。德国不大声读书，也不为耳朵读书，而只是使用眼睛，他已暂时把耳朵收在了抽屉中。在古代，一个人读书时，是为自己读某种东西，而且高声朗读；若某个人不出声地读书，他们会感到惊奇，会尽力悄悄地弄清其原因。所谓高声朗读，就是运用声音的逐渐增强、转调、声调变化和速度的改变，古人乐此不疲。那时，书面语规则和口语规则是一致的；这些规则部分取决于耳朵和喉咙的发展和细微要求；部分也取决于古人的肺活量。在古代，句号首先代表生理上的总体，代表一口气说出的东西。古雅典雄辩家狄摩西尼和西塞罗的文章中出现的句号，包括声音升高两次和声音降低两次，都在一口气中完成，古人感到其中乐趣无穷，他们通过学校教育知道如何欣赏其中的功效，也知道使用这种句号的人多么稀少，使用这种句号多么艰难。我们实际上无权使用这种大句号，因为我们这些现代人，从每一种意义上说都气短！其实，这些古人都是演说的爱好者，因而都是行家和批评家，于是，他们使演说家的技巧达到了顶点。与此相同，在18世纪，由于意大利的所有贵妇人和绅士都知道如何唱歌，因而对歌曲的鉴赏（连同歌唱艺术）达到了巅峰。然而在德国（直到最近才有一种讲台雄辩术开始羞怯而笨拙地扑打起稚嫩的翅膀），严格说来，只有一种接近于艺术性的公开演讲——即布道坛上的讲道。在德国，只有牧师知道音节或词语的重量，知道句子如何撞击、弹跳、奔突、流淌和结束；只有他的耳朵有良心，但也常常是不安的良心，因为有许多原因使德国人很难熟练掌握演说技巧，或几乎总是掌握得太迟了。所以也难怪，德国散文的杰作便是其最伟大的牧师的杰作——《圣经》，至今一直是最优秀的德文书籍。与路德的《圣经》相比，几乎所有其他的一切都只不过是"印刷品"。那是某种与《圣经》不同、并非生长于德国，因而一直未在德国人的心中扎根的东西。

世界上有两类天才：一类天才的要务是生成，设法生成，另一类天才则情愿结果实，开花结果。与此相同，在杰出的民族当中，有这样一些民族，对于妇女的怀孕问题，即形成、成熟和完成这一秘密任务，落在了他们的肩上。比如，希腊人就是这样的民族，法国人也是这样。另一些民族则不得不结果实，不得不成为新生活方式的原因，就像犹太人、罗马人那样，或毫不夸张地说——像德国人那样？这些民族被不可名状的狂热所折磨，不可抗拒地要挣脱自己，喜欢和向往外族人，而且想意识到自己充满生殖力，因而受到"上帝恩宠"而被授权的一切东西那样，自高自大。这两种天才像男人和女人那样，相互追求；但他们也相互误解——同样像男人和女人那样。

每一个民族都有自己的伪善，并将它称为美德——人们不知道，也不可能知道自己心中最美好的东西。

欧洲欠犹太人什么？有许多东西，好的和坏的，尤其是一种既是最好、又是最坏的东西，即庄重的道德风格，其中隐含着可怕而威严的无数要求和无数意义，整个浪漫主义和壮丽而崇高的道德可疑性。因而还有在那些彩虹和生活的诱惑物中的一个最吸引人、最诱人和最精美的要素，在它的余晖中，我们欧洲文化的天空，夜晚的天空，在闪闪发光，或许行将熄灭。为此，在旁观者和哲学家当中，我们的这些艺术家要感谢犹太人。

如果各种各样的阴云和干扰，简单地说，就是愚蠢行径的一次次轻度爆发经常笼罩着一个民族的精神，而这个民族却具有民族狂热和政治野心的话，那我们就必须好好思考一下了。比如，在当今德国人当中，交替出现的有反法蠢行、反犹蠢行、反波蠢行、基督浪漫蠢行、瓦格纳蠢行、条顿人蠢行、普鲁士人蠢行（请看一看那些可怜的历史学家如济贝尔之流和特赖奇克之流，以及他们那紧紧缠着绷带的脑袋吧），以及所有其他遮蔽德意志精神和良心的东西。愿人们原谅我，每当我大胆地在这种传染病流行得很厉害的地方做短暂逗留时，我也不能完全免除这种疾病，而是像其他每个人那样，开始思考与我无关的事情——而这正是患上政治传染病的最初症状。比如，关于犹太人，请听我说说以下的事情：我还从未遇到一位对犹太人抱友好态度的德国人，不管谨慎的政治家多么坚决地去驳斥反犹主义，这种谨

八、民族与爱国

慎的政策或许也都不是针对这种情感本身,而只是针对这种情感危险的多余部分,尤其是针对这种多余情感的令人反感的无耻表露方面。在这一点上,我们千万不要自己欺骗自己。德国的犹太人已经够多的了,德国人的肚子,德国人的血液处置目前这么多"犹太人"困难重重(而且今后很长一段时间都有困难)。正如意大利人、法国人和英国人虽然消化能力较强,但也有困难那样。这就是一般本能之明确无误的宣言和立场,人们必须仔细倾听,必须依此而行。"别让更多的犹太人进来了!关好门,特别是关好通向东方(和通向奥地利)的大门!"——性格仍然软弱和不稳定,因而就很容易被另一种更强的种族消灭。然而,毫无疑问,犹太人是欧洲当前最强大、最坚强和最纯粹的种族;他们甚至知道如何在最恶劣的条件下取胜(实际上要比在有利条件下更知道如何取胜),其所依靠的是某种道德,而如今人们想把这种道德称为罪恶。首先是因为他们具有坚定的信仰,这种信仰不必在"现代思想"面前感到羞耻;他们只是在自己确实发生了变化时,才改变自己,其方式恰似俄罗斯帝国进行征服的方式,也恰似一个拥有充足时间而尚未衰落的帝国,即遵循"尽可能慢"原则!一位心里装着欧洲未来的思想家,在他关于这种未来的所有看法中,会首先像预料俄国人那样,预料到犹太人将在各种力量的大竞赛和大搏斗中,成为最稳健、最有可能获胜的一方。当前在欧洲被称作民族,而实际上这仅是制造之物而不是天生的东西,在各种情况下都是某种在不断演变、尚很稚嫩、很容易被取代的东西,还不是一个种族,更不像犹太人那样,是个比青铜更持久的种族。这样的民族应极其小心地避免一切鲁莽的对抗和敌对!的确,犹太人如果愿意的话,或者如果像反犹主义者所希望的那样,使他们受到驱使的话,现在就可以取得对欧洲的优势,但其实是霸权。同样确定无疑的是,他们并没有在为这一目的努力和筹划。相反,他们希望,甚至有点胡搅蛮缠地想要被欧洲吸收和同化;他们渴望在某个地方定居,得到承认和尊重,希望早日结束游牧生活,不再做"漂泊的犹太人"。我们确实应该考虑到这种冲动和倾向,也应该对它采取主动态度(这很可能预示着犹太人本能的减弱)。为此,把那些大叫大嚷的反犹主义者驱逐出境或许才是有益的,也是应该的。我们应非常谨慎地、有选择地采取主动态度,就像英国贵族所做的那样。自不待言,新德意志精神的较有势力的、非常著名的代表人物,应毫不迟疑地着手与犹太人建立关系,比如,与来自普鲁士边境的那个贵族军官建立关系。看一看这位赚钱和忍耐方面的天才(他特别具有某种智慧——可惜在上面提及的那个地方却缺少这种智慧),能否通过训练掌握遗传的下命令和服从的技巧(德国目前正因掌握这两种技巧而享有盛名),在许多方面是很有意思的。但在这里,最好中止我洋洋自得的长篇大论和我轻快活泼的亲德立场,因为我已触及了我的严肃主题,即我所理解的"欧洲问题",也就是如何为欧洲培养新统治等级的问题。

他们不是哲学的种族——这些英国人。培根意味着对哲学精神的全面进攻,霍布斯、休谟和洛克则意味着一百多年来"哲学家"这一概念遭受着唾弃和贬值。康德奋起反对休谟而抬高自己,也正是冲着洛克,谢林掷地有声地说"我瞧不起洛克"。在与英国机械论愚弄世界的斗争中,黑格尔和叔本华(还有歌德)站到了一起。这两个在哲学上相互敌视的天才兄弟,向着德国思想的对立两极分头推进,因而也正如只有兄弟俩才会做出的事情那样,而互相冤枉。英国目前所缺少的,而且一直缺少的东西,其实卡莱尔这个半吊子演员和雄辩家——这个愚蠢的糊涂虫,知道得一清二楚,他力图把他对自己的了解,即自己所缺少的东西隐藏在热情的假面具之后,而他缺少的就是真正的智力,简单地说,就是哲学。此种非哲学种族的特点便是严守基督教,他们需要基督教戒律来实施"道德化"和人性化。英国人比德国人更阴郁、好色、固执和残忍,也正是这个原因,他们成为两者之中的较为卑劣者,同时也最为虔诚;英国人因而更需要基督教。对于较敏感的鼻子来说,连英国的基督教,其实也有英国人的特有气味,即忧郁和饮酒过度,于是人们有充足理由用基督教来充当解毒剂——用较为精制的毒药中和较为粗制的毒药。较为雅致的毒化形式,对于行为举止粗俗的民族而言,实际上是向前迈进了一步,也向着精神化迈进了一步。英国人的粗俗和乡巴佬式的拘谨,现在仍通过上演基督教童话剧,通过祈祷和唱赞美歌被令人满意地掩盖着。对从前在卫斯理派的影响下（最近则作为"救世军"），对那些学会了做道德说教的大群丑鬼和浪荡子来说，一阵忏悔实际上可能是相对而言，他们所能达到的"人性"的最高表现形式——我们有理由承认以上所述。不过还有一句伤害英国人最富于人性的话，那就是他们缺少音乐感，借助比喻来说就是（而且情况也确实如此）他们身心的动作之中，没有节奏和舞蹈；甚至没有对节奏和舞蹈的渴望，更没有对"音乐"的渴望。听一听他们说话，再看一看最漂亮的英国女人走路——世界上没有哪个国家有更漂亮的鸽子和天鹅；最后听一听他们唱歌！可是我要求的太多了……

有些真理得到了平庸头脑的最充分承认，因为这些真理最适合他们，有些真理对平庸的精神来说，只是具有魅力和诱惑力。我不得不逼迫人们来面对这种令人不快的结论，因为现在一些令人尊敬的、但平庸的英国人——可以提及的有达尔文、约翰·斯图尔特·穆勒和赫伯特·斯宾塞的影响力，在欧洲的中产阶级正在开始取获支配地位。其实，谁会怀疑这样的头脑暂时占据支配地位是有益的呢？若认为高度发达的、突兀高耸的头脑，特别适合于确定和收集许多琐碎的普通事实，适合于从中推出结论，那就大错特错了。相反，作为例外，他们从一开始就相对那些作为"规则"的人而言，处于非常不利的地位。毕竟，他们有更多的事情要做，而且不仅仅是感知。实际上，他们也必须是某种新东西，他们更加必须意味着某种新东西，他们必须代表新的价值！知识与才能之间的鸿沟或许要比人们想象的更大，也更神秘——仪态大方而能干的人，即创造者，也许必须是无知的人。而另一方面，对科学发现而言，比如达尔文的那些发现，某种狭隘、乏味和勤恳认真也许不会有什么妨碍。但最后不要忘记，英国人及其根深蒂固的平庸，再次导致了欧洲智力水平的全面下降。所谓"现代思想"，或"18世纪的思想"，或"法国人的思想"，即德意志思想深恶痛绝并奋起反对的东西——源自英国，这一点是毫无疑问的。法国人只不过是这些思想的模仿者和实施者，是其最优秀的战士，仅此而已！可见，法国人是其第一批意味最为深长的牺牲品；由于"现代思想"极端亲英，法国人的灵魂最终已变得极为瘦弱和憔悴，以致现在人们回忆起法国16世纪和17世纪的情景，回忆起充满激情的巨大活力与卓越的发明创造力时，几乎都不敢相信自己的记忆。不过，我们必须坚决维护历史上的公正裁决，保护它免遭当前的偏见和表面现象的影响：欧洲的高贵——情感、趣味和举止方面的高贵，从这个词的最佳意义上说，乃是法国的产品和发明；而欧洲的卑贱，现代思想的平庸，则是英国的产品和发明。

甚至在目前，法国仍然是欧洲最富于理智的文化中心也仍然是培养趣味的高等学府。但人们必须知道如何去发现这种"充满趣味的法国"。有趣味的法国人把自己隐藏得很好，他们的人数可能很少，而且还可能是这样一些人，他们并不搂抱最强壮的大腿：其中一部分是宿命论者时、忧郁症患者、病残者；一部分是放荡不羁、过于完美的人，有藏匿深山的抱负。他们的共同点是，面对具有民主精神的中产阶级的胡说八道和高谈阔论，都捂上了耳朵。而实际上，当前映入人们眼帘的是醉醺醺的、变得很野蛮的法国，其懒散地躺在那里——最近刚刚在维克多·雨果的葬礼上花天酒地了一番，其趣味之低级，实带有孤芳自赏的味道。他们还有另一共同的地方，就是喜欢抵制理智上的德意志化——同时又根本没有能力在理智上德意志化！在这种富于理智的法国，也是悲观主义盛行的法国，叔本华或许要比在德国能更加如鱼得水，更加土生土长。那就更不用提海因里希·海涅了，同为他早已重新化身于巴黎，一个更为高雅和讲究的抒情诗人；也不用提黑格尔了，他目前通过法国文学评论家泰纳发挥着几乎像专制君主般的影响力。然而，说到理查德·瓦格纳，法国音乐越是学着让自己适应现代灵魂的实际需要，它就将越是走向"瓦格纳化"。我们可以事先有把握地预见到这一点，目前在很大程度上已经发生了这种情况！不过，法国人仍然可以自豪地把三件事情吹嘘为自己的遗产和所有物，进而吹嘘为自己古时在欧洲享有智力优势的标志，尽管其自觉或不自觉地使趣味德意志化和庸俗化了。首先是有唤起艺术激情，献身于"形式"的能力，为此而创造了为艺术而艺术，以及其他许多词语——三个世纪以来法国一直就不缺少这种能力。由于尊重"少数"，法国一次又一次地使音乐文献中的所谓室内乐资料得以保存下来，而在欧洲的其他国家则寻觅不到室内乐。法国人宣称对欧洲享有优势的第二件事情，是他们那古老的、多侧面的、关注道德的文化。人们可以发现，受这种文化的影响，连给报纸写故事的小说家和偶尔逛巴黎林荫大道的人，也在心理上很敏感，好奇心很强。例如，在德国，人们却对此一无所知（更不要说知道这件事情本身了）。德国人几个世纪都未看到达到上述境界所必需的关注道德的作品，而如前所述，法国却有很多这类的作品。那些因此而认为德国人天真的人，是在称赞他们的一个缺点（德国人在唯意志心理学方面，既无经验又无知，德国人之间交往的单调乏味不能不说也与此有关；另一方面，在这一细腻而令人心灵震颤的领域，法国人则具有真正的好奇心和创新才能，作为前者的对立面，同时也作为后者最成功的表现，亨利·贝尔值得加以注意。这位卓越而超前的先行者，以拿破仑的速度，横穿了欧洲，实际上是作为欧洲灵魂的考察者和发现者，跨越了几个世纪的时光——后人花了两代人的时间才在某些方面赶上了他，经过了很长时间才觉察到一些使他困惑和狂喜的谜——这位古怪的伊壁鸠鲁学说的信奉者和提问者，这最后一位伟大的法国心理学家）。还有第三种优势：就是法国人的性格中，在某种程度上有一种对南北方的成功综合的特征，这使他们领悟了许多事情，也命令他们做其他一些事情，而英国人却绝对无法懂得这些。法国人的气质时而接近、时而远离南方，时时涌动着普罗旺斯人和利古里亚人的血液，以保护他们免受北方可怕的、灰暗色的影响，保护他们免受阴沉沉的概念幽灵的纠缠，保护他们免受贫血的损害。由于贫血，德国人的趣味过于摇摆不定，致使我们目前以很大决心开出了铁血政策，即"高压政治"这剂药（依据的是一种危险的治疗方法，该方法要我们等待，再等待，而不是寄予希望）。法国还对较为难得的人和极少感到满足的人，表现出超前的理解和欢迎态度。这些人理解力太强，不能满足任何一种对祖国的信仰，他们在北方时知道如何爱南方，在南方时知道如何爱北方——是天生的中部地区的人，"善良的欧洲人"。对于他们来说，天才创造了音乐，这位最近出现的天才看见了一种新的美和富有魅力的东西，因为他发现了一个沉浸在音乐中的南方。

我认为，应当多多提防德国音乐。假设一个人像我那样热爱南方，把南方视为一所恢复大多数精神罪恶和大多数肉体罪恶的大学校，视为阳光无限充足和灿烂的地方，到处都是充满自信的人，这样一个人一定要学会对德国音乐有所提防。因为此种音乐不但会再次伤害他的趣味，而且还会再次伤害他的健康。这样一个南方人，一个并非籍贯上而是信仰上的南方人，若梦想着音乐的未来，就必须还要梦想着音乐摆脱北方的影响；那就必须在耳畔回响着一种更为深沉、更为有力或许还有有悖常情和更为神秘的音乐序曲。一种超级德国音乐，它不像所有德国音乐那样，一见到变幻无常的蔚蓝大海和地中海万里无云的晴空，便显得有所减弱，苍白无力而渐渐消失。一种超级欧洲音乐，它即使面对大漠上昏暗的晚霞，也能丝毫不退缩，也能保持舒适和自在，照样与漂亮而孤独的猛兽一起徘徊徜徉，其灵魂类似于棕榈树……我可以想象这样一种音乐，它极大的魅力在于它对善与恶一无所知；也或许只有海员的一些思乡之愁、一些金色的影子和一些轻微的爱好，可以轻轻掠过它的表面；这种艺术会从远处看到正在沉没的、几乎叫人无法理解的道德世界的色彩，并会表现得非常殷勤好客，非常谦卑，接受这些姗姗来迟的避难者。

由于民族主义在欧洲各民族之间狂热兴起，过去制造了而且现在仍在制造着病态的陌生感，也由于短视和轻率的政治家，借助这种狂热，目前掌了权，因此，并不认为他们目前奉行的分裂政策仅仅是插曲。由于以上各种原因，以及眼下完全无法提及的许多原因，人们现在忽略了或武断而错误地误解了欧洲希望统一，这个明确无误的表示。对于本世纪所有思想较为深刻和视野较为宽广的人来说，其心灵神秘劳作的实际普遍倾向，便是在为实现这种新的综合铺平道路，便是尝试着预测未来欧洲人的样子。只是在对他们的模仿中，在他们较为虚弱的时候，或许在他们年老时，他们才属于"祖国"——在成为"爱国主义者"时，他们也才平静下来。我想到的这种人有拿破仑、贝多芬、司汤达、海因里希·海涅和叔本华。如果我把理查德·瓦格纳也算作这些人当中的一个，请不要见怪，关于瓦格纳，人们千万不要被他对自己的误解所欺骗（像他这样的天才很少有权理解自己），更不要被目前法国抵制和反对他不礼貌的喧闹声所欺骗。其实，理查德·瓦格纳与40年代末的法国浪漫主义，是最紧密和最亲密地相互联系在一起的。他们在其需要的所有高度和深度上是相似的，从根本上说也是相似的；欧洲，统一的欧洲，其灵魂以各种各样、五光十色的方式，急迫而充满渴求地向外和向上突进——往哪里去？是沿着一道新的光线，还是向着一个新的太阳？但谁会力图准确地表达出，所有这些新说话方式的大师都无法清楚表达出来的东西？的确，同样的暴风雨和紧张折磨着他们，他们在以同样的方式进行着探索，这些最后的伟大探索者们！他们都有很深的文学造诣，是第一批文学研究大师。甚至本人大都是作家和诗人，是艺术和感官的——中间人和调和人（瓦格纳，作为音乐家也被视为画家，作为诗人也被看作是音乐家，作为艺术家一般说来也被视为演员）；他们都疯狂地"不惜以任何代价"去表达自己的思想——我要特别提及与瓦格纳关系最近的法国浪漫主义画家德拉克洛瓦；他们都是在崇高的领域内，以及令人讨厌和叫人害怕的领域内的伟大发现者，实际上都是表演和剧场艺术的伟大发现者；他们的才能都远远超过其天赋，也都是不折不扣的艺术鉴赏家，能神秘地接近所有那些引诱人、诱惑人、抑制人和使人心烦意乱的东西；都是逻辑和直线的天生敌人，追求奇异的、异国的、可怕的、扭曲的和自相矛盾的东西；作为人，作为意志上的宙斯之子坦塔罗斯，作为粗俗的暴发户，他们知道自己在生活和行动中，与高贵的速度和缓慢无缘。比如，请想一想巴尔扎克，他们都不要命地工作，几乎把自己累死；他们在行为举止上都是放弃社会道德规范的人和社会道德规范的反叛者，他们野心勃勃，贪得无厌，他们不知保持心情平静，不知享受生活；他们最终都在基督的十字架旁撞得粉碎而沉没。总的说来，他们是鲁莽冒失的、盛气凌人的、野心勃勃的、好高骛远的高等人阶级；他们首先必须使他们所在的世纪懂得"高等人"这一概念……理查德·瓦格纳的德国朋友们应聚在一起商量一下，看一看瓦格纳的艺术中有没有纯德意志的东西，看一看他享有的崇高声誉是否恰好得自超德意志的根源和冲动。就此而言，不应低估巴黎对他这种类型的人的发展多么的必不可少，本能的力量曾使他渴望在最关键的时刻访问巴黎。眼下应低估他的整个行为方式和自我标榜，做法如何，只有在见到法国的社会主义原件时，才能达到自我完善。较为仔细地比较一下或许会发现，令理查德·瓦格纳的德意志禀性感到荣耀的是，他在各方面的行为都要比19世纪的法国人表现得更有力量、更大胆、更严厉和更高贵。原因是，我们德国人到目前为止要比法国人更为野蛮。或许，理查德·瓦格纳的最为杰出的艺术作品不仅在目前，而且永远都无法为当今的整个拉丁种族所接近、理解和仿效。齐格弗里德的形象，即那个非常自由的人的形象，或许太自由了、太真实了、太欢乐了、太健康了、太反对天主教了，使古老而成熟的文明民族感到无法接受。这个反对拉丁人的齐格弗里德，甚至是对浪漫主义所犯下的一种罪恶，故瓦格纳在其凄惨的晚年，便充分赎回了这种罪恶，他当时预料到人们的趣味将具有政治倾向，于是以他特有的宗教热情，开始宣传如何通向罗马之路，虽然尚未开始踏上这条道路。为了使人们不误解上面最后几句话，我将借助几句强有力的韵文，使既不那么灵敏的耳朵也听出我的意思——我所要表达的意思与"最后的瓦格纳"和他的《帕西发尔》音乐正相反：

这是我们的表达方式吗？——
这种令人心慌意乱的嚎叫，是否出自德国人的心灵？
这种自己对自己的撕咬，是否出自德国人的身体？
这种教士般的铺叙，
这种香气缭绕的兴高采烈？
这种摇晃、跌倒和蹒跚，
这种难以捉摸的叮叮当当声？
这种修女般偷偷的媚眼，祈祷报时钟的鸣响，
这种完全虚假的天国中的欢腾雀跃？
——这些都是我们的表达方式吗？——
请好好想一想吧！你仍等待着得到承认——
因为你所听到的仅是对罗马出于直觉的信仰！

九、高贵的理解

"人"类的每一次提升,都是由贵族社会造成的,而且永远都是如此。贵族社会相信人与人之间有着巨大的等级差别和价值差异,认为需要有某种形式的奴役。若没有产生具体的阶级差别,若没有产生统治阶级总是逼视和俯视他们的部属和工具,若没有产生于统治阶级服从和命令以及控制和习惯保持距离的那种感伤力……人们就不会希望不断扩大灵魂本身之内的距离,就不会形成较为高级的、较为难得的、更进一步的、较为广大的、较为全面的国家,"人"类就不会提升。或者在超道德的意义上使用道德上的惯用语句来说,就不会出现不间断的"人的自我超越"。毫无疑问,对贵族社会的起源史,人们一定不要抱有任何仁慈的幻想:真相是残酷的。让我们没有偏见地看一看至今较为高级的文明,究竟是怎么产生的!仍然具有自然本性的人、彻头彻尾的野蛮人、食肉的人,仍然具有不屈不挠的意志力和权力欲,向着较为虚弱的、较有道德的、较爱好和平的种族(或许是从事贸易的、或饲养家畜的村落)猛扑了过去,向古老而成熟的文明民族猛扑了过去。这些民族智穷才尽,颓废堕落,他们最后的生命力正在渐渐熄灭。开始时,高贵种姓都是野蛮种姓,他们的优势不仅表现在身体力量上,而且还表现在精神力量上——他们是较为全面的人(较为全面的人无论从哪一点说,其实都是"较为全面的动物")。

腐败堕落,标志着各种本能将陷于无政府状态,被称为"生命"的各种感情的基础将被动摇——根据它的表现形式,可以是根本不同的东西。比如,在大革命开始时,法国贵族怀着极端厌恶的心情放弃了他们的特权,并沉溺于道德感情之中,这就是腐败堕落。实际上只不过是已存在了几个世纪之久的腐败堕落的尾声。在这个过程中，法国贵族逐渐放弃了他们的贵族特权，把自己的身份降低至王族的附庸（最终甚至只是充当点缀，只是出席阅兵典礼）。然而，强壮而健康的贵族的本质特征却是，它不应把自己看成是王权或国家的附庸，而应把自己看成是王权和国家的意义所在和最高辩护，所以就应该问心无愧地接受大批人的牺牲。为了它，必须压制他们，使他们沦落为有缺陷的人，沦落为奴隶和工具。其基本信念恰恰必须是，不应听凭社会为了自身而存在，毕竟社会仅仅是一个基础和脚手架，借此经过挑选的阶级，可以将自己提升至更高的职责，并一般地可以将自己提升至更高级的存在，就像爪哇岛上那些追逐阳光的攀缘植物那样——它们用枝干盘绕着栎树，直到最后远远高于栎树，但却正因为有栎树的支撑，才能在明媚阳光之下展示其顶端，显露出幸福之情。

避免相互损害，避免相互使用暴力，避免相互剥削，使自己的意志与其他人的意志保持在同一水平上。只要具备必要的条件，这会在某种不精确的意义上，导致个人之间的良好品行。可是，一旦人们想要开始普遍地采用这种原则，甚至把这种原则当作基本的社会原理，那就会立即暴露出它的内涵——它是否定生命的意志，是分解和腐烂的原则。在这里，人们必须作根本性的思考，以抵制一切感情上的脆弱。生命本身实质上是占有、损害、对异国人和弱者的征服、镇压、严酷，即便用最温和的词语形容，至少也是剥削。尽管很久以来，这些词语就被打上了耻辱的烙印，但为什么人们还老是去使用它们呢？即便是那个如前面所假定的，在其内部是每个人相互平等对待——每个健康的贵族集团内部就是这样的组织，如果它是个充满活力的而非垂死的组织的话，也必须对其他组织做所有那些事情。虽然在其内部每个人避免相互做这些事情，但是它将成为强力意志的化身，不得不努力成长、努力有所发展、努力获得优势。这不是因为任何道德或不道德的缘故，而是因为它活着，因为生命就是强力意志。然而，在这方面，欧洲人的普通意识要比在其他方面更不愿意被纠正；无论在哪里，人们现在都在热烈谈论未来的社会状况，甚至假借科学的名义大谈特谈，说"剥削性"将退出历史舞台。其实在我听来，似乎是他

九、高贵的理解

们保证要发明一种生活方式，按照这种生活方式，生命将避免发挥所有机能。"剥削"并不属于堕落的或有缺陷的原始社会；剥削是固有的强力意志的结果，而强力意志就是生命意志。尽管它作为一种理论是新奇的，但作为现实的它，却是全部历史的基本事实。就让我们在此限度内真诚对待自己吧！

我在至今流行或目前仍流行这个地球上的，许多高雅和粗俗的道德之间游历了一番，发现一些特征，有规律的反复同时出现而且相互联系，最后，我发现两种主要类型，就是存在着主人道德和奴隶道德。不过，我要立即做补充说明，一切较为高级的混合文明也试图去调和这两种道德；但更为常见的是，两者的混淆和相互误解，而且有时会难分难解地并列在一起——甚至在一个人身上，在同一个灵魂内部。道德价值的特征要么产生在统治阶层，统治阶层意识到自己不同于被统治者，而感到高兴，不然的话就是产生于被统治阶级，即各种各样的奴隶和依附者。在前一场合，由于是统治者决定"善"这个概念，因而尊贵高雅而傲慢的个性，被视为优越的特征，这种个性决定着等级差别。高贵型的人区别于这样的人，因为这些人身上表现出来的是与上述尊贵高雅而傲慢的个性相反。高贵人鄙视这些人。在第一种道德中，"善"与"恶"的对立其实就是"高贵"与"可鄙"的对立——尽管"善"与"恶"的对立出于另一来源。懦夫、忧心忡忡者、卑鄙猥琐者、只考虑眼前利益者，都是受鄙视的；而且，眼光狭隘的多疑者、自卑者、甘受虐待如同狗一样的人、摇尾乞怜的拍马屁者，尤其是那些说瞎话的人，也都是受鄙视的。所有贵族的一个基本信条是——平民百姓是靠不住的。"我们这些可信赖的人"——古希腊的贵族都这样自称。很显然，无论在什么地方，道德价值的名称都首先运用于人，然后才被加以引申，并运用于行为；所以，道德史家从"同情他人的行为为什么受称赞"这一问题出发，是大错特错的。高贵型的人把自己视为价值的决定者，因此并不需要得到认可；他断定："凡是对我有害的，它本身就是有害的。"他知道，完全是他自己赋予事物荣誉；他是价值的创造者。他尊重自己内心承认的一切——这样的道德只是自我赞美。处于突出地位的则只是充实的感情、抑制不住的强力感、高度紧迫的幸福、希望给予和赠予的富裕意识，所以高贵者也会帮助不幸者，但并非出于同情，而是出于充溢的强力所产生的一种冲动。高贵者把自己尊为强力者，并能控制自己，知道如何说话，如何保持沉默，喜欢对自己严厉而苛刻，并且敬重一切严厉而苛刻的人。古代斯堪的纳维亚的一则英雄传奇中说："古代日耳曼民族的最高神奥丁给我的胸中放了一颗铁石般的心。"这是从一个自豪的维京族人的心里，理所当然地唱出来的。这种类型的人甚至为自己天生不善于同情而倍感自豪。因此，这位古代斯堪的纳维亚英雄以告诫的口吻补充道："谁在年轻时没有铁石般的心，谁就将永远不会有这样的心。"抱有这种想法的高贵者和勇敢者距离下面这样一种道德最为遥远，这种道德认为同情或为他人做事，或无私，才是有德者的特征。对自己充满信心、对自己充满自豪感、对自私怀有根本的敌意和嘲讽态度，自然而然地看不起同情心和"温情"一样，肯定属于高贵的道德。也正是强壮有力的人才懂得如何尊重他人，因为这是他们的本领，是他们发挥创造力的领域。深深崇敬古代和传统——一切法律都建立在这种双重的崇敬之上。信任和偏爱祖先，不信任和不喜欢后来者，是强壮有力者的道德典型特征。相反，具有"现代思想"的人，几乎本能地相信"进步"和"未来"，而且越来越不尊崇古代，并由此充分暴露出这些"思想"出身卑贱。然而，统治阶级的道德，由于他们的原则很严厉，与当代的趣味最相抵触，也最令当代的趣味不舒服。这一原则就是，人们只对与自己地位相等的人承担义务；对地位较低的人，对一切异己者，可任意地或者"随心所欲"地行事，总之，可以"超越善与恶"。正是在这里，同情和其类似的感情享有一席之地。长久地感激和报复的能力与义务——这两者只存在于地位相等者圈子内的巧妙报复，优雅细腻的友谊，树敌的某种必要性（以此发泄忌妒、好斗、傲慢等情绪，其实是为了成为好朋友），这一切都是高贵道德的典型特征。这种道德，如前所述，不是"现代思想"的道德，因此目前很难付诸实施，也很难发掘和揭开它。第二种道德，即奴隶的道德，则是另一番情景。假设受压迫者、受苦者、未获解放者、厌倦者和那些对自己没有把握的

九、高贵的理解

人,也来谈论道德的话,那么,他们的道德评价中的共同点能是什么呢?很可能是对人类的整个状况表示悲观主义的怀疑,而且会谴责人类及其状况。奴隶不喜欢强壮有力者的道德;他充满了怀疑和不信任,绝对不相信强壮有力者尊崇的一切"善事";而宁愿使自己相信——强壮有力者的幸福不是真正的幸福。另一方面,那些有助于缓和受苦受难者的生存痛苦的品质,则受到推崇和吹捧;正是在这里,同情、温和、乐于助人、宽厚、忍耐、勤劳、谦恭和友善,通通赢得了尊敬。因为在这里,这些是最有用的品质,而且是承受生存重负的唯一方法。奴隶道德实质上是功利主义道德。正是在这里,产生了人尽皆知的"善"与"恶"的对立:强力和危险性被认为属于恶,即不容轻视的某种恐惧、难以捉摸的力量被认为是恶。所以,按照奴隶道德,"恶"人引起恐惧;而按照主人道德,恰恰是"善"人引起恐惧和试图引起恐惧,而恶人则被视为卑鄙的人。若按照奴隶道德的逻辑推论,最终也会在某种程度上去鄙视这种道德的"善"人的。哪怕是轻微的、好意的鄙视,两者之间的对比便会达到最大的效果。因为,按照奴隶的思维方式,善人不管怎样都必须是稳妥可靠的人,必须是性情温和的、容易受骗的、或许有点儿傻的老好人。在奴隶道德占优势的地方,无论何处,语言都显示出使"善"和"傻"这两个字眼的意思相互接近的倾向。而最终的根本区别是:对自由的渴望、追求幸福的本能以及细腻的自由感情,必然属于奴隶道德和奴隶品性,正如巧妙而狂热的崇敬和献身,是贵族思维方式和评价方式的通常表征一样。由此我们可以立即明白,为什么作为激情的爱一定有它绝对的高贵来源。众所周知,这种爱的发明权属于普罗旺斯的骑士诗人,即那些出色的、富有独创性的、有"快乐知识"的人,欧洲欠他们的太多,甚至欧洲本身的存在都受惠于他们。

虚荣也许是高贵的人最难以理解的事情之一。其他人认为虚荣是不言而喻的,而高贵的人却倾向于否认虚荣的存在。关键是要让高贵的人认识到有这样一些人,这些人力图使别人对自己产生好的评价,虽然他们并"不配"得到这种评价,可是却相信所产生的好评价。这在高贵的人看来,一方面趣味太低下了,太不自重了,另一方面也太可笑和荒唐了，以致他宁愿把虚荣看作是一种例外，在人们谈到它的大多数的时候都表示怀疑。比如，他会说："我也许弄错了自己的价值，但却要求别人承认我对自己的评价。不过，这并不是虚荣（而是自负，或在大多数情况下，是所谓"谦恭"和"谦虚"）。"他甚至会说："由于许多原因，我可以喜欢别人的好评价，这可能是因为我热爱和尊重他们，他们快乐我也高兴，也可能是因为他们的好评价，可以增强我对自己的信心，同时可能是因为别人的好评价，即便我不同意，现在或以后对我也是有用的。然而，所有这一切都并不是虚荣。"具有高贵品格的人，首先必须借助于历史而清楚地认识到，从远古以来，在所有社会阶层，普通人都仅仅是被人们所认为的那种东西——根本不习惯于确定价值，甚至给自己选定的价值正好也是主人给他选定的（创造价值是主人的特有权利）。即便是现在，如果普通人仍老是等待着对自己的评价，然后出于本能使自己服从这一评价（绝不是仅仅服从"好的"评价，而且还会服从坏的评价和不公正的评价。比如，想一想大多数虔诚的妇女从告解神父那里学会的，以及虔诚的基督徒从教会那里学会的自我欣赏和自我贬低），也会被看作是不同寻常的返祖现象所造成的结果。实际上，随着民主社会秩序的缓缓崛起（这种社会秩序崛起的原因是，主人血统和奴隶血统的混合），主人的那种为自己选定价值和对自己"评价很好"的高贵冲动，将会得到越来越多的鼓励和发展；但也总会有一种更为古老的、更为强大的、更为根深蒂固的倾向与其作对，而且在"虚荣"现象中，这种较为古老的倾向征服了年轻人。爱虚荣的人每一次听到对自己的好评价都会感到高兴（而完全不考虑其用处，也不考虑是真、是假），正如他每一次听到不好的评价都生气那样，因为他屈从他们这两种评价，并且感到不得不去屈从这两种评价，最为古老的屈从本能地充溢于他的内心。正是爱虚荣的人血统中的"奴隶气"，奴隶残存的那点狡猾——比如在女人身上，就仍有许多奴隶气！诱使人们尽力博得好评；也正是奴隶们随后立即匍匐在这种评价面前，但是，似乎这种评价并不是他呼唤出来的。所以，我再次声明虚荣是一种返祖现象。

一个（物）种的产生和一个类的确立及强大，要经过与基本上不变的恶劣条件作长期斗争。另一方面，饲养者的经验告诉人们，某一（物）种若得到的营养太多，受到的保护和照料过多，便会很快产生大量的变种，产生许多奇异和畸形之物。姑且把贵族社会，比如古希腊的某一城邦，或威尼斯，可视为养育人的一种有自由意志和没有自由意志的装置；其中一个人挨着一个人，要靠自己独立生存，他们想要使自己所属的族占优势，主要原因是，他们必须占优势，否则便要冒被消灭掉的巨大危险。那里缺少促进变种生长的特殊照顾，也没有过多的营养和保护；他们必须作为种，作为某种东西而存在，也只有借助于坚硬的、一致的、简单的结构，才能在与邻人或与其反叛的，或要反叛的仆人的不断斗争中，占优势和永存。各种各样的经历使他们明白，主要是哪些特质使他们面对各种神和人，仍然能够生存下来，并且至今一直处于不败之地。他们把这些品质称为美德，仅仅发展了这些美德，使他们趋于成熟。他们做这些事情时很严厉，其实他们渴望严厉；每一种贵族道德在教育年轻人、管束女人、婚姻习俗、长幼关系、刑法等方面，都是偏执的。它以"正义"的名义，把偏执本身看成是一种美德。由此便产生了一类具有若干很明显特征的人，一种表情严肃的、尚武的、矜持寡言的人（他们对社交活动的魅力和微妙之处，有着极敏锐的感受力），历经世代交替而不受影响；如前所述，与不变的恶劣条件不断展开斗争，是使一类人变得稳定和坚强的原因。然而，最终还是会出现幸福局面，严重的紧张状态便会得到缓和；也许邻人当中不再有敌人，甚至享受生活的资料也极其丰富。古老行为准则的束缚和约束一下子解除了，人们不再把它看作是必不可少的，不再把它看作是生存的一个条件。即使它继续存在，也只是一种奢侈，一种仿古趣味。变种，无论是更高级、更雅致、更难得的变种，还是退化和畸形的变种，都会突然大量涌现，使个体敢于成为个体，敢于脱离集体。在历史的这一转折点，一种像原始森林中那样多种形式的蓬勃生长和抗争、一种热带速度的生长竞争，以及一种令人惊奇的衰落自我毁灭，会并列出现，而且常常混杂并纠缠在一起。其原因是各种利己主义残酷无情地相互对抗，迅猛地发展，互相争夺"阳光",无法再用至今存在的道德规定界线、予以限制或让它们实行克制。正是这种道德本身积聚了如此巨大的力量,把弓拉得这么满,以致它现在已经"过时",或正在变得"过时"。目前已经达到令人不安的危险。人们将超越旧道德,去过一种更加伟大的、更多方面的、更全面的生活;"个人"将占据突出位置,将自己颁布法律,依靠自己的技巧和策略来自我保存、自我提升和自我解脱。只有新的"为什么",只有新的"怎么会",而不再有任何共同的准则,在一起时只会相互误解和互不尊重,衰落、堕落和最高尚的欲望可怕地纠缠在一起,从善与恶的各种丰饶角中,涌现出大量天才,春季和秋季不祥地同时出现,亦充满了尚不疲乏、尚不疲倦的新腐败中特有的新魅力和新奥秘。将会再次出现危险,道德之源会受到巨大的威胁;这次将威胁到个人,威胁到邻人和朋友,威胁到普通人,威胁到他们的孩子,威胁到他们的心灵,威胁到他们的欲望和意志中,所有与个人关系最为密切、最为隐秘的深处。此时出现的道德哲学家将要宣讲什么呢?这些目光锐利的看客和游手好闲者发现,结局正在迅速向人们逼近,周围的一切还在衰败并引起衰败,除了一种人,即不可救药的平庸者以外,一切都不会延续到后天。只有平庸者有可能继续存在和繁衍。他们将是未来的人,将是仅有的幸存者;跟他们学!做平庸者!是目前仍然有意义和仍可赢得听众的唯一道德。但宣讲这种平庸的道德却很难!这种道德是什么,想要什么,谁也说不清!它只能谈论节制和尊严,只能谈论义务和兄弟般的友爱——要掩盖其讽刺意味,很难!

有人具有追求地位的本能,但同任何其他本能相比,具有此种本能已经是地位高的标志;有人乐于怀有细腻微妙的崇敬之情,并由此可推断出他们的出身和习惯都很高贵。灵魂的纯净、善良和高尚,根据追求地位的本能,来判断具有最高的地位,但却尚未受到令人敬畏的权威的保护,而免遭鲁莽的触摸和不文明行为的损害时,会受到可怕而危险的检验。这种东西就好像一颗活的试金石,普普通通,尚未被人发现,且具有试探性质,或许有意蒙着一层面纱,做了伪装。致力于考察灵魂的人,可利用这种手法的许多变形来确定某一灵魂的最终价值，以确定他所属的固有等级。他可以用其尊崇的本能来检验它。差别造成仇恨，若把某一神圣的器皿、某一密闭神龛中的珠宝、某一部关于人类命运的书籍放在这一本能之前，则许多粗俗的本性便会像脏水那样突然涌现出来；而另一方面，则会有不由自主的缄默、犹豫的目光和一切手势皆停止，由此而表明灵魂真切地感受到了最值得尊敬的东西。欧洲至今整个说来仍在尊崇《圣经》的方式，或许是欧洲受基督教训导而行为举止教养有素的最好例子。像这样内容如此深奥和意义极其重大的书籍，需要有一种表面上专横残暴的权威来保护它们，这样，要经过几千年的漫长时期，才能全面理解和揭开它们的奥秘。一旦逐渐灌输给了大众（即各种浅薄的人和傻瓜）这样一种情感，即他们不得触摸每一样东西，在一些神圣的体验面前，就必须脱掉鞋子，并把脏手藏在背后，那么，便是取得了重大进展。这可以说是向人性迈出了最为重要的一步。相反，在所谓有教养的阶级当中，在"现代思想"的信奉者当中，最令人憎恶的莫过于在他们的寡廉鲜耻，莫过于在他们触摸、品尝和拨弄每一样东西时，眼和手的从容不迫和傲慢无礼；尽管如此，在普通老百姓当中，在下层阶级当中，尤其是在农民当中，可能还是比喜欢读书看报、有知识的半上流社会（即有教养的阶级当中）有着更多较为高尚的情趣和崇敬之情。

　　从一个人的灵魂中，抹不掉他的祖先最喜欢和最经常做的事情。不论他的祖先是勤劳节俭的人，埋首在书桌和钱箱之前，欲望不太大，与小市民没有什么两样，道德标准也不太高；还是习惯从早到晚发号施令，喜欢粗野的消遣和更加粗野的义务及责任；或是最后不时地放弃血统和财产上的古老特权，以求全身心地为他的信仰而生活，去做无情地服从于良心和良心无比敏感的人，为每一次违背良心而脸红。一个人根本不可能在本性上没有其父母和祖先的特性和偏好，无论表面上的情形显得多么两样。这就是种族问题。假如对父母有所了解，便可推知孩子的情况，而不管何种令人讨厌的无节制、不管何种卑劣的忌妒、不管何种笨拙的自吹自擂——这三种特征合在一起，便构成了一切时代真正的平庸类型——都必然会遗传给孩子，像卑贱血统那样肯定会遗传给孩子。借助于最良好的教育和文化，只能就这种遗传进行自我欺骗。当今的教育和文化又能做些什么！在很民主的或不如说很平庸的时代，"教育"和"文化"从本质上说都必然是骗术。在出身方面，在身心继承的平庸方面进行欺骗。当今的教育工作者鼓吹真诚高于一切，同时向学生不断高喊："要真诚！要自然！是什么样就表现出什么样！"即便是这样品行正直而一本正经的蠢驴，很快也会学会利用贺拉斯的鳌。结果怎么样呢？就是一直退化到"平庸"。

冒着触怒天真无邪的耳朵的风险，我提出，利己主义是高贵灵魂的本质，我指的是一种不可改变的信念。其他存在物必须自然地服从于像"我们"这样的存在物。高贵的灵魂接受利己主义这个事实，而不提出丝毫异议，也未感觉到其中有什么刺耳、令人不舒服或武断之处，而是将其视为这样一种东西，根基存在于事物的基本规律之中。如果要为它取名字的话，他会说："这就是正义本身。"在某些情况下（这些情况会使他在开始时犹豫不决），他承认，有另外一些享有同样得天独厚条件的人。一旦解决了这一地位问题，他便依赖杰出人物都懂得的一种上天赋予的超凡心理机制，像自己独处时那样，充满自信而又谦逊地知道如何尊重他人，周旋于那些与自己地位相等的人和享有同样得天独厚条件的人当中。在与地位相等的人交往时，必须具有的这种技巧和必须进行的这种自我约束，是利己主义的又一例证。每一位杰出人物都是相互一样的利己主义者，他尊重他们就是尊重自己，让给他们权利就是让给自己权利，他确信，荣誉和权利的交换，作为一切交往的本质，也是事物的自然状态。高贵的灵魂受充满着激情而敏感的报答本能的推动，既索取又给予，这种本能位于其本性的根部。在地位同等的人当中，"施惠"这一概念没有意义，也没有好名声。也许有高妙的办法赠予礼物，就像是从上面照到人身上的阳光，有高妙的办法把它们当作露珠如饥似渴地喝下。但高贵的灵魂却没有玩弄这些手法和做这些夸示的才能。在这方面，利己主义已阻碍了他。一般说来，他固执地"往高处"看——他要么水平地和故意地往前看，或往下看。他知道自己处于一定的高度。

"人们只能真正尊敬不考虑自己的人。"——歌德对拉特·施洛塞尔说。

中国有个俗语,做母亲的甚至用它教育孩子,这个俗语就是:"小心。"从本质上说,这是现代文明的根本趋向。我确信,古希腊人也会首先注意到当今欧洲人自己使自己矮小——单单在这方面,我们就立即会使古希腊人感到反感。

卑贱究竟是什么?词语是观念的发声符号;而观念则是经常重复和同时出现的感觉,或感觉群中或多或少明确的心理符号。使用相同的词语并不足以达到相互理解的目的,我们还必须使用相同的词语来表达相同种类的内心体验,但归根结底,我们必须要有共同的体验。由于这个原因,即使不同民族的人使用相同的语言,一个民族内的人也要比不同民族的人能更好地相互理解。或者更确切地说,若人们长期在相同的条件下一起生活,便会产生一个能够"自我理解"的实体,即一个民族。在一切灵魂中,相同数目的、经常反复出现的体验已压倒了较少出现的体验,于是,关于这些体验,人们能迅速地相互理解——语言的历史就是一种缩写过程的历史。依靠这种迅速的理解,人们会越来越紧密地结合在一起。危险越大,迅速而无障碍地就必要事项达成一致意见的需要也越大;处于危险状态的人们不相互误解——这是交往过程中万万不可少的。而且,在一切爱和友谊中,人们还会体验到,一旦发现使用相同词语的双方,有一方的感情、思想、直觉、愿望或恐惧,不同于另一方,爱和友谊便不复存在了(对"永恒误解"的恐惧,也正是这一守护神常常阻止异性过于匆忙地相互依附,尽管感官和心灵促使他们相互依附——不是某种叔本华式的"人类的守护神")。灵魂中的哪类情感觉醒得最快,开始讲话和下命令,哪类感情便决定价值的一般等级次序,并最终决定想要东西的清单。一个人对价值的看法,会在某种程度上暴露出其灵魂的结构,并由此可看出他的生活状况,他的内在需要。假如由于命运的安排,一切时代所聚拢的只能用相同符号来表达相同需要和相同体验的人,那么,总的说来结果便是,人们的需要很容易传播开来,这最终意味着人们只具有普遍的和共同的体验,在至今对人类起作用的一切力量当中，这肯定是其中最强大的一种力量。较为相同、较为普遍的人，一向总是占有优势；较为杰出的、较为高雅的、较为独特的和难于理解的人，则往往孑然独立；他们常常在孤独中死于偶然事件，也很少能繁衍下去。必须借助相反的巨大力量，才能阻止这种自然的使人人相同的进程，在这一进程中，人会演化成千人一面的、普遍的、平庸的、喜欢群居的人——演化成卑贱的人！

　　心理学家——我指的是天生的、命中注定的心理学家，越是将注意力放在较为杰出的个人和病例上，其被同情心窒息的危险就越大。他必须比其他人更加严厉，更加欢乐。因为，较优秀的人，生来较为特殊的灵魂，其堕落和毁灭实际上乃是普遍现象。老是目睹这种现象是可怕的。心理学家发现了这种毁灭，先是偶尔发现一次，然后是在整个历史上几乎一而再、再而三地发现较优秀的人，这种普遍的内心绝望，这种无论从哪种意义上说，都是永远的"太晚"。心理学家由此而遭受的多方面折磨，有一天这会致使他转而仇恨自己的命运，致使他力图自我毁灭——即致使他"想要毁灭"自己。人们会在几乎每一个心理学家身上，发现一种很能说明问题的倾向，即他喜欢与生活井然有序的普通人交往，由此暴露出他总是需要治疗、需要某种逃避和忘却，远离他的洞察力和敏锐目光，即他的"职业"——使他的良心感到的东西。害怕记忆是他独有的特征。别人的判断很容易地使他保持沉默；他不动声色地倾听人们如何表示尊敬，如何赞美，如何爱和如何颂扬，尽管他对这些已有所察觉，他甚至明确同意某些似是而非的观点，以此掩盖他的沉默。或许，这种自相矛盾的状况会变得非常可怕，以致他学会了深深地同情和极端蔑视，而大众、受过教育的人和空想家，则学会了深深地崇敬"伟人"和奇异的动物。由于有这些伟人和奇异的动物，人们便去祝福和尊敬祖国、地球、人的尊严和人们自己，让年轻人向他们学习，以他们为楷模教育年轻人。我们知道的仅仅是在所有引人注目的事例中，发生的都是一样的事情：大众崇拜一个神，而这个神只是一个可怜的被献祭的动物！成功一向是最大的说谎者，而"行动"本身也就是成功。伟大的政治家、伟大的征服者、伟大的发现者，都被掩盖在他们的业绩中，直到认不出他们来为止；艺术家和哲学家的"行动"，只是创造了如此行动的人，只是创造了被普遍认为如此行动的人；被人们崇敬的"伟人"，那是后来编造出来的可怜的小小谎言，就如在历史价值领域，盛行铸造伪币。比如，那些伟大的诗人，如拜伦、缪塞·坡、莱奥帕尔迪、克莱斯特、果戈理，现在呈现出来的样子和过去不得不表现出来的样子，乃是红极一时的人物，充满了热情，非常敏感，带有孩子气，不稳重，相信和不相信全凭一时冲动；灵魂中总有某种瑕疵需要掩盖；常常为了内心的亵渎而用作品进行报复，常常试图忘却，远远脱离太真切的记忆，常常掉在泥潭中，并几乎爱上泥潭，以至于变成像是沼泽地周围的鬼火，并自称是星星。于是人们把他们称作理想主义者，常常与挥之不去的厌恶情绪作斗争，与不时出现的怀疑幽灵作斗争。这种幽灵使他们变得冷漠，使他们渴望荣誉，使他们从喝醉了酒的谄媚者手中接过"现在的信仰"而吞下去。这些伟大的艺术家和一般所谓的高等人，对曾经发现了他们的人来说，是多么大的折磨啊！因而可以想见，正是从女人——女人在受苦受难的世界上具有超凡的洞察力，同时不幸的是，想要远远超出自己的能力帮助和拯救受苦的人——那里，他们如此快地学会了让无限而忠实的同情心大作，而大众，尤其是虔诚的大众，却不理解这种同情心，用许多刨根问底的、自鸣得意的解释，而使他们不知所措。这种同情总是对自身的力量抱有错误的看法；女人喜欢相信，爱可以做一切事情——这是女人特有的迷信。哦，了解心灵的人发现，即便是最热烈、最深切的爱，也是那么的可怜，那么的做作，那么的笨拙——他发现，爱与其说会拯救人，不如说会毁灭人！在有关耶稣生平的神圣寓言和滑稽的模仿之下，可能隐藏着最令人痛苦且有关爱的知识的殉难，是最清白无辜的和最热烈渴求的心灵的殉难，这颗心灵从未有过足够的人类之爱。它需要爱，不屈不挠地和疯狂地需要被人爱，也不需要其他任何东西，而对拒绝给他爱的那些人大发脾气。这是有关一个可怜灵魂的故事，它渴望得到爱，因此而创造了地狱，把那些不愿意爱他的人送到那里。它最终了解了人类的爱，因为这种爱是如此微不足道，如此无知！有这种看法的人，对爱有这种了解的人——是在找死！可是人们为何讨论这种令人痛苦的事情呢？当然是因为人们不得不讨论。

每个深深遭受过痛苦的人，会从理智上变得桀骜不驯和怀有厌恶之情，这几乎决定了人们的地位等级，决定了人们能多么深地忍受痛苦。一件使人胆寒的确定无疑的事是，他因此而会受到彻底的影响，并被打上深深的烙印，在经历过痛苦之后，他比最机灵、最聪明的人懂得更多，也熟悉和"通晓"了许多遥远而可怕的世界，而"你对这些世界却一无所知"！受苦的这种理智上的桀骜不驯，被选中的有知识的人、"被引入门的人"、几乎被献祭的人的这种高傲，发觉需要用各种形式的伪装来保护自己，以免与好管闲事的、爱表示同情的人接触，也以免与所有那些未经历过同样痛苦的人接触。深深的痛苦可以使人高贵，可以把人与人区别开来。最为精致的伪装形式之一，就是伊壁鸠鲁学说，连同某种无拘束的炫耀性趣味，伊壁鸠鲁学说不把痛苦放在眼里，以防备一切伤感和深奥。伊壁鸠鲁主义者是利用快乐的"快乐的人"，因为他们由于快乐而被误解——他们希望被误解。还有一些利用科学的"科学家"，因为科学而显示出快乐的外表，因为科学性而得出一个人是肤浅的这一结论，他们希望把人引入歧途，以得出错误的结论。还有一些奔放不羁的傲慢之人，他们想要掩盖和否认他们具有破碎的、不可救药的高傲心灵（例如，哈姆雷特的愤世嫉俗——加利亚尼的事例）；偶尔愚蠢本身就是不幸的、过于自信的知识面具。由此可以认为，尊崇这一"面具"，不在错误的地方利用心理学和好奇心，是较为高雅的人性的一部分。

把两个人区分开来的，是不同的纯洁感和标准。这与他们的全部真诚和相互帮助又有什么关系？这与他们的全部相互友好又有什么关系？事实依然是——他们"彼此闻不出对方的味儿"！追求纯洁的最高本能，使受这种本性影响的人成为一个圣人，并处于最为奇特和最为危险的孤立境地，而这正是这种本能的神圣之处和最高的精神化。沐浴时感觉到无法形容的快乐，心中怀有热望和渴求，不断迫使灵魂走出黑夜，并进入明媚的早晨，摆脱忧郁，摆脱"苦恼"，进入晴朗、明亮、深邃和高雅的境界。也恰如这样一种倾向区别于其他倾向那样！它也把人与人区别开来。这位圣人可怜的是污秽的人性，太过

九、高贵的理解

人性。而假如可怜本身被他认为是不纯洁的，是污秽的，那就有水平和高度了。

高贵的标志是，从未想到过要把我们的义务降格为对每个人承担的义务；不愿放弃或与他人分享我们的责任——把我们的特权和行使特权视为我们的义务。

一个人若想要成就一番伟业，便会把在路上遇到的每一个人，看成是有利于自己前进的手段，或看成是阻碍自己前进的障碍，或看成是暂时的歇脚处。也只有在他得到了提升和享有支配地位之后，他才有可能以独特而傲慢方式，对同胞表示出慷慨大度。在此之前，感到不耐烦和意识到自己不得不经常上演喜剧，因为即便是奋争也是一场喜剧，也会像每种手段那样掩盖目的——会破坏与他人的所有交往，因为这种人熟悉孤独中最有毒的东西。

等待者的问题。要有好机会，要具备许多不可预料的因素，这样，将问题的解决搁置起来的高等人，才会在适当的时刻采取行动，或者说才会有"爆发"。通常不会发生这种情况：在世界的一切角落，都会有人坐着在等待，他们不知道自己将等到何时，更不知道自己将空等一场。偶尔，也会听到起床号，也会出现"准许"采取行动的机会，但往往都来得太迟了。最美好的青春年华和采取行动的力量，已在坐着不动中耗竭了；多少人想"跳起来"时才惊恐地发现，自己的四肢已经麻木，精神也太过沉重！他自言自语道："太迟了！"他已没有了自信，自此以后永远废了。就天才而言，"没有手的拉斐尔"也许并不是例外，而是普遍情况，但谁又说得清呢？或许天才根本就不是那么罕见，而罕见的是那五百只手，天才需要五百只手来对"合适的时机"施行暴政——来抓住时机！

谁不想看一个人的高度，而只是睁大两眼注视此人身上的那些明显的低处——谁就会由此而将自己暴露无遗。

遭受各种损害和损失时，粗糙的低等灵魂明显要比高贵的灵魂境况好些。考虑到后者生存条件的复杂多样，它遇到的危险肯定会更大，实际上极有可能遭受不幸而毁灭。就像蜥蜴断了爪子会再长出来，而人则不能。

太糟了！老是这种样子！一个人盖好了房子之后常常发现，他不知不觉地学会了一些东西，而这些东西是他绝对应该在着手盖房子之前知道的。总是听到致命的那句"太晚了"！已完成每样东西时的抑郁症！

漫游的人，你是谁？我看见你踽踽而行，没有嘲笑，没有爱，目光深不可测，像一个线锤那样湿漉漉的，显得悲伤不已，刚刚探测过每一深度，便从水中拉上来，一副不满足的样子——它在水下要寻找什么？胸中从不叹息，双唇掩盖着厌恶之情，一只手只是在缓缓握紧：你是谁？你做了些什么？你在这里休息一下吧！此处热情款待每一个人——恢复恢复精神吧！你到底是谁，眼下什么会使你高兴？什么会使你恢复精神？说出来，只要我有，我就给你的！"使我恢复精神？使我恢复精神？使我恢复精神？唉，你真是多管闲事，你说的够多的了！可还是给我吧，求求你——"给你什么？什么？快说出来！"另一个面具！第二个面具！"

内心忧愁的人在幸福的时候会暴露出真面目，他们抓住幸福的方式，似乎是出于忌妒而去闷死和勒死它——哎，毕竟他们知道得太清楚了，幸福迟早会逃离他们！

"可惜呀！可惜！他说什么？他——不回来了？"是的！但如果你为此而抱怨，你就误解他了。他会回来的，就像每个想要高高地跳起来的人那样。

"人们会相信我的话吗？我坚持认为人们会相信我的话。我想到自己总是感到很不满，也总是对自己很不满，虽然只是在很少的情况下，只是在迫不得已的情况下才会想到自己，而且总是不喜欢我这个'主体'，老想脱离'自我'，也总是不相信这个结果，因为老是抑制不住地怀疑自己认识自己的可能性，这种致使我觉得连理论家们提出的'直接知识'这种观念，也有词语上的矛盾之处。这是一种不可否认的事实，它是我对我自己最确定无疑的了解。我内心中肯定有一种强烈的反感，不愿相信任何有关我自己的确切事情。或许其中有什么谜？很可能；但幸运的是，没有什么东西让使我痛恨。或许它暴露出了我所属的种类？但没有暴露给我自己，这着实叫我感到很惬意。"

"你怎么了"——"我不知道!"他支支吾吾地说:"希腊神话中的鸟身女怪刚飞过我的饭桌。"如今一位温文尔雅、不苟言笑且不爱交际的人,有时也会突然发狂,摔盆砸碗,把饭桌掀翻,咆哮怒吼,致使每个人惊骇不已。最后安静下来后,感到无比羞愧,对自己又气又恼。这是要干什么?是为了什么?是要饿死自己吗?是要用记忆把自己憋死吗?对想要有一颗高尚而高雅的灵魂而言,却很少见到有人把自己的饭桌摆好,因此对把饭菜做好的人而言,发怒的危险总是很大——不过,现今这种危险特大。如果有一个人被抛入喧闹的平庸时代,而自己又不想与他同桌就餐,那他很容易饿死和渴死,或者最终会突然感到恶心。我们大家很可能都坐在了不属于自己的桌子旁,恰恰是我们当中那些最崇尚精神从而也最难养的人知道,如果我们突然洞悉了自己吃的东西和与自己同桌吃饭的人,并由此而感到希望破灭,将会造成多么危险的消化不良,也使饭店恶心。

如果真的想要赞扬,那有意见不一致的地方赞扬才是一种精巧、又高贵的自我克制,否则实际上便会赞扬自己,这与高雅趣味是背道而驰的。毫无疑问,上述自我克制提供了不断被误解的极好机会和诱因。要想能使自己具有这种真正的趣味和道德,就一定不要生活在智力低下的人当中,而要生活在这样的人当中,这些人高雅的误解和错误会引人发笑,否则就将不得不付出高昂的代价!——"他赞扬我,所以他也就承认我是正确的"这种愚蠢的推理方法,将会毁掉我们这些遁世者的一半生命,因为由此我们也将与傻瓜为邻,与傻瓜为伴。

生活在广袤而高傲的平静之中;永远超越……根据自己的意愿,对具有或不具有感情,表示赞成和反对;一连几小时把自己降格至它们的水平;像坐在马背上,或像坐在驴背上那样坐在它们身上。因为人们必须知道如何利用它们的愚蠢和它们的热情。保留自己的三百个显著位置,并保留自己的墨镜:因为在一些情况下,没有人一定能盯住我们的眼睛,更不会盯住我们的"动机"。而且选择那个调皮而欢快的恶德,即以温文尔雅为伴。并且保持四项美德:勇气、洞察力、同情心和孤独。因为,孤独作为一种把我们引向纯洁的崇高趋势和倾向,是我们身上的一种美德。它发觉,人与人相互接触,即"处于社会之中"——不可避免地肯定是不纯洁的。而无论是什么样的交往,都会使人在某种程度上、在某些方面或某些时候变得"平庸"。

最伟大的事件和思想——不过,最伟大的思想就是最伟大的事件——需要最长的时间才能被理解。而与它同时代的那几代人,是不会经历这样的事件的——他们活不到这些事件。这里发生的事情,类似于恒星领域发生的事情。最遥远的星星发出的光,到达人类所需的时间也最长;在它尚未到达时,人类否认遥远的天际有星星。"一种思想需要多少世纪才能被理解?"这也是一种标准,同时,也得对此进行等级划分和制定规则,它对于思想和星星来说都是必要的。

什么是高贵?如今高贵这个"词"对我们还具有什么意义?高贵的人以什么样的方式表现自己,在平庸向我们袭来、一切都变得灰暗不明的这种乌云密布的天空之下,如何辨认出高贵的人呢?确立他高贵地位的并不是他的行动——行动总是模糊不清的,总是神秘莫测的,也不是他的"作品"。如今在艺术家和学者当中会发现有许多这样的人,这些人通过行为暴露出对高贵的深切渴望来驱使着他们。但是,这种对高贵的需要从根本上不同于高贵灵魂本身的需要,实际上,反而是缺少高贵灵魂之明显而危险的标志。在这里,我们再次在一种新的和更为深刻的意义上,借用一种古老的宗教套语——起决定作用的和决定品级的,不是行为,而是信仰。高贵的灵魂拥有的是某种对自身的根本肯定,这是一种不能被追求、不能被发现或许也丢不掉的一种东西。高贵的灵魂,就是自己尊敬自己。

有一些富有理智的人,让他们扭动自己的身子,用手捂住自己奸诈的眼睛,似乎他们的手不并是告密者。最终总是会暴露出他们有某种东西要隐藏——理智。至少尽可能长久地进行欺骗,并成功地表现出比实际上蠢的最巧妙方法之一。此种方法在日常生活中被称作热情,其中包括属于热情的东西,比如美德。因为正如不得已而了解这一点的加利亚尼人所说,美德即热情。

在一个隐居者的著作中,人们总是可以听到某种旷野的回声,某种孤独的窃窃私语和怯生生的警觉;在他那最激烈的言辞中,甚至在他的哭泣中，发出的是一种新的、较为危险的沉默之声，隐藏之声。他孤独地日日夜夜、年复一年地坐在那里，灵魂陷入常见的冲突和对话之中，他已变成了洞穴，已变成了寻宝者、保护珍宝者和他洞穴中的一条龙——他的洞穴很可能是个迷宫，更可能是个金矿。他的思想本身最终具有了自己的一种暮色，也具有了一种很深的土壤气息，即某种无法与人交流、令人讨厌的东西，凛冽地吹在每个过路人的身上。这位隐居者不认为哲学家在他们的著作中陈述过自己真正的最终看法，写书不正是为了隐藏我们内心中的东西吗？他甚至会怀疑哲学家究竟能否具有"最终的真实"看法；也会怀疑在哲学家的每个洞穴之后，是否一定有个更深的洞穴，除表面的东西外，是否有个更宽广的、更奇异的、更丰富的世界，在每个底部之下，每个"基础"之下，是否更为深远。每种哲学都是表面上的哲学。一个隐居的人得出的结论是："哲学家突然停在这里，回头张望和四处张望，这常有某种随意性；他在此处把铁锹放在一边，不再往深处挖，也常有某种随意性，而且其中还有某种可疑的东西。"每一种哲学也掩盖了一种哲学；每一种看法也是一个隐藏处；每一字词也是一个面具。

每一位深刻的思想家较为害怕的是被人理解，而不是被误解。后者可能会伤害他的虚荣心；但前者则会伤害他的心灵，他的同情心，他的心灵总是说："你怎么也和我受过同样的苦？"

人，是一种复杂的、爱撒谎的、狡诈的和不可思议的动物，令其他动物感到可怕的，乃是他的狡诈和聪慧，而不是他的力量。人发明了问心无愧，最终把灵魂当作某种简单的东西来享受。因而，全部道德便是一种长期的、厚颜无耻的造假活动，借此，才有可能在看到灵魂时得到享受。从这一观点来看，"狡诈"这一概念或许包含比一般所认为的多得多的东西。

一个哲学家是这样一个人：他不断地经历、看到、听到、觉察到不同寻常的事情，并希望和幻想着发生不同寻常的事情；他觉得自己的思想是自己特有的一种事件和闪电，似乎来自外面，上面和下面；他自己或许就是一场孕育着新闪电的暴风雨；是个具有重大影响的人，在他周围总是有隆隆声，有窃窃私语声，有人惊得目瞪口呆，有奇怪的事情在发生。哦，哲学家是这样一种人，他常常逃离自己，也常常害怕自己，但好奇心又总是使他"恢复自制力"。

一个人如果说："我喜欢这件东西，我把它当作自己的东西，我打算保护它免遭每个人的损害。"一个人如果能处理一件事情，能使决心变成行动，能坚持自己的看法，能占有一个女人，能惩罚和回击傲慢无礼的行为；一个人如果能发怒，如果能运用武力，使弱者、受苦的人、被压迫的人，甚至动物都乐于服从他和自然而然地归属于他。总之一句话，一个人如果生来是个主人——如果这样的人有同情心，那么这种同情心才具有价值！但那些受苦者的同情心又有什么价值！那些鼓吹同情者的同情心又有什么价值！如今几乎整个欧洲，有一种对痛苦的病态过敏和敏感，还有一种令人反感的、不可抑制的唠唠叨叨，一种女人气，这种唠叨和女人气，在宗教和哲学胡说八道的帮助下，试图把自己打扮成某种高人一等的东西——有着一种对痛苦的十足崇拜。我认为，这些幻想家所谓的"同情心"没有男子汉气概，总是最引人注目的事情。我们必须坚决而彻底地杜绝这种最新的低级趣味。最后，我希望人们把"快乐的科学"这个有效的护身符，挂在胸前和脖子上，以保护自己免受这种低级趣味的影响。

奥林匹斯山诸神的恶习。——有个哲学家，作为一个名副其实的英国人，曾试图在所有善于思考的人面前来诋毁笑，他说："笑是人性的一大缺点，每个善于思考的人都应努力加以克服。"（霍布斯语）——而我却宁愿按照笑的质量给哲学家评定等级——最高一等是那些能发出洪亮笑声的哲学家。假如诸神也作哲学思考（由于许多原因，我坚信这一点），那我确信，他们由此也知道如何以超人特有的新方式来进行大笑——尽管曾损害所有严肃的事情！诸神喜欢嘲笑，即便谈论神圣的事情，他们似乎也禁不住发笑。

心灵的守护神，那个巨大而神秘的东西具有的守护神，那个诱惑之神和那个凭良心行事的捕鼠者，他的声音能传入到每一灵魂的地狱之中，他说的每一句话和投射的每一瞥，都无不带有些许引诱的动机和味道。与他的完美相适合的是，他知道如何露面，不是像上面说的那种样子，而是披上伪装，对他的追随者进行额外的限制，迫使他们更加靠近他,更加热诚和全面地追随他。心灵的守护神,将使每个大声喧哗和自负的人保持沉默,并给他们关心和照料,以抚平狂躁不安的灵魂,使它们体验到一种新的渴望,希望能像镜子那样平静地躺下,映照出高高的天空。心灵的守护神,教会了笨拙和过于急躁的手如何停顿,如何更为灵巧地把握。他可嗅出隐藏的、被人遗忘的财宝,可嗅出厚厚的黑色冰层之下,点点滴滴的善和甜甜的精神性,可探测出长久掩埋在泥沙中的每一粒黄金。每个人与心灵的守护神接触之后,离开时都会感到更加充实;既不是受到了偏爱或受到了惊吓,也不是对其他人的好事感到高兴或感到压抑;而是自身感到丰富充实,感到比以前精神振奋,似乎迎面吹来一股解冻的春风,冰融化了。也感到更加没有把握,或许更加敏感,更加脆弱,更加易受伤害,但心中充满了叫不出名字的希望,充满了新的意志和倾向,也充满了恶意和相反的倾向……"但朋友们,我正在做什么呀?我正在跟你谈论谁呀?我是不是忘记告诉你他的名字?你是不是自己已经觉察出这个想要受到如此称赞的、值得怀疑的神和人是谁?因为,像每个自童年时便总是在外国跑个不停的人在经历那样,我也在旅途中遇到过许多陌生和危险的人;不过,一次又一次地,遇到都是我刚谈到的那个人:其实也就是酒神狄俄尼索斯,就是那个伟大的、说话支支吾吾的人和诱惑者,就像你所知道的,我曾暗中无比崇敬地把第一批果实献给了他——在我看来,我是最后一个向他供奉祭品的人,因为我还未发现有谁能理解我当时所做的事情。然而,与此同时,我却对这位神祇的哲学有了很多的了解,而且如我所说过的,我是酒神的最后一位真传弟子。朋友们,或许我最终也可以让你们尝尝这种哲学的味道?讲授这种哲学的声音要压低,唯有低低的声音才合适,因为此种哲学讲的都是难以理解的、新的、陌生的、奇妙的和不寻常的事情。狄俄尼索斯是个哲学家,所以众神也作哲学思考,这种事实在我看来是件新奇事,并非没有圈套,就是在哲学家当中也会引起怀疑。在你们当中,我的朋友们,反对者也许较少,也只不过感到这种事实来得太晚了,来得不是时候,因为我已看出来,你们现在不愿意相信神和神祇们。或许我应更加直言不讳,来说些逆耳的话。的确,酒神在以下对话中向前走了一步，走了很远，总是超过我许多步……实际上，根据人类的习惯做法，我本应授予他一些光彩夺目的、华而不实的荣誉称号，本应赞美一番他作为研究者和发现者表现出来的勇气，并赞美一番他的无所畏惧的真诚、诚实和对智慧的热爱。但酒神不知道如何处置所有这些令人尊敬的虚名。他会说："这些留给你们自己和像你们这样的人吧，其他人谁又会要它们！我——有什么理由遮盖我赤裸的身子！"人们是不是觉得这种神和哲学家缺少羞耻心？他有一次曾说："在某些情况下我爱人类。"并因此而提及了在场的希腊神话中弥诺斯的女儿阿里阿德涅："我认为，人类是一种招人喜欢的、勇敢的、有发明创造力的动物，在地球上没有什么物种能与他们匹敌，他们能穿过所有迷宫不断前进。我喜欢人类，常常想如何能使他进一步提高，使他更加强大、更加邪恶、更加深刻。""更加强大、更加邪恶、更加深刻？"我惊恐地问。"是的，"他再次说，"更加强大、更加邪恶、更加深刻，也更加漂亮"。这位诱惑之神于是微微一笑，似乎他刚刚说了一些娓娓动听的恭维话。人们由此会立即看出，这个神不仅缺少羞耻心；而且，我们有充分理由认为，在一些事情上，众神都可以教导我们人类，以使我们人类人性能够多一点。

哎呀！你们到底是什么呀，我写下和画出的那些思想！不久以前，你们还是那么色彩斑斓、年轻和心存恶意，又充满了那么多的刺儿和暗香，使我打喷嚏和发笑——可现在呢？你们已不再让人有新奇感，其中有些恐怕会很快成为真理，它们看起来那么不朽，老实得那么可怜，又那么令人生厌！能是另种样子吗？那么我们写下和画出的是什么呢，这些使用毛笔的官吏，这些使写下的东西成为不朽的人，单靠自己能画出什么呢？只能画出马上要褪色和走味的东西！也只能画出力量耗尽的、渐渐远去的暴风雨和过时的阴郁感情！只能画出迷失了方向和飞累的鸟儿，它们现在听凭自己被手捉住——被我们的手！我们使不能活得更久、不能飞得更久的东西不朽，只是使那些力量耗尽而温和的东西不朽！只是为了你们的下午。你们，是我写下和画出的思想，也只是为了这些思想，我才拥有颜料，许多种颜料，或许是许多各式各样的颜料,五十种黄色颜料、棕色颜料、绿色颜料和红色颜料。但谁都不会由此而猜测出你们在早晨是什么样子,你们,是从我的孤独中突然迸发出的火花和产生的奇迹;你们,是我过去的、可爱的——罪恶的思想!

十、艺术的灵魂

完美的作品就应当一挥而就——我们欣赏完美的作品时，往往忽略掉其创作问题，而只是愉悦于眼前的作品，仿佛它是魔棍一挥，便从地下跳出来似的。在这里，我们仿佛还处在一种古老神话感觉所遗留的影响之下。我们还有这样的心情，好像某个早晨有一位神灵，游戏似的用这些巨材盖了他的住宅，或者好像有一个灵物，突然被魔法镇入于一块巨石，现在想借此诉说。艺术家知道，他的作品唯有在使人相信是即兴而作、是奇迹般的一挥而就之时，才生出圆满效果；所以，他巧妙地助长这种幻觉，把创作开始时那热烈的不安、盲目抓取的纷乱、留神倾听的梦幻等因素引入艺术，以当作欺骗手段，使观者或听者陷入某种心境，相信这完美的作品是一下子蹦出来的。不言而喻，艺术科学断然反对这种幻觉，指出悟性的误解和积习，也正是由于这些误解和积习，悟性中了艺术家的圈套。

艺术家的真理意识——在对真理的认识上，艺术家的道德较思想家而显得薄弱，他绝不肯失去生命的光辉的、深意的诠释，抵制平淡质朴的方法和结论。他仿佛在争取人的更高尊严和意义。实际上，他是不愿割爱他艺术的最有效前提，诸如幻想、神话、含糊、极端、象征意义、高估个人、对于天才身上某种奇迹的信仰，所以，他才认为他的创造行为的延续，比科学上种种对真理的献身更为重要，觉得这样献身也是太单调了。

作为招魂女巫的艺术——艺术除执行保藏的任务外，还执行给黯淡褪色的印象以稍稍重新着色的任务。当它解决了这个任务，它就为各个时代织成了一条纽带，以唤回它们的幽魂，虽然借此出现的仅是墓地的虚假生命，或如逝去的爱人梦中重返。但至少在顷刻之际，从前的感觉又一次唤醒，心脏又按着已忘却的节拍搏动。为了艺术的这种普遍效用，即使艺术家并不站在启蒙人类、使人类继续男性化之前列，人们也应宽宏他，毕竟他一辈子是个孩子，或始终是个少年，停留在被他的艺术冲动袭击的地位上。而人生早期的感觉公认与古代的感觉相近，与现代的感觉距离较远。他不自觉地使人类儿童化为自己的使命——这是他的光荣和他的限度。

诗人是使人生变得轻松的人——诗人若想使人的生活变得轻松，他们就得把目光从苦难的现在引开，或者使过去发出一束光荏，使现在呈现新的色彩。为了能够这样做，他们本身在某些方面必须是面孔朝后的生灵，所以人们可以用他们作为通往遥远时代和印象的桥梁，以通往正在或已经消亡的宗教和文化的桥梁。他们骨子里始终是而且必然是遗民。至于他们用来减轻人生苦难的药物，诚然可以说：仅仅能抚慰和治疗一时，只有片刻的作用；它们甚至阻碍人们去为实际改善其处境而工作，因为，它们解除了不满者渴望行动的激情，使之平息消散了。

美的慢箭——最高贵的美是这样一种美，它并非一下子把人吸引住，不做暴烈醉人的进攻，相反，它是那种渐渐渗透的美，人不知不觉地把它带走，一度在梦中与它重逢，可是在它悄悄久留我们心中之后，它就完全地占有了我们，使我们的眼睛饱含泪水，使我们的心灵充满憧憬——在观照美时，我们渴望什么？渴望自己也成为美的：我们以为必定有许多幸福与此相连——但这是一种误会。

艺术的有灵化——宗教消退之处，艺术就抬头。它吸收了宗教所有之大量情感和情绪，置于自己心头，使自己变得更深邃，更有灵气，从而能够传达升华和感悟，否则它是不能为此的。宗教情感的滔滔江河一再决堤，要征服新的地域。但启蒙动摇了宗教的信条，引起了根本的怀疑。于是，这种情感被启蒙逐出宗教领域，并投身于艺术之中；在个别场合也进入政治生活中，甚至直接进入科学中。不管是什么地方，只要在人类的奋斗中觉察到一种高级的阴郁色彩，便可推知。这里滞留着灵魂的不安、焚香的烟雾和教堂的阴影。

韵律缘何美化——韵律给现实罩上一层薄纱；它造成了一些话语中的做作和思想上的不纯；它把阴影投在思想上，使它忽隐忽现。正如阴影对于美化是必要的一样，"模糊"对于明朗化也是必要的。艺术使生活的景象可以忍受，因为它把非纯粹思想的薄纱罩在生活之上了。

丑恶灵魂的艺术——如果要求唯有循规蹈矩的、道德上四平八稳的灵魂才能在艺术中表现自己，就未免给艺术加上了过于狭窄的限制。无论在造型艺术还是音乐和诗歌中，除了美丽灵魂的艺术外，还有着丑恶灵魂的艺术；也许正是这种艺术最能达到艺术的最强烈效果，才令心灵破碎，顽石移动，禽兽变人。

艺术使思想家心情沉重——形而上学的需要多么强烈，人的天性多么难以同这种需要诀别，由以下情况可见一斑：一位自由思想家即使放弃了一切形而上学，艺术的最高效果仍然很容易在他心灵中拨响那根久已失调、甚至已经断裂的形而上学之弦。例如，在倾听贝多芬《第九交响乐》某一段时，他会感到自己心中怀着不朽的梦想，远离大地，并飘摇于星星的大教堂中；众星在他周围闪烁，大地渐渐沉入深渊。如果他意识到这个境界，内心就会感到一种深深的刺痛，并向着替他引回失去的爱人的人喟叹。他的智性在瞬时受到了考验。

与人生嬉戏——荷马式幻想的轻松和粗率是必需的，以求抚慰和暂时解脱过于激动的情结和过于敏锐的悟性。他们的悟性说：人生看来是多么严酷！他们并不自欺，但他们故意用谎言戏弄人生。古希腊诗人西蒙尼德斯劝他的族人要把人生视同游戏；严酷的是痛苦对他们来说是太熟悉了（人间的苦难实在是诸神听得最多的歌唱题材），他们知道，唯有艺术能化苦难为欢乐。但是，作为对这种认识的惩罚，他们是如此受虚构欲望的折磨，以致在日常生活中也难以摆脱谎言和欺骗了，正像一切诗化民族都爱撒谎，并且毫无罪恶感一样。邻近的民族有时真的对他们感到绝望了。

对灵感的信仰——艺术家们喜欢让人们相信顿悟，即所谓灵感；仿佛艺术品和诗的观念，一种哲学的基本思想，都是天上照下的一束仁慈之光。实际上，优秀艺术家和思想家的想象力是在不绝地生产着，其产品良莠不齐，但他们的判断力高度敏锐而熟练，抛弃着，选择着，拼凑着；正如人们现在从贝多芬的笔记中所看到的，他逐渐积累，并在一定程度上是从多种草稿中挑选出最壮丽的旋律。谁若不太严格地取舍，纵情于再现记忆，他也许可以成为一个比较伟大的即兴创作家；但艺术上的即兴创作与严肃刻苦地精选出的艺术构思深切关联。所有伟人都是伟大的工作者，不但不知疲倦地发明，而且也不顾疲倦地抛弃、审视、修改和整理。

再论灵感——如果创造力长期被堵塞，其流动被一种障碍阻挡，那么，终于有如此突然的奔泻，就好像一种直接的灵感，此前并无内心工作，好像发生了一种奇迹。这造成了常见的错觉，而这种错觉的延续，如上所述，正是与所有艺术家对此的兴趣有相当关系。资本只是积累起来的，它并非一朝从天而降。此外，这种貌似的灵感在别处也有，比如在善、道德、罪恶的领域里。

天才的痛苦及其价值——艺术天才愿给人快乐，但如果他站在一个很高的水平上，他就很容易曲高和寡；他端出了佳肴，可是人家不想品尝。有时会使他产生可笑的伤感和激励；因为他根本无权去强迫人家快乐。他的笛子吹起来了，可是没有人愿跳舞：这会是悲剧吗？也许是吧。但作为这种缺憾的补偿，比起别人在所有其他种类的活动中所具有的快乐，他毕竟正在创造中具有更多的快乐。人家觉得他的痛苦言过其实，因为他的喊声太响，他的嘴太会说；有时他的痛苦真的很大，但也只是因为他的虚荣心和嫉妒心过重。像开普勒、斯宾诺莎这样的科学天才一般并不急于求成，对于自己真正巨大的痛苦也并不大事张扬。他可以有相当把握指望后世，而舍弃现在；但一位艺术家这样做，却始终是在演一场绝望的戏，演出时不能不伤心之至。但在极稀少的场合，当一个人集技能、知识天才与道德天才于一身时——除上述痛苦外，还要增添一种痛苦，这种痛苦可视为世上极特殊的例外：一种非个人的、超个人的，面向一个民族、人类、全部文化以及一切受苦存在的感觉；这种感觉因其同远大的认识相连而有其价值（同情本身价值甚小）。然而，用什么尺度、什么天平来衡量它的真实性呢？一切谈论自己这种感觉的人，不是都令人生疑吗？

伟大的厄运——每种伟大的现象都会发生质变，在艺术领域里尤其如此。伟大的榜样激起天性虚荣的人们进行表面的模仿或竞赛。此外，一切伟大的天才还有一种厄运，便是窒息了许多较弱的力量和萌芽的机会，似乎把自己周围的自然弄得荒凉了不少。一种艺术发展中最幸运的情况是，有较多的天才互相制约，在这种竞争中，较柔弱的天性往往也能得到一些空气和阳光。

艺术有害于艺术家——如果艺术强烈地吸引住一个人，就会引他去返顾艺术最繁荣的时代，艺术的教育作用是具有倒退性的。艺术家越来越重视突然的亢奋，且相信鬼神，神化自然，厌恶科学，其情绪变化如同古人，渴望颠覆一切不利于艺术的环境，而且在这一点上，如同孩子那样地偏激不公。艺术家本来就已经是一种停滞的生灵，因为他停留在少年及儿童时代的游戏之中；现在他又受着倒退性的教育而渐渐回到了另一个时代。因此，在他和他的同时代人之间，终于发生了剧烈的冲突，留下一个悲惨的结局；就像古代传说——荷马和埃斯库罗斯那样，终于在忧愁中活着和死去。

被创造出的人物——所谓的戏剧家（以及一般艺术家）当真创造了性格，这种说法只是哗众取宠和夸大其辞，由于这种说法的存在和流传，艺术得以庆祝其意外的、似乎是额外的一个胜利。事实上，当我们举出一个真正的、活人的各种性格时，我们对其所知不多，又概括得十分肤浅。我们这种对人极不完善的态度与诗人相一致，他给人描画（所谓"创造"）的肤浅草图，正和我们对人的认识一样肤浅。在艺术家创造出的这些性格中有许多的虚假；这根本不是有血有肉的自然产品，反而和画家一样有点儿过于单薄，它们经不起近看的。所谓一般活人的性格往往自相矛盾，戏剧家所创造的性格是浮现在自然面前的原型，这种说法也是完全错的。一个真实的人是一个整体，一种完全必然的东西（哪怕在所谓矛盾时），不过我们并非始终能认识到这种必然性。虚构的人物、幻象也欲表示某种必然的东西，但只是在那些人面前，这些人在一种粗略的、不自然的简单化中理解真实的人，以致一些常常重复的粗线条，配上许多光，周围涂上许多阴影和半影，也就完全满足他们的要求了。他们很容易把幻像当作真实必然的人，因为他们惯于把一个幻像、一个投影、一种任意的缩写当作整个真实的人。画家和雕塑家要表现人的"观念"，这更是空洞的幻想和感官的欺骗。谁这样说，他就是被眼睛施了暴政，因为眼睛只能看到人体的外表和肌肤，而内脏同样也属于观念。造型艺术想使性格见之于皮肤；语言艺术借言词来达到同一目的，用声音模拟性格。艺术从人的自然和无知出发，越过了人内在的东西（无论是肉体上的还是性格上的）；因为艺术不是属于物理学家和哲学家的。

　　对艺术家和哲学家的信仰中的自我评价过高——我们都以为，倘若一件艺术品、一位艺术家吸引我们，并震撼我们，其优秀就算得到了证明。可是，在这里必须首先证明我们自己在判断和感觉方面的优秀才行，而事实却并不尽然。在造型艺术的领域里，有谁比意大利雕塑家建筑家贝尔尼尼更令人心醉和神迷呢？在狄摩西尼之后，有谁比那个引进亚细亚风格，并使它占统治地位达二百年之久的演说家更具影响力呢？支配整个世纪丝毫不能证明一种风格的优秀和持久效用；所以不应当执著于某一位艺术家的衷心信仰。这样一种信仰不但相信我们的感觉真实无欺，而且相信我们的判断正确无误，其实，判断和感觉可能分别或同时发展得太粗糙或太精细，太紧张或太松弛。一种哲学、一种宗教给人以幸福感和慰藉，却同样丝毫不能证明它们的真理性，就像疯子因他的固定观念感到幸福，但丝毫不能证明这观念的合理性一样。

　　出自虚荣心的天才迷信。——我们自视甚高，但我们根本不期望自己有朝一日能够画出一张拉斐尔式的草图，或写出一部莎士比亚式的戏剧，于是我们自我解嘲说，这种才能只是异乎寻常的奇迹，极为罕见的偶然，或者，倘若我们有宗教感情，还会说此乃天赐的恩惠。所以，我们的虚荣心和自爱心促进了天才的迷信；因为只有当天才被设想得离我们十分遥远，如同一种神迹时，他才不会伤人（即如歌德，这位毫无嫉妒之心的人，也把莎士比亚称作他最遥远高空的星辰；在这里不妨就回想一下那句诗："人不会渴慕星星。"）。然而，如果不去理会我们虚荣心的暗示，那么，天才的活动看起来和机械发明师、天文学家、历史学家、战术家的活动绝无根本区别。如果我们想象这样一些人，他们的思想都积极地朝着一个方向，把一切用作原料，始终热烈地注视着自己和别人的内心生活，到处发现范型和启示，不倦地组合着自己的方法，那么，所有这些活动都一目了然。天才之所做的无非是学者奠基、建筑，并时时寻找着原料，时时琢磨着加工。人的每种活动都复杂得令人吃惊，不只天才的活动如此，只是没有一种活动是"奇迹"——仅仅在艺术家、演说家和哲学家中有天才，仅仅他们有"直觉"，这种信念是怎样形成的呢（"直觉"似乎成了他们一副神奇的眼镜，他们借此可以看到"本质"）？人们显然只是在这种场合才谈论天才：巨大智力的效果对于他们是极为令人愉快的，使他们无意再嫉妒了。称某人为"神圣"则意味着："在这里我们不必竞争。"再者，一切完成的、完满的东西都令人惊奇，一切制作中的东西都遭小人观看。没有人能在艺术的作品上看出它是如何制成的，这便是它的优越之处，因为只要能看到制作过程，人们的热情就会冷却下来。完美的表演艺术拒绝对其排演过程的任何考察，而作为当下直接的完美作品产生强烈效果。所以，首先被视为有天才的，是表演艺术家，而不是科学家。实际上，扬彼抑此也不过是理性的一种孩子气。

　　手艺的严肃——且不说天才、天生的才能吧！许多天赋有限的人值得一提，他们依靠某些素质而赢得了伟大，变成了人们所说的"天才"，关于这些素质的缺乏，大家心中有数，却又讳莫如深。他们全部具有那种能干匠人的严肃精神，这种匠人先学习完美地建造局部，然后才敢动手去建造巨大的整体。他们舍得为此花时间，因为他们对于精雕细刻的兴趣要远比对于辉煌整体效果的兴趣更浓。例如，做一个出色小说家的方子是很容易开出的，但要实行就必须具备某些素质，当一个人说"我没有足够的才能"时，他往往忽略了这些素质。不妨写出成百篇以上的小说稿，每篇不超过两页，但要写得十分简洁，使其中每个字都要是必需的。每天记下趣闻轶事，直到善于发现其最言简意赅、最有感染力的形式为止。不懈地搜集和描绘人的典型和性格。首先抓住一切机会向人叙述，也听人叙述，并注意观察、倾听在场者的反应。像一位风景画家和时装画家那样地去旅游。从各种学科中摘录那些若生动描写便能产生艺术效果的东西。最后，沉思人类行为的动机，不摒弃这方面的每种教诲提示：白天黑夜都做此类事情的搜集者。不妨在这么多方面的练习中度过几十年，然后，在这工厂里造出的东西就可以公之于世了。但是，多数人都是怎么做的呢？他们不是从局部，而是从整体开始。他们也许一度干得挺漂亮，引人注目，但由于公正的、自然的原因，从此干得越来越糟。有时候，理智和性格不足以制定这样一种艺术家的人生计划，于是便有命运和困苦来代替它们，以乃引导未来的大师一步步通过他手艺的所有必经阶段。

天才迷信的利弊——对于伟大、卓越、多产的才智之士的信仰，虽然未必，却也经常与一种纯粹宗教或半宗教的迷信相关联，以为这些才智之士是超人的源泉，具有某种奇异的能力，可以由异于常人的途径获取知识。大家相信他们仿佛洞穿了现象的外衣，直视世界的本质，他们无需经历科学的艰辛刻苦，凭借这种神奇的眼光，便能传达关于人与世界的某种最终有效的、决定性的东西。只要奇迹在知识领域里尚有信徒，也许就可以认为，信徒们自信必因之而受益，他们只须绝对服从这些伟大的才智之士，便可使自己正在发育时期的才智获得最好的培养和训练。相反，倘若对天才及其特权、特殊能力的迷信在天才自己心中也根深蒂固，那这种迷信对他本人是否有益，至少还是个问题。无论如何，如果人类被一种自我恐惧袭击，不管是著名的对恺撒的恐惧，还是现在所考察的对天才的恐惧；如果那理应只奉献给一位神的熏香也熏入了天才的脑中，使他开始飘飘然而自以为是超人，这终归将是危险的症候。渐次的后果是：自以为可以不负责任，拥有特权，相信自己有法术赐福赦罪，若有人试图将他同别人比较，甚至估价更低，若揭露其作品的缺点，便狂怒不已。由于他停止了自我批评，他羽毛上的箭翎终于纷纷脱落；迷信掘断了他力量的根子，在他失去力量之后，甚至可能使他变成伪君子。对于有巨大才智的人们来说，也许更为有益的是，对自己的力量及其来源会有一个明确认识，懂得有些什么纯粹人类的特性在他们身上汇合，他们遇到的是哪些幸运的情形：首先是充沛的精力，坚定地朝着一个目标，巨大的个人勇气。其次，就是教育方面的幸运，及早获得良师、典范和方法。当然，如果他们的目标是发生尽量大的影响，就会更加装作不了解自己，然后顺便做出半疯狂的姿态。因为，人们总是惊诧和嫉妒他们身上的力量，他们凭借这种力量使人丧失意志，陷于幻觉，觉得前面走着的是超自然的导师。是的，相信某人有超自然的力量，这是令人振奋鼓舞的。而且在这个意义上，正如柏拉图所说，疯狂极大地造福人类。在个别罕见的场合，这一种疯狂也可以是牢牢规束漫无节制天性的手段。在个人生活中，疯狂的幻念也常具有毒药的治疗价值。但是，在每个自信有神性的"天才"身上，它终究会随着"天才"年老而发挥毒性。作为例子，不妨回想一下拿破仑，他的性格无疑正是透过他对自己、对他的命数的信念，以及由此产生的对人类的蔑视，而生长为强而有力的整体，而使他高出所有现代人之上。但这种信念最后转变为一种近乎疯狂的宿命论，夺走了他的敏锐眼光，导致了他的毁灭。

天才与无价值之作——在艺术家中，恰是那种独创的、自为源泉的人有时会写出极其空洞乏味的东西出来。相反，有所依赖的天性，即所谓的才子，倒是充满着对一切可能的美好事物的记忆，即使在才力不足时，也能写出一些还算说得过去的东西。而独创者却是与自己隔绝的，所以记忆无助于他们，于是他们就变得空乏了。

公众——人民对悲剧除了好好地受一番感动、可以痛哭一场之外，本无别的希求。相反，艺术家在看一新悲剧时，感兴趣的倒是巧妙的技术发明和艺术技巧，题材的安排和处理，以及旧主题、旧构思的翻新。他的立场是对待艺术品的审美立场，又是创作者的立场；人们的立场是尝尝新鲜，只看题材。介于二者之间的人无甚可说，他既不是平民百姓，也不是艺术家，自己并不知道自己要什么，所以，他的兴趣是含糊而微不足道的。

公众的艺术教育——只要同一个主题尚未经过许多大师成百次地处理，公众就不会有超出题材的兴趣。然而，当他们长期从许多版本中认出这个主题，并因而不再感到新奇紧张的刺激之时，他们自己终于也会把握和欣赏处理这个主题时的细微差别，以及巧妙新颖的创造了。

艺术家和他的跟随者必须同步——从风格的一个等级向另一个等级前进，应当循序渐进，艺术家、听众和观众都一同前进，并且也确知发生了什么事情。否则，艺术家在玄妙高空创作其作品，而公众不再能达到这高度，终于又颓然坠落下来，于是两者之间就出现了一道鸿沟。因为，艺术家如果不再提举他的公众，公众就会飞快坠落，而且天才把他们负得越高，他们坠落就越深越危险，就像被苍鹰带上云霄，而又不幸从鹰足跌落的乌龟一样。

滑稽的来源——试想一下，人在数千年里是最容易陷入最高度恐惧的动物，一切突然的、意外的遭遇迫使他随时准备战斗，也许还要准备死亡，即使在后来的社会环境中，一切安全也尽以思想和行动中的预料和习惯为基础。那么，我们就不会奇怪了，倘若言论和行动中一切突然的、意外的东西并未造成危险和损害，人就会顿感轻松，心情转化为恐惧的反面——因为害怕而颤抖的、收紧的心一下子放松舒展，于是人笑了。这种以瞬时的恐惧向短暂的放纵的转化就叫做滑稽。相反，在悲剧现象中，人从巨大的、持续的放纵迅速转入巨大的恐惧。然而，在终有一死的生灵中，巨大持续的放纵要比恐惧的缘由少得多，所以世界上滑稽比悲剧要多得多，人们笑也经常要比悲痛多得多。

艺术家的功名心——希腊的艺术家，比如悲剧诗人，便是为胜利而创作的；若没有竞争，他们的全部艺术便不可想象：女神赫西俄德的善良和厄里斯的功名心，给他们的创造力插上了双翼。这种功名心首先要求他们的作品在他们自己眼中保持尽善尽美。他们就这样理解优秀，对于流行的趣味以及吹捧某部艺术作品的公众舆论显得不屑一顾。所以，埃斯库罗斯和欧里庇得斯长期没有成就，直到他们终于为自己培养出按照他们制定的标准评价他们作品的艺术审判员们。所以，他们是为力求按照自己的评价，在审判席上战胜竞争对手，他们先表明自己真正是更优秀的，然后才要求外界同意他们的评价，追认他们的判决。在这里，争取荣誉就是"自成优胜者，并愿有目共睹"。无前者而仍然求后者，谓之虚荣。无后者而终不失后者，谓之骄傲。

艺术品中的必然因素——热衷于谈论艺术品中必然因素的人，倘若是艺术家，则意在提高艺术的荣耀；倘若是外行，则出于无知。一件艺术品的形式，用以表达其思想的，因而其语言方式，如同一切语言方式一样，总有一些马虎之处。雕塑家可能增添或舍弃其许多细小笔触；表演艺术家也是如此，不论是演员还是音乐领域的演奏家或指挥。这许多细小的笔触和润饰，今天或许使他高兴，但明天就未必，它们的存在与其说是为了艺术，还不如说是为了艺术家。因为，他在为表现主要思想而不得不严肃自制之际，或许也需要甜点和玩具，以免太苦了自己。

师忘掉，便显得他好像在倾诉自己的生平或此刻正身历其境，就弹奏得最好。当然，如果他毫无价值地唠叨他的生平就会使大家厌恶了。所以他必须懂得去吸引听众的想象力。"技巧名家气派"的全部虚弱和愚蠢又可由此得到说明。

命运的修正——在大艺术家的生活中，有一些恶劣的际遇，比如说，它们迫使一位画家把他最重要的作品当作稍纵即逝的想法而画成速写，或者迫使贝多芬在有些大型奏鸣曲里仅仅给我们留下一部交响曲的使人不能满意的钢琴摘录。在这里，后来的艺术家应当力求事后修正大师们的生活。例如，作为一位乐队完整效果的行家，他可以为我们复活仿佛已死在钢琴上的交响曲。

缩小——有些物、事或人经不了缩小处理。万万不能把拉奥孔群雕缩小成摆设用的小人像，而它必须是大的。可是，更加罕见的是本性渺小的东西经得了放大。所以，传记作家把伟人写得渺小，但总比把小人物写得伟大更成功些。

现代艺术中的感性——现代，当艺术家们致力于其艺术作品的感性效果时，他们却往往失算。因为，他们的观众或听众不再具有他们那样完满的感官，完全违背艺术家的意图，反而由其艺术作品而陷入一种近乎无聊的感觉之中。也许，这正是他们的感性开始之处，也正是艺术家的感性终止之处，所以二者充其量只会在一点上相遇。

作为道德家的莎士比亚——对于激情是深思熟虑过的，肯定有一条从他的气质通往许多激情的捷径。但是他不能像蒙田那样谈论激情,而是借热情的剧中人物的口说出他对激情的观察;虽然不自然,但他的戏剧却也因此思想丰富,使其他一切戏剧相形见绌,因而很容易招来普遍憎恨——席勒的警句(它们总是基于错误的或无价值的迷惑)正是剧场警句,并且作为剧场警句产生强烈效果。相反,莎士比亚的警句却为他的榜样蒙田争了光,在精致的形式中饱含着十分严肃的思想,但也因此对剧场观众来说显得太疏远、太精细,于是便没有效果了。

善于让人听——不但要善于演奏,而且要善于让人听。如果场地太大,大师手中的小提琴也只能发出唧唧声。在那种地方,人们会把大师混同于低能儿。

不完全的效果——浮雕如此有力地刺激着想象力,因为它们仿佛正要从墙中走出,并受到某种阻碍,突然停住了。同样地,有时候,一种思想、一种完整的哲学的浮雕式不完全的表现,也比和盘托出来得更有效果,这便可以给读者留有余地,激励他把这强烈反差所衬托出的东西继续完成,思索到底,自己来克服迄今为止妨碍他完全走出的障碍。

反对惊奇——当艺术穿着破旧之时,最容易使人认出它的艺术。

集体才智——一个好作家不但拥有他自己的才智,而且还拥有他朋友们的才智。

双重误会——敏锐而明快作家的不幸是,人们以为他们肤浅,因此,不在他们身上下苦功;晦涩的作家的幸运是,读者费力地解读他们,并且把自己勤奋的快乐也归功于他们。

与科学的关系——凡是要亲自在一门学科中有所发现,然后才感觉其温暖可亲的人,都算不得真正喜欢这门学科。

钥匙——一种思想,杰出人物赋予重大价值,平庸之辈则报以挖苦嘲笑,对于前者是打开隐秘宝库的钥匙,对于后者却只是一块废铁。

不可翻译的——一本书中不可翻译的东西,既不是其中最好的,也不是其中最坏的。

作家的自相矛盾——一位读者攻击作家的所谓自相矛盾，但这矛盾往往根本不在作家的书中，却在读者的头脑里。

幽默——最幽默的作家使人发出几乎觉察不到的微笑。

反题——反题是一道窄门，错误最爱经这道门并悄悄地走向真理。

作为文体家的思想家——多数思想家都写作得很差，因为他们不但向我们传达他们的思想，而且传达某思想的思想。

诗中的思想——诗人用韵律的车辇隆重地运来他的思想，通常是因为这种思想不会步行。

违背读者精神的罪行——倘若作家只是为了与读者平起平坐而否认自己的才能，那他就犯了读者一旦发现就绝不原谅的唯一死罪。你可以背后议论一个人的所有坏处，但是不以这种方式，如人们所说，必须要知道重新激起他的虚荣心。

真诚的界限——即使最真诚的作家，当他想去补足一个长句时，也经常会漏掉一个词。

最好的作者——是羞于成为作家的人。

治理作家的苛法——应当把作家看作罪犯，只有在极罕见的场合才有言论自由或得到赦免——这才是对付书籍泛滥的一种办法。

现代文化的小丑——中世纪宫廷里的小丑与我们的无聊文人相仿，这是同一类人，但理智不健全，诙谐、夸张、愚蠢，其存在有时只是为了用打诨和饶舌来缓和情绪的激昂，用叫喊掩盖重大的事件和过于沉重庄严的钟声；从前是为王公贵族效劳，现在是为国家效劳。但整个现代文学家的状况与无聊文人相距得很近了。这是"现代文化的小丑"，倘若把他们看作理智不健全的人，倒也可以宽大待之。把写作视为职业，实在是一种疯狂。

仿效希腊人——由几百年来情感的夸张，一切词汇都变得模糊而肿胀了，这种情况严重地妨碍了认识。高级文化，在认识的支配下，必须有情感的大清醒和一切词汇的强浓缩；在这方面，狄摩西尼时代的希腊人才是我们的楷模。一切现代论著的特点便是夸张；即使它们简单地写下，其中的词汇仍然令人感到很古怪。周密的思考，简练，冷峻，质朴，甚至有意矫枉过正。总而言之，情感的自制和沉默寡言——这是唯一的补救。此外，这种冷峻的写作方式和情感方式作为一种对照，在今天也是很有魅力的。当然，其中也有新的危险。因为严厉的冷峻和高度的热烈一样，也是一种刺激手段。

好小说家坏理论家——在好小说家那里，人物行为常常表现出一种令人惊异的心理上的准确性和因果关系，而与他们心理学思考的笨拙造成可笑的对照——以致他们的修养在一个时刻显得很卓越，紧接着又显得很可怜。常常有这种情况：他们明显错误解释地自己的人物及其行为，这种听起来如此不可信，然而是确确实实的。也许，大钢琴家很少思考技术条件及每根手指的专门技巧、功用和训练，当他谈论这些事情时，也会出严重的错误。

熟人的著作及其读者——我们读熟人（朋友或敌人）的著作有双重心情。一方面我们认识，并在此时不断耳语："这是他写的，是他的内在知识、他的经验、禀赋的标志。"同时，另一种认识又力求弄清这著作本身究竟是什么，不看其作者，它本身应当获得什么评价，它本身又提供了什么新知识。这两种阅读和衡量方式彼此干扰，不言而喻，也彼此对立，即使和一位朋友谈话，也只有当两人只想着事情本身而忘掉他们是朋友时，才可能有认识上好的收获。

节律的牺牲——大作家们改变有些段落的节律纯粹，是因为他们不承认一般读者能够掌握这些段落在他们的实稿中所用的节奏；所以，他们为这些读者简化节奏，优先采用人们熟悉的节律。关于当今读者节律上的无能，这种顾虑已经引起了许多的感叹，已经造成许多牺牲——优秀音乐家们的处境不也很相似吗？

不完全作为艺术感染力的手段——不完全常常比完全来得更有效果，尤其在颂歌的目的上，正需要一种诱惑人的不完全，作为一种非理性的因素来使听者的想象力幻见一片大海，又像雾一样罩住对岸，即罩住被赞颂对象的界限。倘若向人们历数一个人的赫赫功绩，详尽而铺张，便总会使人们猜疑这是其全部功绩。完全的赞颂者高居于赞颂者之上，他仿佛在俯视后者，所以完全所发生的效果便大为减弱。

写作和教学中的审慎——谁刚开始写作并感觉到自己的写作热情

时，在他所从事的和经历的一切中，几乎只领会可以充当写作材料的东西。他不再想自己，而只想著作家及其读者。他有志于观察，但不是写自己所用。谁是教师，他就多半不善于为他自己的利益做自己的事情，他始终想着学生的利益，任何知识，只有是他能够教授的，才会使他感兴趣。最后，他把自己看作是一条知识的通道，并归根到底看作工具，以致丧失了自己的真诚。

坏作家是必要的——永远必须有坏作家，因为他们符合不发展、不成熟之辈的趣味。后者如同成熟者一样有其需要。倘若人的寿命更长些，那么变成熟的人的数量就会超过或至少等同于不成熟者。然而，绝大多数人死得过于年轻了。这就是说，永远的更多的不发展的理智连同坏的趣味，而且，这些人带着青年人过激的态度以渴望其需要的满足，他们强迫产生坏作家。

太近和太远——读者和作者常常互不理解，因为作者太熟悉他的题目，几乎感到它无聊了，所以他放弃了他所知道的许多例子，而读者却对这事物又过于生疏，如果不给他举例，就容易觉得根据不足。

从前的艺术准备——在文科的全部课程中，最有价值的是拉丁文体的练习，这恰是一种艺术练习。相反，其他一切课程则仅以求知为目的。把作文放在首位是不理智的，不过，倘若想通过作文来推动思想的练习，使思想练习和描写练习分开，如此必将更有益处。描写练习关系到某一给定内容的多重结构，而非关系到独立发明的一种内容。对给定内容作纯粹描写是拉丁文体的任务，老教师在这方面有一种久已失传的精细听觉。倘若从前谁学会出色地运用一种当时的语言写作，便应当归功于这种练习。但不止于此，他通过实践还获得了关于形式的高贵和艰难的概念。一般来说，是在唯一正确的路上为艺术作准备。

黑暗与强光并存——在一般情况下，不善于清晰阐明其思想的作家，在个别情况下就喜欢选用最强烈、最夸张的标记和最高级形容词，来产生一种光照效果，好像斑驳的林荫道上的耀眼火炬。

作家的画艺——如果像一位化学家那样从对象自身中吸取绘画的色彩，然后又像一位艺术家那样来运用它，就能最生动地描绘出一个有意味的对象。这样,便可以让画面从色彩的交界和转变中显现出来。于是,画面获得了某种富有魅力的自然素质,它使对象本身成为有意味的。

令人翩翩起舞的书——有一些作家,他们把不可能的事描绘得像可能的事一样,谈论起灵性和天才时,就好像它们只是一种心境和爱好似的,便以此产生出一种奔放自由的情感,好像人以足尖站立,遏止不住地要翩翩起舞了。

不成熟的思想——不但成年,而且少年和童年也有一种自在的价值,不能仅仅看作为过渡和桥梁。与此同理,不成熟的思想也有其价值。所以,人们不应当用精细的解释来折磨诗人,而应当欣喜于其地平线的不确定,仿佛通往更丰富思想的道路还敞开着。人们站在门槛之前,像在挖掘宝藏时那样地期待着,仿佛马上就会有一种意味深长的幸运出现。诗人预先显示了思想家在发现一个重要思想时的快乐,因而使我们渴慕不已,前去捕捉这个思想。然而它却从我们头顶上翱翔飞过,展现最绚丽的蝶翅——它终于逃走了。

几乎变为人的书——一再令每位作家惊奇的是,书一旦脱稿之后,便以独立的生命形式而继续生存了;他似乎觉得,它像昆虫的一截脱落下来,继续走它自己的路去了。也许他完全遗忘了它,也许他超越了其中所写的见解,也许他自己也不再理解它,并失去了构思此书时一度载他飞翔的翅膀。与此同时,它寻找它的读者,点燃生命,使人幸福,给人震惊,唤来新的作品,成为决心和行动的动力。简单地说,它像一个赋予了精神和灵魂的生灵一样地生存着,但还不是人。作者获得了最幸福的命运,他年老之时可以说,他身上一切创造的、有力的、高尚的、证明的思想和情感,会在他的作品中继续生存着,即使他自己只是残灰,火种却到处复燃并且流传。如果你设想一下,一个人的每个行动,而不仅是一本书,会以某种方式成为其他实际存在着的真正的不朽,即运动的不朽:一度运动之物,如同昆虫嵌在琥珀中一样,嵌进了万有的总联系而变得永恒了。

老年的快乐——思想家以及艺术家,他较好地自我逃入了作品中,当他看到他的肉体和精神渐渐被时间磨损毁坏时,便感觉到一种近乎恶意的快乐，犹如他躲在角落里去看一个贼撬他的钱柜，而他知道钱柜是空的，所有的财宝已经安全转移。

宁静的丰收——天生的精神贵族是不太勤奋的；他们的成果在宁静的秋夜出现并从树梢坠落，无需焦急的渴望、催促和除旧布新。不间断地创作愿望是平庸的，显示了虚荣、嫉妒和功名欲。倘若一个人是什么，他就根本不必去做什么——而仍然大有作为。在"制作的"人之上，还有一个更高的种族。

阿喀琉斯和荷马——事情总是像荷马史诗《伊里亚特》中的英雄阿喀琉斯和荷马之间的情形那样：前者有经历、感受，而后者则描写它们。一个真正的作家只会给予别人的激情和经验以言词，他是艺术家，要从他的少量体验中悟出很多东西。艺术家绝不是具有巨大激情的人，但是他们常常做出这种人的样子，无意中觉得，倘若他们自己的生活能为他们这方面的体验进行辩护，人们就会更相信他们所描绘的激情。一个人只要放纵自己，对自己不加约束，并公开表露他的愤怒和欲望，全世界就立刻叫喊起来：他多么热情奔放！但是，撕心裂肺的折磨常常吞噬个人的激情，它却意味着：谁经历它们，谁就必定不在戏剧、诗歌或小说中描写它们。艺术家常常是无节制的人，在这一点上他们恰好不是艺术家，不过这是另一个问题了。

关于艺术效果的古老怀疑——正如亚里士多德所认为，怜悯和恐惧因悲剧而得以宣泄，使得听众可以心平气和地回家去吗？精神历程可以减少人的恐惧和迷信吗？在一些物理事件中，例如在性欲中，随着需要的满足，冲动的确缓和并暂时会低下去。但是，恐惧和怜悯并非这种意义上的欲求松弛的特定器官之需要。而且，天长日久，每一冲动尽管有周期性的缓和，却因习于满足而增强了。很可能，怜悯和恐惧在每一个场合因悲剧而缓和与宣泄，但在总体上，却因悲剧的影响而强化。柏拉图认为，总的来说，人们因悲剧而变得更胆怯，也更多愁善感了，这是有道理的。悲剧诗人自己也势必获得一种阴郁的、充满恐怖的世界观，一颗柔弱敏感、爱流眼泪的心灵。同样地，倘若悲剧诗人以及酷爱他们的全体市民越来越无节制地堕落，这也是与柏拉图的看法相合的。但是，一般来说，我们有什么权利回答柏拉图所提出的艺术道德影响这个重大问题呢？我们就算有艺术——但艺术的影响又在何处呢？

对荒谬的快乐——人怎么能对荒谬感到快乐？只要世界上还有笑，情况就会如此；甚至可以说，凡有幸福之处，便有对荒谬的快乐。经验转为无目的，而有目的转为反面的，必然的转为任意，这个过程倘若没有造成损害，只是一时心血来潮而发生，就会使人高兴，因为这暂时会把我们从必然的、有目的、经验的压迫下解放出来，而我们平时就是把它们来看做是我们的无情主宰的；当被期待之物（他通常使人不安、紧张）无害地来到，我们便游戏和欢笑。

现实的高贵化——由于人们视爱情冲动为神圣，并怀着虔敬的感激以领略它的威力，所以，时间一久，这种激情便渗透出了崇高的观念，在事实上变得极高贵。一些民族凭借这种理想化的艺术，从疾病中创造出文化的伟大助力：比如希腊人，在早期曾受流行的神经病（属于癫痫和舞蹈病）的折磨，从中创造出了美好的酒神狂女的典型。希腊人丝毫没有那种矮墩墩的健康，他们的秘密是，倘若疾病有威力，也可以尊它为神。

音乐——音乐并非自在地对我们的内心如此充满意义，如此令人常常感动，以致可以把它看做情感的直接语言。而是它同诗的原始联系，便赋予了节律的运动和声调的抑扬以许多象征意义，使我们现在误以为，它直接向内心倾诉又直接发自内心。只是经过歌曲、歌剧以及音乐的数百次尝试之后，声音艺术占据了象征手法的广大领域，使戏剧音乐才成为可能。"纯音乐"或者是形式本身，此时音乐处在原始状态，按照节拍和不同强度发出的声音即可给人快感，或者是无需诗歌便可领会的形式所表达的象征。此时两种艺术在长期发展中业已结合，而音乐形式终于完全同概念和情感交织在一起。停留在音乐发展中的人，可以纯粹从形式上感受一首曲子，而更先进的人对同一首曲子却处处从象征上加以理解。音乐并非是自在的、深刻的和充满意义的，它并不表达"意志"、"自在之物"；唯有音乐象征占据了全部内心生活领域的时代，理智才会生此误解。理智自己把这种意义置入了音响之中，正如在建筑学中，理智同样把意义置入了线与度量的关系之中，但其实这种意义与力学规律可是毫不相干的。

表情姿势和语言——表情姿势的模仿比语言更古老，它是不由自主地发生的。即使在今天，人们普遍控制表情姿势，且很有教养地支配肌肉，但它仍如此强烈，以致我们看到一张激动的脸时，自己的脸部神经不可能毫无反应（可以观察到，一个人假装打呵欠会引起别人自然打呵欠）。模仿来的表情姿势，会把模仿者引回到这种表情姿势在被模仿者脸部或身体上所表达的那种感觉。人们就是这样学会相互理解的，婴儿也是这样学会理解母亲的。一般来说，痛苦的感觉是通过本身会引起痛苦的表情姿势来进行表达的。反过来，快乐的表情姿势本身就充满着快乐，因而很容易使人理解。人们一旦通过表情姿势相互理解了，表情姿势的一种象征就会产生。我是说，人们会就一种音符语言达成协议，虽然开始是声音和表情姿势（象征性地做一下）并用，后来才只用声音。看来从前也时常发生同一过程。这一过程如今在音乐，尤其是戏剧音乐的发展中呈现在我们的耳目之前：一开始，没有阐明题旨的舞蹈和哑剧（表情姿势语言），音乐便是空洞的嘈音，在长期习惯于音乐和动作的配合之后，耳朵才训练得能够立刻分辨出声音的形态，也终于达到顿悟的高度，而完全不再需要可见的动作，就能理解无动作的音乐。于是才有所谓纯音乐，即其中的一切无需其他辅助手段就立刻被象征性地理解的音乐。

高级艺术的非感性化——新音乐的艺术发展使理智得到特殊的训练，从而使我们的耳朵也日益理智化了。所以，比起前辈来，我们现在能忍受更大的音量，更多的"喧哗"，因为我们训练得更善于倾听其中的理性了。而事实上，我们的全部感官正是由于它们立刻寻求理性，即寻问"有何意义"而不再探问"是什么"，所以变得有些迟钝了。例如，按平均律调节奏调占据绝对支配地位，便暴露了这种迟钝，因为现在尚能辨别如升C小调和降D小调之间的细微差别的耳朵已属例外。就这一点而论，我们的耳膜确实已经变粗糙了。然后，原来与感官相敌对的世界上丑的方面也成了音乐的地盘；其势力范围因此举而令人惊愕地扩展到表达崇高、恐怖、神秘的东西；我们的音乐如今使过去暗哑的事物也开口说话了。有些画家便以相似的方式使眼睛理智化了，其远远超出了以前所谓的色彩快感和形式快感。在这里，原来被视为丑的世界方面也被艺术理解力所占领了。这一切会导致什么结果呢？眼睛和耳朵越是善于思想，它们就越是接近一个界限，在那里它们非感性化了：快感误置于头脑中，感官本身变得迟钝而衰弱；象征越来越取代实体的存在；因而，我们从这条路比任何其他路更加确定地走向野蛮。同时，这还意味着：世界比任何时候要更丑，但它也比任何时候更蕴涵着一个美的世界。然而，隐义的香烟越来越飘散消失，能够感知它的人也就越少，而其余的人终于停留在丑之中，想要直接享受它，却又必定归于失败。所以，在德国有音乐发展的两股潮流：这里，有万余人带着高级、细腻的要求，越来越注重倾听"有何意义"；那里，芸芸众生越来越不能理解蕴含在感性的丑这种形式的意义，因而以越来越浓的兴趣学会抓住本身丑恶的东西，即音乐中的低级感性。

石头比从前更是石头——一般来说，我们不再理解建筑艺术，至少久已不像理解音乐那样去理解它。我们已经脱离了线与形的象征，荒废了修辞的声音效果。从出生的第一刻起，我们从文化的母乳中就不再吸取这些品性了。在一座希腊的或基督教的建筑上，原先每个细节都赋有意义，其关系到事物的一种更高的秩序，这种无穷意味的情调如同一层魔幻的纱幕罩在建筑物四周。美仅仅附带地进入这个体系，根本不妨碍敬畏和崇高，也不妨碍因近神和魔幻作用而圣化的基本情感；美至多缓和了恐惧，但这种恐惧处处皆是前提。在我们现代，一座建筑物的美是什么呢？它就像一个没有灵性的女人的漂亮脸蛋一样，是假面具一类的东西。

现代音乐的宗教来源——充满灵气的音乐是在宗教会议之后复兴的天主教中，经由帕莱斯特里那之手产生的，他帮助新觉醒的真切而深刻动荡的心灵发出声来。然后，在新教中，经由巴哈之手也做到了这一点，他依托虔信派而深刻化，摆脱了他原来的教条本性。这两种兴起的前提和必要准备是执著于音乐，如同文艺复兴和前文艺复兴时代所特有的那样。特别是那种对于音乐的学术研究，那种和声技巧和发音技巧本质上的科学兴趣。另一方面，还必须已经有过歌剧，外行从中发现了自己对过分学究气的冷静音乐的反感，因而希望重新赋予音乐以女神灵魂——没有那种深刻的宗教情绪变化，没有内心激情的渐渐消失，音乐就会仍然是学究气或歌剧气的；反宗教改革的精神是现代音乐的精神（因为巴哈音乐中的虔信主义也是一种反宗教改革）。所以，我们深深有负于宗教生活。音乐是艺术领域里的反文艺复兴，属于此例的还有西班牙画家牟里罗的后期绘画，也许还有巴洛克风格：无论如何要比文艺复兴的或古代的建筑更属此例。也许现在人们还可以问：倘若我们现代音乐能够移动石块，它会聚集起这些石块造成一座古典建筑吗？我十分怀疑。因为支配着音乐的因素，比如激情，对高昂紧张心情的爱好，不惜一切代价变得生动的意愿，感觉的迅速转换，明暗的强烈浮雕效果，狂喜和单独的并存，这一切都曾经一度支配过绘画艺术，并且创造出新的风格准则，但既不是在古代，也不是在文艺复兴时代。

艺术中的彼岸——人们曾深刻痛心地承认，一切时代的艺术家在其才华横溢的顶峰，恰恰把我们今日视为谬误的一种观念，并提举到了神化的地步：他们是人类的宗教误信和哲学迷误的颂扬者，倘无对人类的绝对真理的信念，他们不会这么做。如果根本地除去对这一真理的信念，驾于人类知识与迷误两端的虹彩将黯然失色，那么，像《神曲》、拉斐尔的绘画、米开朗基罗的壁画、哥德式教堂等，这一类艺术就绝不可能复兴，它们不仅以艺术对象的宇宙意义，而且以其形而上意义为自身的前提。于是，曾经有过这样一种艺术，这样一种艺术家的信念，便仅仅成了动人的传说。

诗中的革命——法国戏剧家律于对自己的严格限制，如情节、地点、时间三一律，关于风格、诗格、句式的法则，关于选择语言和思想的法则，是一种重要的练习，正如同现代音乐发展中对位法和赋格曲的练习，或者希腊演说术中的修辞学家高尔吉亚风格一样——如此约束自己似乎是荒谬的。但是，除了首先极严格地（也许是极专断地）限制自己之外，没有别的办法可以摆脱自然主义。人们如此逐渐学会优雅地走过哪怕是架在无底深渊上的窄桥，其收获是动作练得极其灵巧，这正如音乐史向如今活着的一切人所证明的那样。在这里可以看到，束缚如何一步步地放松，直到最后仿佛可以完全解除：这个"仿佛"是艺术中必然发展的最高成果。在现代诗艺中，正好缺乏这种从自造的束缚中逐渐摆脱出来的幸运过程。莱辛使得法国形式，即当时唯一的形式在德国受嘲笑，并让人们参照莎士比亚。因而，人们不是循序渐进地去摆脱束缚，而是一跃而入于自然主义当中，也就是说，退回艺术的开端。歌德曾试图摆脱自然主义，其办法是用各种方式不断重新自加束缚。然而，发展的线索一旦中断，即使最有才华的人也只是去从事不断的试验。席勒的形式有相当的确定性，这要归功于他虽然否认，却在无意中尊崇着的法国悲剧的典范，与莱辛保持着相当的距离（众所周知，他贬低莱辛的悲剧尝试）。在伏尔泰之后，法国人突然也开始缺乏足够的才能，来把悲剧的发展从限制中引向自由的外观；他们后来遵照德国榜样，也一跃而入到艺术的一种卢梭式自然状态中，从事起试验来了。只要时时阅读伏尔泰的《穆罕默德》，就可以清楚地知道，由于传统的中断，欧洲文化究竟无可挽回地失去了什么？伏尔泰用希腊规范来约束自己，他是由巨大悲剧暴风雨所孕育的动荡不宁灵魂的最后一位伟大戏剧家，他具备一切德国人所不具备的能力，因为法国人的天性要比德国人的天性远远接近于希腊人；他也是在处理散文语言时犹存有希腊人的耳朵、希腊艺术家的责任心、希腊的质朴和优雅的最后一位伟大作家；他甚至还是一身兼备最高精神自由和绝对非革命观点，而并不怯懦彷徨的最后一批人中的一个。在他之后，现代精神带着它的不安，对规范和约束的憎恨，支配一切领域，先是借革命的狂热挣脱缰绳，然后当它对自己突然感到畏惧惊恐之时，又重新给自己套上一道缰绳——不过是逻辑的缰绳，而非艺术规范的缰绳了。由于这一解放，我们一时得以欣赏各民族的诗歌，一切生长在隐蔽角落的、原始的、野生的、奇丽的、硕大无比的东西，从民歌到"伟大的野蛮人"莎士比亚；我们玩味至今，一切艺术民族感到陌生的地方色彩和时装的乐趣；我们充分利用当代"野蛮的优点"，歌德就以它反对席勒，而为他的《浮士德》的缺乏形式辩护。但为时多久呢？一切民族、一切风格的诗歌之滚滚洪流必定冲刷掉那尚能借以幽静生长的土壤；一切诗人不论一开始力量有多大，必定成为试探着的模仿者和大胆的复制者；至于公众，在表现力量的控制中，在一切艺术手段的协调中，已经忘记欣赏真正的艺术行为，必定更会为力量而推崇力量，为色彩而推崇色彩，为思想而推崇思想，为灵感而推崇灵感，因而倘若不是被剥离出来，就全然不能欣赏艺术品的要素和条件，最后才自然而然地提出要求，艺术家必须把它们剥离出来交到他们手上。是的，人们抛弃了法国艺术和希腊艺术的"不合理"束缚，但不知不觉地习惯于把一切束缚、一切限制都视为不合理了；于是艺术力求解除它们，其间便经历了它的原始、幼稚、不完全、已往的冒险和过度等一切状态：它用毁灭来诠释它的产生和变化。有一位伟人，他的直觉完全可以信赖，他的理论所缺少的只是三十年以上的实践。拜伦有一次说："诗歌一般所能达到的，我都达到了，我越是对此加以深思，就越是坚信我们全都走在错误的路上，人人都一样。全都追随着一个内在错误的革命体系——我们或下一代仍将达到同一种信念。"这同一个拜伦又说："我把莎士比亚看作最坏的榜样，同时也看作最特殊的诗人。"而歌德后半生成熟的艺术见解所表达的不正是同一层意思吗？他岂非凭借这种见解而超出好几代人，使我们大体上可以认为，歌德或许还完全没有发生影响，他的时代或许刚刚才要到来？正是由于他的天性使他长期执著于诗歌革命的道路，也正是由于他最深切地体会了因传统中断而在新的发现、展望和补救手段中间暴露的一切，似乎从艺术废墟里发掘出的一切，所以他后来的改弦易辙才如此沉重。这表明他已意识到了一个深刻的要求：恢复艺术传统；在毁坏尚且必须有巨大力气的地方，倘若膂力太弱而不足以建设，那么至少也要靠眼睛的想象力来把古庙的断垣残柱复原为昔日的完美整体。所以，他生活在艺术中就像生活在对真正艺术的回忆中一样：他的诗歌是回忆、理解久已消逝的古老艺术时代的手段。他的要求尽管不能靠现代的力量来满足，但是，这方面的痛苦却因一种快乐而得到充分之补偿：这要求曾经满足过，而且我们仍然可以分享这种满足。不是个人，而是或多或少理想的面具；不是现实，而是一种象征性的普遍；时代特性、地方色彩淡薄得几乎不可见，使它化为神话；当代感觉和当代社会问题凝聚在最简单的形式中，撤除它们的刺激、紧张、病态的特征，使它们除了在艺术意义之外，在其他任何意义上都失效；不是新题材和新性格，而是老的、久已习惯的题材和性格却不断地改造和新生：这便是歌德后期所理解的艺术，这便是希腊人以及法国人所从事的艺术。

艺术剩余什么——诚然，在某种形而上学的前提下，例如，倘若人性不变，世界的本质始终显现于全部人性和行为中的信念得以成立，艺术便具有大得多的价值。这时，艺术家的作品就成了永恒常存者的形象。相反，在我们看来，艺术家只能给予他的形象以一时的有效性，因为整个人类是生成变化的，即使个人也绝非一成不变的。在另一种形而上学的前提下情况也是一样：假定我们的可见世界只是现象，如形而上学家们所主张的一样，那么，艺术就相当接近于真实世界；因为现象世界与艺术家的梦境世界之间有着太多的相似之处，而其余的差别甚至使艺术的意义超过其自然的意义，因为艺术描绘的是自然的共性、典型和原型。然而，这些前提都是错误的：按照这一认识，艺术现在还保持一个怎样的地位呢？数千年来，它谆谆教导，要兴趣盎然地看待各种形态的生命，把我们的感情带到如此之远，我们终于喊出："管它好活歹活，活着就是好的！"艺术教导我们，要热爱生活，把人的生命看做自然的一部分，但并不过分剧烈的在一起运动，看做合规律发展的对象，这一教导已经融入我们的血肉，现在又作为强烈的认识需要大白于天下。人们可以放弃艺术，但不会因此而丧失从其学得的能力；正如同人们已经放弃了宗教，但并没有放弃因它而获得的崇高和升华的心境一样。正像造型艺术和音乐是借宗教而实际获得和增添情感财富的尺度一样，在艺术一度消失之后，艺术所培育生命欢乐的强度和多样性仍然不断地要求满足。科学只是艺术家的进一步发展。

艺术的晚霞——正如人在垂暮之年回忆青春岁月和庆祝纪念节日时一样，人类对待艺术不久就会像是在伤感地回忆青春的欢乐了。也许艺术从来不像现在这样地深切感人和情意缠绵，因为死神似乎在它周围嬉戏了。不妨想一想意大利的那个希腊城市，那里一年一度还在庆祝他们的希腊节日，为异国的野蛮日益战胜他们自己的风俗而忧伤落泪；从来不曾如此欣赏希腊的事物，也没有一处如此狂欢地纵饮这金色的琼浆，就如同在这些湮灭着的希腊后裔之中那样。人们不久就会把艺术家看作一种华丽的遗迹，由于古代的幸福系于他的力和美，便把他作为奇怪的异类而赐以光荣，我们是不会把这光荣赐予我们的同类的。我们身上最好的东西，也许是从古代的情感中继承下来的，现在已经不可能再直接地获得它们；固然太阳已经沉落，但生命的苍穹依然因它而绚丽辉煌，尽管我们已经不再看见它。

十一、曙光的升起

同感——所谓理解别人,就是在我们心中模仿别人的情感,只不过我们往往要追溯他的某一确定情感的原因,比如追问:他为何而忧伤?从这原因出发,以便自己也变得忧伤;但更常见的并不是这样,而是按照别人身上发生和显示的效果,在我们心中唤起情感,这时我们在自己身上模仿别人的眼神、声音、步态、姿势(甚或它们在文字、图画、音乐中的写照)的表达方式(至少达到肌肉和神经活动的轻微相似)。于是,由于动作与感觉受到由此及彼和由彼及此的训练,其间便有了一种因袭的联想,于我们心中就会产生一种相似的情感。在这种理解别人情感的本领方面,我们一生都甚有成就,只要与人相遇,几乎总在不由自主地练习这种本领;尤其观察一下女子的面部表情更是如此,她们不停地模仿和反映她所感觉到的四周情景,时而颤动,时而闪光。不过,最能说明问题的当是音乐,我们在迅速而细致地领悟情感和发生同感方面都是音乐大师。倘若音乐是情感模仿的模仿,那么,尽管那情感遥远而不确定,音乐仍然常常足以使我们去分享这种情感,以致我们毫无来由地悲伤起来,完全像个傻瓜,纯粹因为听到了音律,这音律以某种方式使我们想起悲伤者的声音和动作,甚或他习惯的声音和动作。据说丹麦有一国王,因一个歌手的音乐而沉浸于战争的激情中,一跃而起,杀死了他朝廷里的五个宫人。而当时并无战争,亦并无敌人,更不用说一切都相反,可是由情感回溯原因的力量如此强大,足以胜过眼前的印象和理智。然而,这几乎是音乐的效果,而且无需举出如此荒诞的事例便可以认识这一点,音乐使我们陷入的那种情感状态,几乎永远与我们对眼前实际境况的印象，与明白实际境况及其原因的理智相矛盾。我们若问，为何我们对别人情感的模仿会变得如此之熟练，那么，答案无疑就是：人，一切被造物中最怯懦的被造物，由于他那细腻而脆弱的天性，他的怯懦便成了教师，教会他发生同感，以迅速领悟到人（以及其他动物）的憎爱分明感。在漫长的数千年间，他在一切陌生和活泼的事物中看到了一种危险；他如此一瞥，就立刻按照面貌和姿势形成一个印象，认定在这面貌和姿势背后隐藏着某种凶恶的意图。一切动作和线条都含着意图，人甚至把这种看法应用到无生命事物的本性上——陷入于幻觉，以为根本没有无生命的事物。我相信，在观赏天空、草地、岩石、森林、暴风雨、星辰、海洋、风景、春色之时，我们称作自然情感的一切，其源尽出于此。若不是在远古时代，人们按照其背后的隐义来看待这一切，并受到恐惧的训练，我们现在就不会有对于自然的快感，正像有恐惧理解的教师，也不会有对人和动物的快感。所以，快感、惊喜感以及滑稽感都是同感的晚生子，恐惧的小妹妹。它因此是以迅速伪装的能力为基础的——在骄傲自负的人和民族身上大为削弱，因为他们较少恐惧。相反，种种理解和自我伪装在怯懦的民族中真是如鱼得水，这也是模仿艺术和较高才智的温床。当我从这里主张的这种同感论出发，思考如今正得宠并且被圣化的神秘过程论，而按照此论，凭借一种神秘的过程，同情便把两个灵魂合为一体，一个人便可以直接理解另一个人；当我想到，像叔本华这样明晰的头脑也爱好这种痴人说梦的、毫无价值的玩意儿，这种爱好又传播到了其他明晰或半明晰的头脑当中，我就不胜惊诧和怜悯了。我们觉得不可理解的荒唐对他们来说是多么津津有味！当全人类听从知性的秘密愿望之时，又多么近似于疯子……

　　唤醒死者的人——虚浮的人们一旦能够对一段过去的时光发生共鸣（特别在勉为其难之时），便更高地估价这段时光，他们甚至要尽可能地使它起死回生。但是，虚浮的人总是不计其数的，所以，只要他们来处理一个完整时代，历史研究的危险实际上就非同小可，太多的力量虚掷在尽一切可能唤醒死者之事方面了。用这个观点看问题，也许最能理解整个浪漫主义运动。

美依时代转移——倘若我们的雕刻家、画家、音乐家想要把握住时代意识,那他们就必须把美塑造得臃肿、庞大、神经质;正如希腊人立足于当时的公众道德,把美看作并且塑造成贝尔维迪尔的阿波罗一样。我们本应称之为丑的!可是幼稚的"古典主义者们"使我们丧失了全部诚实!

我们对希腊都极为陌生——东方或现代、亚洲或欧洲来与希腊相比,它们全都以贪大求多为崇高的表现;相反,倘若人们置身于裴斯顿、庞贝和雅典,面对全部希腊建筑时,就会为希腊人善于并且喜欢多么小的质量来表达某种崇高的东西而惊奇了。同样,在希腊,人们在自己的观念中是多么的单纯!我们在人类知识方面怎样远远超过了他们!但是,与他们相比,我们的心灵以及关心心灵的观念就显得像迷宫一般!倘若我们愿意并且敢于按照我们的心灵形态造一建筑(于此我们还太怯懦!)——那么,迷宫就必是我们的样板!属于我们并且实际上表达我们的音乐已经透露了这一点!(人们在音乐中为所欲为,因为他们误以为,没有人能够透过他们的音乐看出他们的真相。)

不同的情趣——我们的胡言乱语与希腊人何干!我们对于他们的艺术又知道些什么,这种艺术的灵魂是对于男性裸体美的热爱!由此出发,他们才感受到女性美。因此,他们对女性美有一种与我们截然不同的眼光。对女子的爱也是如此,也以另一种方式爱慕,并以另一种方式蔑视。

悲剧与音乐——斗志昂扬的男子,比如埃斯库罗斯时代的希腊人,是难于打动的,而一旦同情战胜了他们的刚强,他们便如受一阵晕眩袭击,被"魔鬼的威力"所镇住,于是感到甚不自由,而因一种宗教的恐惧而激动。随后,他们就对这种状态生出疑虑;只要一日身处其境,他们就品味到神不守舍和兴奋的喜悦,同时还夹杂着最辛酸的苦痛:这是战士合宜的饮料,一种稀有、危险、又苦又甜的东西,一个人很不容易享受到的。悲剧就诉诸如此感受同情的灵魂,并诉诸刚强好斗的灵魂,这种灵魂难以制服,无论是以恐惧还是同情,不过同情却可使这种灵魂日渐变得柔和。但是,对于那些如帆顺风一样顺从"同情癖好"的人,悲剧又有何干!在柏拉图时代,当雅典人变得更柔和、更敏感之时——唉！他们距我们大城市市民的多愁善感仍然那么遥远！哲学家们已经在控诉悲剧的害处了。恰在刚刚开始的这样一个充满危险的时代里，勇敢和男子气的价值提高了，这样的时代也许会使灵魂又逐渐坚强起来，以致迫切地需要悲剧诗人，而悲剧诗人暂时还有点儿多余——我这是用最温和的词来说。接着，对于音乐来说的，较好的时代（肯定也是较恶的时代）也许会再度到来。那时，艺术家把音乐奉献给特立独行的、内心坚强的、受极其严肃之真正激情支配的人们。可是，对于正在消逝的时代中今日那些过于好动、发育不全、个性残缺、好奇贪婪的渺小灵魂来说，音乐又有何干！

商人文化的基本思想——人们现在一再看到，一个社会的文化正在形成，商业是这种文化的灵魂，正如个人的竞赛是古希腊文化的灵魂，战争、胜利和法律是罗马文化的灵魂一样。商人不事生产，却善于为一切事物定价，并且是根据消费者的需要、而不是根据自己真正的个人需要来定价，"谁来消费这个，消费掉多少？"这才是他的头等问题。他本能地、不断地应用这样的定价方式：应用于一切事物，包括艺术和科学的成果，思想家、学者、艺术家、政治家、民族、党派甚至整个时代的成就。他对创造出的一切都只问供应与需求，以替自己规定一样东西的价值。这成就了整个文化的特征，被琢磨得广泛适用却又至为精心，制约着一切的愿望和能力：你们最近几个世纪的人们都将会为此自豪，倘若商业阶级的先知有权交给你们这笔财产的话！不过，我不太相信这些先知。用贺拉斯的话来说：轻信的犹太人阿培拉去相信吧。

学会沉默——你们这些世界政治大都市中的油嘴滑舌之徒，你们这些年轻有才、求名心切的家伙，你们觉得对任何事情——总会有点事儿发生的——毕竟发表意见只是你们的义务！你们如此掀起尘嚣，似乎以为自己成了历史的火车头！你们总在打听，也总在寻找插嘴的机会，却丧失了一切真正的创作能力！无论你们多么渴望伟大的作品，孕育的深刻沉默绝不会降临到你们身上！日常事务驱赶得你们犹如驱赶秕糠，但你们却自以为在驱赶日常事务——你们这些油嘴滑舌之徒！一个人倘若要在舞台上充当主角，就不应该留心合唱，甚至也不应该知道怎样合唱。

更好的人们——有人对我说，我们的艺术诉诸现代的贪婪、无厌、任性、怨恨、备受折磨的人们，而在他们荒芜的景象之旁，却向他们显示一种极乐、高超、出世的景象，从而使他们得以暂时忘忧，舒一口气，也许还可以从这忘忧中恢复避世归本的动力。可怜的艺术家啊，竟有这样一种公众！怀着这样一种半牧师、半精神病医生的用心！高乃依要幸运得多——"我们伟大的高乃依"，如同塞维涅夫人用女人在一个真正的男子汉面前的声调惊呼那样。他的听众也要高明得多，他以自己的骑士美德、严肃的责任、慷慨的牺牲、英雄的自制形象而能够使他们赏心悦目！他以及他的听众是以多么不同的方式来热爱人生，并非出于一种盲目的枯竭"意志"，因为不能灭绝它便去诅咒它，而是视为伟大和人道能够并存的一个场所，在那里，哪怕是惯例的最严格限制，对于君主专制和宗教专制的屈从，也不能压抑住一切个人的骄傲、骑士精神、优雅和智慧，反而令人感到是一种刺激和动力，从而去反对天生的荣耀和高贵，反对继承而来的愿望和热情的特权！

所谓"本身"——从前人们问：什么东西可笑？就好像外界有些事物附有可笑的特征似的，而人们不过是突然发现了它们罢了（一个神学家甚至认为这是"罪恶的天真之处"）。现在人们问：什么是笑？笑是如何发生的？人们稍经思索而得出结论：并不存在本身善、美、崇高、恶的东西，而是有种种心境，处在这些心境之中，我们便把上述词汇加到了我们身外身内之物上面。重新又收回了事物的称谓，或至少想起是我们把称谓借给了事物——且留神，按照这种见解，我们并未失去出借能力，既没有变得更富有，也没有变得更吝啬。

恶人与音乐——爱情的完满幸福在于绝对的信任，这种幸福除了属于深深猜疑的恶人和愠怒者之外，还会属于别人吗？他们在其中享受自己灵魂那异乎寻常的、难以置信却又颇为可信的例外！有一天，那种浩渺无际的梦幻似的感觉降临到了他们身上，衬托出他们其余一切或暗或明的生活——好像一个诱人的谜和奇迹，大放金光，超出一切语言和形象。绝对的信任令人无言；是的，在这幸福的相对无言之中甚至有一种痛苦和沉重。所以，这种受幸福压抑的灵魂常常比其他人和善人更加感激音乐，因为，他们透过音乐犹如透过一片彩霓观看和倾听，他们的爱情仿佛变得更遥远、动人而且轻松了；音乐是他们的唯一手段，使他们得以凝视自己的非常境况，并且借一种疏远和缓解作用以达到赏心悦目。每个恋人在听音乐时都这样想："它在说我，它代替我说，它了解一切！"

艺术家——德国人想靠艺术家达到一种梦想式的激情；意大利人亦想因此摆脱其实际的激情而得到休息；法国人想从此获得证明其判断的机会，并借机说话。那么，我们太低贱了吧！像艺术家那样去支配自己的弱点——如果我们难免有弱点，不得不承认它们如同法则一样驾驭我们，那么，我希望每个人至少要有足够的技巧，善于用他的弱点反衬他的优点，借他的弱点使我们渴慕他的优点。大音乐家们可是相当擅长此道的，在贝多芬的音乐中常常有一种粗暴、急躁的音调；在莫扎特那里则有一种老实伙计的和气，必为心灵和智慧所不屑取；在瓦格纳那里有一种强烈的动荡不安，使最有耐心的人也要失去好脾气，但他在这里恰好回到他本来的力量。他们全部借其弱点而使他人渴望其优点，十倍敏感地品味每滴奏鸣着的灵性、奏鸣着的美、奏鸣着的善。

关于剧场伦理——谁若以为莎士比亚戏剧有道德作用，看了《麦克白》就会不可抵抗地放弃其野心的罪恶，他就错了。倘若他还相信莎士比亚本人与他有此同感，他就更错了。真正受强烈野心支配的人，会兴高采烈地观看他的这一肖像，而当主角毁于自己的激情之时，不啻是在这盆兴高采烈的热汤里加上了最刺激的佐料。诗人自己感觉不到吗？从犯滔天大罪的那一刻起，他的这位野心家何等帝王气派地走上了他的舞台，绝非一副流氓之相！从这时起，他才"魔鬼似的"行动，并吸引相似的天性仿效他——在这里，"魔鬼似的"是指违背利益和生命，顺从思想和冲动。你们是否以为《特里斯坦和伊索尔德》使两位主人公毁于通奸恰是提供了一个反对通奸的教训？这可是把诗人给颠倒了，诗人，尤其像莎士比亚这样的诗人，珍爱自己的激情，同样也珍爱自己准备赴死的心境——他们的心灵依附于生命，但并不比一滴水依附于玻璃杯更执著。他们不把罪恶及其不幸的结局放在心上，莎士比亚是这样，索福克勒斯也是这样，后者在这些剧中本来可以很容易把罪恶当作全部的杠杆，但他毫不含糊地避免了。悲剧诗人同样不愿意用他的生命形象来反对生命！他宁肯喊道："这是最大的魅力，这是令人兴奋的、变幻的、危险的、阴郁的、常常也有阳光普照的人生！生活是一场冒险，无论采取这种或那种立场，它始终会保持这种性质！"他的呼喊发自于一个动荡不安、力量充沛的时代；发自一个因洋溢着热血和精力而如痴如醉的时代；发自一个比现代恶劣的时代，所以我们必须把一部莎士比亚戏剧的意图弄得合宜而公正，即必须将它误解。

　　黑夜与音乐——耳朵，这恐惧的器官，只有在黑夜当中，在森林和岩洞的幽暗之中，才能充分发达，就像恐怖时代，即人类最漫长的时代的生活方式业已发达的那样，在光明中耳朵着实是不太必要的。由此而有音乐作为一种黑夜和幽暗艺术的性质。

　　预先领略的人——具有诗人气质的人，其特长和危险都是他们那淋漓尽致的想象力。对于将要或可能会发生的事情，他们都会预先领略、预先品尝、预先经受了，以致最后事情真的发生和实现时，他们已经疲倦了。颇知个中滋味的拜伦在日记里写道："如果我有一个儿子，他应当成为完全散文的人物——律师或海盗。"

　　活生生的矛盾——所谓的天才身上存有一种生理的矛盾，他时而有许多野蛮的、紊乱的、无意识的冲动，时而又有许多最高和目的性行为的冲动。如果他有一面镜子，镜中便会显示出这两种冲动相互并存，相互交织，但也常常相互冲突。这么看来，他时常是很不幸的，即使在他最惬意的时候，即在创作时，同样是如此。因为他忘了正是这时，他在以最高和目的性行为做着某种幻想的、非理性的事（这就是一切艺术）——而且不得不做着。

　　我们会在什么情境中成为艺术家——有谁会把某个人当作自己的偶像，试图在自己面前为自己辩护，他就把那人理想化；他在这一点上就成了艺术家，以求心安理得。如果他在受苦，那么他并非苦于不知道，而是苦于欺骗自己，仿佛他不知道。这样一种人（包括一切坠入情网的人）的内心悲欢可不是寻常之人可以理解的。

浮夸的风格——一个艺术家，如果他不是在创作中宣泄他那高涨的情感，从而使自己轻松下来，而却要直接传达高涨的情感，那么他就是浮夸的，而他的风格也就是浮夸的风格。

科学的美化——洛可可式园林艺术产生自这种情感："自然是丑的、野蛮的、单调的——来！让我们去美化它！"（自然的美化）同样，自称哲学的东西总是产生自这种情感："科学是丑的、枯燥的、冷酷的、艰难的、拖沓的——来！让我们去美化它！"哲学求一切艺术和诗歌之所求，特别是求娱乐，不过它是遵照它祖传的骄傲来求此的，以一种更加崇高超然的方式，面对一批精选的智者。为他们造一种园林艺术，如在"俗人"那里一样，其主要魅力是视觉骗术（比如说，借助于亭阁、远景、假山、曲径、飞泉），摘取科学的某些内容，兼以配上种种奇光异彩，掺入大量不确定性、非理性和梦幻，使人在其中"宛若置身于原始自然"，使之能够不感到辛苦和单调，悠然漫步——这并非小小的野心：有此野心的人甚至梦想借此使宗教成为多余之物，而前人是以宗教为最高种类的娱乐艺术的。这过程向前发展，终于达到高潮，现在反对哲学的呼声已经开始高涨，人们呼喊道："回到科学去！回到科学的本性和本来面目去！"——也许这揭开了一个时代，恰好是在科学的"野蛮的、丑的"部分中发现最有力的美，这正如自卢梭以来人们才发现了高山荒原之美的意义一样。

用新的眼光来看——假定艺术中的美永远是幸福者的肖像（我认为这是真理），是依一个时代、一个民族、一个伟大的自立法则的个人对于幸福者的想像为转移的，那么，现代艺术家的所谓现实主义关于现代幸福的看法又究竟意味着什么呢？无疑是现实主义类型的美，才是我们今天最容易理解和欣赏的。因此，我们是否必须相信，今天的幸福就在于对现实主义的、尽量敏锐的感觉和忠实的把握，因而并非在于真实性，而是在于对真实性的知识。科学的作用已经如此之广泛而深入，以致本世纪的艺术家也不自觉地成为科学的"神圣性"

本身的颂扬者了!

辩护——朴实无华的风景是为大画家而存在的,但奇特罕见的风景却是为小画家存在的。也就是说,自然和人类的伟大事物必为其崇拜者中渺小、平庸、虚荣之辈辩护——而伟人则为质朴的事物辩护。

美的领域更广阔——我们在自然中巡游,机敏又快活,为了发现并当场捕获万物固有的美;我们时而在阳光下,时而在风雨交加时,时而在朦胧晨曦中,欲窥见那一段达于完美和极致的,点缀着峭岩、海湾、油橄榄树、伞松的海岸。同样,我们也如此巡游于人中间,去做他们的发现者和侦察者,并显示他们的善与恶,以此展现他们固有的美,这美的展现,一人须在阳光下,另一人须在暴风雨中,第三人又须在暗夜和雨天里。难道要禁止把恶人去当作有其粗犷线条和配光效果的原始风景来欣赏吗?如果恶人装出善良规矩的样子,我们看了岂不像一幅劣作和讽刺画,犹如自然中一个污点令我们苦恼?——是的,这可是禁止的,人们至今只知道在道德的善人身上去寻找美,难怪他们所得甚少,总在寻找没有躯体的虚幻的美!——恶人身上肯定有百种幸福为道学家们想所未想,也肯定有百种美,许多尚未被发现出来。

远看——甲:为何这样孤独?乙:我没有生任何人的气。不过,我觉得独处时看我的朋友,比起与他们共处时更清楚,也更美,而当我最爱音乐,也最受其感动时,我是远离音乐而生活的。看来,我需要远看,以便更好地思考事物。

一切好东西必须变得干燥——怎么!应当以一部作品所诞生时代的眼光来理解这部作品吗?然而,倘若不是这样来理解它,将会有更多的乐趣,更多的惊奇,也会学到更多的东西!你们不曾注意到吗?每一部优秀的新作,只要它处在当时潮湿的空气里,它的价值就最小。因为它尚如此严重地占有市场、敌意、舆论以及今日与明日之间一切过眼云烟的气息?后来,它变得干燥了,它的"时间性"消失了——这时,它才获得自己内在的光辉和温馨,是的,此后才有永恒的沉静目光。

界限与美——你是在寻找有优美教养的人吗？那你就应当像在寻找优美景物时一样，去满足于有限的眼光和视野。无疑也有全面的人，他们必定像全面的景物一样富有教益，令人惊奇，但是不美。

学习——米开朗基罗在拉斐尔身上看到功力，在自己身上看到自然：在拉斐尔是学习，在他自己则是天赋。然而，这可是一种迁见，乃是怀着对大学究的敬畏之心而说出来的。天赋，若非从前——不论是我们父辈时，还是更早的一片段学习、经验、练习、掌握又是什么呢！而且，学习就是自己使自己有天赋——不过学习也并非易事，不能光靠善良的愿望，必须善于学习。在艺术家身上，常有一种猜忌或骄矜，一旦遇到异己的因素，就立刻会锋芒毕露，不由自主地从学习状态进入防御状态。拉斐尔和歌德一样，并没有这种猜忌或骄矜，所以他们是伟大的学习者，而不仅仅是祖传矿藏的剥削者。拉斐尔是作为一个学习者而逝去的。当时，他正在把他伟大的对手自称"自然"的东西占为己有，他每天从中搬走一些，这最高贵的窃贼。但是，在他把整个米开朗基罗转移到自己身上之前时，他就死了——他的最后一批作品，作为一项新的学习计划的开端，不够完美，却仍然相当出色。正是因为这伟大的学习者在他最艰难的作业中被死神打扰，把他所憧憬的那本可达到的最终目标一起带走了。

"自我逃避"——那种智力痉挛的人，对自己焦躁而阴郁，就像法国浪漫主义作家拜伦和缪塞一样，他们做任何事，都像脱缰之马，以从自己的创作中获得短暂的，几乎使血管崩裂的快乐和热情，接着便是严冬一般的悲凉和忧伤。这种人应该如何忍受自己啊！他们渴望上升到一种外在于自我的境界，怀此渴望的人，如果是基督徒，则祈求上升到上帝之中，"与上帝合为一体"；如果是莎士比亚，则上升到热情人生的形象中方感满足；如果是拜伦，则渴望行动，因为行动比思想、情感、作品更能把我们从自身引开。那么，行动欲骨子里也许就是自我逃避？——帕斯卡尔会这样问我们的。事实上也是如此！行动欲的最高典范可以证实这个命题。不妨以一个精神病医生的知识和经验公正地考虑一下——历代最渴望行动的四个人都是癫痫病患者

（即亚历山大、恺撒、穆罕默德和拿破仑）；拜伦同样也备尝此种痛苦。

知识与美——如果人们像至今仍在做着的那样，把他们的爱慕和幸福感只留给想像和虚构的工作，那么，毫不奇怪，当他们遇到与想像和虚构相反的情形时，就会感到索然无味了。那种因稳妥有效、循序渐进地认识事物而产生的喜悦，已经从现代科学方法中大量涌现，为许多人所感受到。这种喜悦暂时还未被所有这些人相信，他们往往只在脱离现实、沉浸于外观之时才感到喜悦。这些人认为，现实是丑的，但是，他们却不知道，对哪怕最丑的现实知识也是美的；他们也不知道，一个见多识广的人，对于现实伟大整体的揭示每每使他感到幸福，他根本就不会觉得这个整体是丑的。难道有什么"本身美"的东西吗？认识者的幸福增添了世界的美，使一切存在物都更加光彩照人；知识并非仅仅把自身的美加于事物之上，而是不断渗入事物之中；但愿未来的人类为这命题提供证据！在这里，我们回想起一件古老的事实：柏拉图和亚里士多德，天性如此不同的两个人，在什么是最高幸福的问题上却有着一致看法，并非对于他们或对于人类而言的最高幸福，而是最高幸福本身，甚至是对于神和至圣者而言的最高幸福；他们发现它在于认识，在于娴熟地从事发现和发明的理解的行为（绝非在于"直觉"，如德国半神学家和全神学家，绝非在于幻觉，如神秘论者；同样绝非在于创作，如一切实践者）。笛卡尔和斯宾诺莎也曾作出相似的论断，他们想必品尝过知识！他们的真诚想必也面临过危险——因此变为事物颂扬者的危险！

让幸福闪光——画家无法画出现实中天空的那种深邃光亮的色调，故不得不把他画景物所使用的色调降得比自然的色调低一些，通过这样的技巧，他重又达到光泽的逼真以及与自然色调相应的那些色调的和谐。同样地，无法表现幸福之光泽的诗人和哲学家，也必须懂得补救；他们应当把万物的色彩表现得比实际的色彩暗淡一些，以使他们所掌握的光源近于太阳，恰似美满幸福的光芒。悲观主义者赋予万物最黑暗最阴郁的颜色，使用的却是火焰和闪电，天国灵光和一切闪射强光、令人炫目的东西，在他们那里，光明的存在仅仅是为了增加恐怖，而使人感到事物比本来的样子更可怕。

诗人与凤凰——凤凰给诗人看了一卷烧焦的东西，它说，"别害怕！这是你的作品！它没有时代精神，也没有反时代精神。因此，它必须被烧掉。不过这应该是一个好兆头。它具有朝霞的某些特性"。

十二、快乐的科学

我辈艺术家！——如果我们爱一位女子，当我们想起每一女子所承受的种种可厌的自然性时，就容易憎恨自然；我们宁愿根本不去想它，而一旦我们的灵魂触及此类事，便会不耐烦地抽搐，并且如已经说过的，去鄙夷地冷视自然——我们受到了侮辱，好像自然用亵渎的手侵犯了我们的所有物。这时人对一切生理学充耳不闻，并悄悄吩咐自己："人是灵魂和形态，此外还是别的什么，我一概不要去听！"对于一切恋爱者，"皮肤下的人"是恨事，是不可思议，是对神圣和爱情的亵渎。其实，现在恋爱者对于自然和自然性所感觉到的，从前神及其"神圣全能"的每个崇拜者也同样感觉：凡天文学家、地质学家、生理学家、医生关于自然所说的一切，都看成是对他的珍藏的侵犯，因而也是一种进攻，而且还看到了进攻者的无耻！在他听来，"自然规律"好像是对神的诽谤；他由衷希望看到一切机械性可归结为道德意志和道德命令的举动，既然无人能为他效此劳，他就尽其所能地向自己隐匿自然和机械性，并生活在梦中。这些往昔之人啊，竟无须入睡而逍遥于梦乡！而我辈今日也毫不逊色，以我们整个求清醒和白昼的美好意志！只要爱着、恨着、渴慕着，总之，只要感受着——梦的幽魂和魔力便立刻降临我们，我们就昂首仰望，置一切危险于度外，踏上最危险的路途，升达幻想的穹顶和塔尖，宛如天生即为攀登——白昼的夜游者！我们的艺术家！自然性的隐匿者！安详而不倦的漂泊者，游于高峰却不视它为高峰，反当作平原，这才是我们的坦途！

母亲——兽类对雌性的想法和人类对女性的想法有所不同，在那里，雌性是生产的生物。他们之中无父爱，但有某种对配偶的幼崽的爱和亲近。雌性则把幼崽当作其统治欲的满足、当作财产、当作事业、当作其完全理解并且能与之絮叨的东西，这一切的总和便是母爱——它可以同艺术家对自己的作品的爱相比拟。孕育使女子变得更温柔、更耐心等待、更畏怯、更乐于服从；同样地，精神的孕育便造就思想者的性格，使它与女子的性格相近，这是男性母亲——在兽类，男性是美丽的性别。

不完满的魅力——我在这里看见一位诗人，如同有的人，他以他的不完满所施展的魅力，来胜于由他圆满完成的一切，甚至，他终于无能为力而获益出名，远超过他的丰盈之力。他的作品从不完全说出他原本想说的东西，或他想观看到的东西，仿佛他对一种幻象有了先验的趣味，却未尝有这幻象本身，对这幻象的伟大期望留在他的心灵里，而他从中提取了他对焦渴和灼饥的同样伟大的雄辩。他以此把他的听众举到他的作品和一切"作品"之上，给听众插上翅膀，使他们升到从未到过的高度。于是，听众自己变作诗人和观看者，并且叹服那位造福者，仿佛是他直接引了他们观赏他的至圣和终极之处，仿佛他达到了他的目的，真的见过并且传达了他的幻象。原来未达到目的，也恰好成全了他的名誉。

艺术和自然——希腊人（或至少雅典人）爱听精彩的言语，他们甚至嗜此成瘾，这比一切其他特征更能把他们同非希腊人区别开来。他们如此地渴望舞台激情，以至于只要说得精彩，他们就高兴地容忍了剧诗的不自然，实际上，激情是如此拙于言辞！如此讷讷而窘困！即使找到了言辞，也是如此慌乱、悖理并且自羞自惭！现在多亏希腊人，我们全都习惯了舞台上的不自然，就像多亏意大利人，我们忍受且乐于忍受唱着歌的激情一样。听人在至难境况中说得精彩而详尽，已经成了我们的需要，而这需要我们却是不能从现实中得到满足的。而现在令我们兴奋的是，悲剧英雄在生命临近深渊，现实中人多半已丧失神智、不用说更丧失妙言之时，他犹自能言善辩，姿态动人，整个儿精神清朗。这样一种与自然的背离，也许是为人的骄傲备下的一席佳筵；人因此而爱艺术，爱它表达了一种高贵的英雄气的不自然和惯例。人们有权利责备戏剧诗人,如果他不把一切化为理智和言词,反而总会留一点缄默的零头在手里,就像人们也不满意那样的歌剧音乐家,他不知道为最高激情寻找旋律,只会发出一种冲动的"自然"的讷讷和叫喊。在这里正应当违反自然!在这里幻想的通常魅力正应当向一种更高魅力让步!希腊人在这条路上走得很远,很远,远得惊人!比如,他们尽可能把舞台造得如此狭小,以拒绝一切深远背景的效果。又比如,他们使演员不能有其表情变化和灵巧动作,把演员变成庄严僵硬的假面妖怪。这样,他们也就剥夺了激情本身的深远背景,而强加以优美言语的法则。真的,他们竭尽全力抵制使人恐惧和怜悯的形象的起码效果,他们正是不愿恐惧和怜悯——可敬的、最可敬的亚里士多德!然而,当他论及希腊悲剧的最终目的时,却不着边际,也更谈不上中肯了!试看希腊悲剧诗人,最能激励他们勤奋、创造、竞争的是什么?无一不是用激情征服观众这意图!雅典人进剧场,是为了听优美言语!索福克勒斯一心制造优美言语!——请原谅我这异端邪说!——严肃的歌剧则截然不同,一切歌剧大师都谨防他们的角色被人理解。"一个偶然捡起的词能够帮助不经心的听众,但在总体上,情景却必须自己说明自己——这与言语完全无关!",他们全都这样想,全都如此戏侮言辞。也许他们只是缺乏勇气,才没有把他们对言辞的最终蔑视完全表现出来吧;罗西尼再稍许放肆一点,他也许该让人"啦——啦——啦——啦"唱个没完,这才算顺理成章!歌剧角色偏不应该以"言辞"让人相信,倒应该以音调让人相信!这便是区别,这便是优美的非自然性,这类半音乐首先是要给听音乐的耳朵以小小之休息(从旋律即此种艺术最高超,因而也从最费力的享受中抽身出来休息),可是立即就有了另一种东西:一种增长着的焦躁,一种增长着的抵触,一种对完整的音乐、对旋律的新渴望。从这种观点出发,要怎么看待瓦格纳的艺术呢?也许相同?也许不同?我常常觉得,在上演前演员必须先把他作品的台词和音乐背熟了;否则是既听不到台词,又听不到音乐的。

论诗的起源——人类幻想的爱好者,同时主张本能道德的学说,如此推论:"假如人在一切时代都把功利推崇为最高的神,全世界的诗歌又从何而来呢？言语的这种节律化与其说促进了，倒不如说是阻碍了传达的清晰性。尽管如此，它好像是对一切功利目的性的嘲弄，在地球上到处兴起，而且仍在兴起！诗歌那野蛮而美丽的非理性驳斥了你们，功利主义者！偏是要一度摆脱功利——把人提高，激励人趋于道德和艺术！"在这里，我可真要帮助功利主义者说一回话了，他们诚然很少言之成理，实在叫人可怜！在古代，当诗歌产生之时，确实是被看作功用的，而且是一种很大的功用。当时，人们把节律置入言语当中那种将句子的一切元素重新排列，强令选择字眼，重新润色的思想，使之更具隐晦、别致、悠远的力量，无疑是一种迷信的功用！人们发现，诗比散文更容易记住，人们认为，靠节律能把自己的话传播得更远些，人们尤其想利用自己在听音乐时，所体验到的那种不可抗拒的制服作用，节律是一种强迫，它能唤起一种遏止不住的求妥协和调和的欲望，不但脚步而且心灵都按节拍行进——人们推测，神的心灵兴许也如此！于是人们试图用节律去强迫神，施之以暴力，他们向神献上诗歌，就犹如给神套上有魔力的圈套。还有一种更奇特的观念，也许更有力地促进了诗歌的产生。在毕达哥拉斯学派那里，这种观念似乎被看作哲学学说和教育技巧。然而，在有哲学之前很久，人们就承认音乐有一种力量，可以宣泄情感、净化灵魂、缓解愤懑，而且也正是靠音乐中的节律。当心灵失去正常的紧张度与和谐时，人就必须按歌者的节拍舞蹈，这便是此种医术的处方。此种医术，使特庞德平定了一场暴乱，恩培多克勒安抚了一位怒者，达蒙治愈了一位害相思病的少年。人们也用此种医术来医治桀骜不驯、亟欲复仇的众神。开始是驱使其情感的迷乱和放纵达到顶点，如此而令怒者疯狂，亟欲复仇者沉醉于复仇——一切纵欲的秘密都是要使一位神的愤怒瞬时释放，达于癫狂，使它从此以后感到分外舒展宁静，让人类也得安宁。究其根源，诗歌是一种和缓手段，并非因为它本身是柔和的，而是因为它能造成柔和的效果。不但在祭歌中，而且在古代的世俗歌咏之中，前提都是节律要练就一种魔力。如在划船时，歌是对被想像在此活动的魔鬼的一种迷惑，使它俯首听命，失去自由，做人的工具。人一动作，便有了唱歌的缘由——每种行为都有神灵的合谋：巫歌和符咒看来是诗的原始形态。而诗也被用于神志（希腊人说，六韵诗是在德尔菲神庙里发明的），节律在这里也应当去施展一种强迫。为自己求预言——在词源上意味着：为自己决断某事。人们相信，只要取得阿波罗的支持，便能赢得未来，而且按照最古老的观念，阿波罗不止是一位预见的神。如果准确地照着节律逐字逐句说出祷词，它就决定了未来，而祷词正是阿波罗的发明，阿波罗作为节律之神，也能规束住命运女神。从总体上看，试问，对于古代迷信的人们来说，难道还有什么比节律更有功用吗？它无所不能：魔术般地促成一项工作；逼迫一位神显灵、亲近、听从；按照人的意志安排未来；把自己的灵魂从任何过度（恐惧、躁狂、哀怜、复仇欲）中解脱出来，而且不仅是自己的灵魂，还包括最恶的魔鬼的灵魂。没有诗，人便什么也不是，有了诗，人便近乎是一位神。这样一种基本感情是不会消除殆尽的——直到现在，在同这种迷信长期斗争了数千年之后，我们之中最有智慧的人也不时地做节律的傻子，即使只在这一点上，如果一种思想有一个韵律的形式，灵巧地蹦跳而来，他就觉得它更真实。偏偏是那些最严肃的哲学家，一向如此严格地坚持可靠性，却也倾心于诗的语言，以赋予他们的思想以力量和可信性，这岂非是十分有趣的现象？然而对于真理来说，诗人的赞同比诗人的反对更加危险！因为正如荷马所说："歌者说谎太多！"

善与美——艺术家不断颂扬，而且是颂扬所有那些状态和事物，据称人置身其中便能感到美好、伟大、沉醉、愉快、幸福或智慧。这些挑选出来的事物和状态，其价值对于人的幸福来说是可靠的，业已固定的，它们便是艺术家的对象。他们总是守候着，以求发现它们，然后把它们移入艺术的园地。他们自己并非幸福和幸福者的评价人，但他们总是挤到这些评价人近旁，怀着最大的好奇和兴致，以求立即利用其评价。由于他们除了急切之外，还有传令使的大肺活量和善跑者的腿，他们总是置身在最早颂扬新的美好事物的人之中，而且常常显得是首先为之命名和评价的人。然而，如上所述，这是一种误解，他们不过是比真正的估价人更敏捷、更大声罢了。那么究竟谁是真正的估价人呢？——是富人和闲人。

论剧场——这个白天又给了我强烈高昂的感情,倘若在当天夜晚能够有音乐和艺术的话,我确知,我不想要那种音乐和艺术,这就是所有那些试图麻醉其听众、刺激他们的感情一度炽烈的亢奋音乐和艺术。那些心灵平庸的人,到了夜晚,并不像驾辇凯旋的得胜者,而像生命饱尝鞭笞的疲惫骡子。如果没有麻醉剂和梦想的鞭挞,这些人知道什么"心潮澎湃"!所以他们有他们的鼓舞者,一如他们有他们的酒。可是,他们的酒和沉醉与我何干!热情洋溢的人又何必要酒!他甚至心怀厌恶鄙视这药和药剂师,他们并无充分理由要在这里制造一种效果——炮制心灵的高潮!怎么?人竟要把翅膀和骄傲的幻想送给鼹鼠——在入睡之前,在它爬进土洞以前?人竟把它送进剧场,给它在又瞎又困的眼睛前搁上观剧镜?这些人的生活不是"行动",而是"忙乱",当他们坐到舞台前,观看着稀奇人物时,生活对他们而言就不再是一场忙乱了吗?你们说:"这样是合乎规矩的,这样是消遣,教养要求这样!"原来如此!那我真是太缺乏教养了,因为这般景象太使我厌恶。谁亲身经历够了悲剧和喜剧,谁就宁可远离剧场;或者破例走进剧场,他会觉得这整个过程——包括剧场、观众和编剧——才是真正的悲剧和喜剧,以至于台上演出的剧目对他而言反倒无足轻重了。谁是浮士德、曼弗雷德 流人物,剧场里的浮士德、曼弗雷德与他何干! ——他不禁想,人们竟然把这样的人物放到剧场里去。最强烈的思想和热情,竟然陈列于既无思想、又无热情却只能受麻醉的人面前!竟然用这样的人物来当麻醉剂!剧场和音乐成了欧洲人的大麻和槟榔!啊,谁给我们讲一下麻醉品的全部历史!这几乎便是"教养"史,所谓高等教养的历史!

论艺术家的虚荣心——我相信,艺术家常常不知道自己最擅长什么,因为他们太过虚荣,要寻求更骄傲的东西,不甘于像这些小植物,新鲜、珍奇、美丽,得以在自己的土地上真正完满地生长。他们对于自己的花园和葡萄山的家产估计得也相当马虎,他们的爱好与他们的见解风马牛不相及。这里有一位音乐家,他比任何一位音乐家都更擅长于从痛苦、压抑和备受折磨的心灵世界中发现音调,并赋予无言的动物以语言。没有人能像他那样去领悟晚秋的色彩,品味最新鲜短促享受之难言的动人幸福,他知道为隐秘不安的心灵的午夜而发的声响,在这午夜里,因与果似乎失去了联系,每一瞬间都能"从虚无中"发生点什么,他至为幸运地从人的幸福根基中汲饮,如同从人的幸福杯底汲饮,在那里,最苦最甜的酒滴好歹都融为一体了;他知道心灵的疲惫挪动,那不能再跳跃飞翔,甚至不能再行走的心灵;他有惊怯的眼神,其中蕴涵着隐秘的痛楚,抚慰的理解,无言的别离;是的,作为一切隐忧的俄耳甫斯,他比任何人更伟大,某些东西靠了他才归属艺术,这些东西迄今似乎是不可表达的,甚至配不上艺术的,用言词只会吓跑它们而难以捕获它们——心灵的某些细小精微的感受;是的,这是一切细微感受的大师。可是他不愿做这样的大师!他的性格爱好高墙和冒险的壁画!他没有看到,他的心灵其实另有趣味和癖好,最爱静坐在残垣颓屋的一角,在那里,自己把自己隐藏起来,绘制他独有的杰作,它们都很短,往往只有一拍长——在那里他才变得完善、伟大和美满,也许唯有在那里。可是他不明白!他真是太虚荣了,所以才不明白。

今与昔——既然我们丢失了那更高的艺术,节庆的艺术,我们一切艺术品的艺术又算得了什么!从前,一切艺术品都陈列在人类节庆的大道上,作为高尚幸福时刻的纪念品和纪念碑。现在,人们想用艺术品把可怜的精疲力竭者和病人从人类痛苦的大道引诱到一旁去,以消磨淫邪的片刻,并向他们提供小小的麻醉和疯狂。

散文与诗——应当看到,散文大师几乎也总是诗人,不论是公开的,还是秘密的,躲在"斗室"里的,人只有面对诗才写出好散文!因为好散文是同诗的一场不间断的而有礼貌的战争,它的全部魅力在于不断地躲避和对抗诗,每个抽象名词都欲作为对诗的捉弄,用讥讽的调子说出,每种枯燥和冷淡都要使这位可爱的女神陷入于可爱的绝望之中。它们常常有片刻的亲近与和解,接着便是突然的跳回和哗笑,时常在这位女神陶然于她的朦胧和晦暗时,幕帘拉开了,射进了耀眼的光芒,时常从她唇间夺走一个词,用那种声调将唱出来,使她不得不用纤手掩住耳——于是有了千般战争的快乐,其中也包括失败,非诗人、所谓散文化人物对此一无所知,所以他们只是写着说着坏的散文！战争是一切好事物之父，战争也是好散文之父！本世纪有四位异常奇特和真正是充满诗情的人，才够得上是散文之冠，而本世纪一向是不利于此的——因为缺乏诗，如已经指出的。除了歌德，本世纪产生了他，也公平合理地使用了他，依我看，也只有列奥帕第、梅里美、爱默生和《幻想的谈话》的作者朗德配称散文大师。

为了莎士比亚的荣誉——也为了莎士比亚这个人的荣誉，我所知道说的最好的话是：他相信（反对恺撒的叛党首领）勃鲁托斯，对这一类德行未尝有过丝毫怀疑！他为勃鲁托斯，高级道德的最可怕的缩影，奉献了他最好的悲剧——这部悲剧至今始终还冠以一个错误的名字。灵魂的独立不羁——便是这里的法则！在这里，没有什么牺牲可算得太大，为了它，人必须能够牺牲自己最亲密的朋友，哪怕他是最伟大的人物、世界的荣耀、无比的天才，倘若人热爱自由，热爱伟大灵魂的自由，而他却使自由受到了威胁——莎士比亚必定是如此感觉的！他把恺撒抬得那样高，这正是他向勃鲁托斯表示的最精微的尊敬，如此他才使勃鲁托斯内心的问题臻于伟大，同时展示了能够粉碎这个死结的心灵力量！使这位诗人同情勃鲁托斯并与他同谋；真的是政治自由吗？或政治自由也不过是某种不可言说的一个象征？我们面对诗人自己心灵的某种未为人知的隐秘事件和冒险，他只想用象征说将出来？同勃鲁托斯的忧郁相比，哈姆雷特一切的忧郁算得了什么！也许莎士比亚了解勃鲁托斯，如同他了解哈姆雷特一样，是出自经验！也许他也有过他的黑暗时分和他的邪恶天使，如同勃鲁托斯！然而，不管有着什么相像之处和隐秘关系，在勃鲁托斯的整个形象和德行之前，莎士比亚膜拜于地，而自惭形秽，自愧远远不如——他在他的悲剧里为此提供了证据。其中，他两次让一个诗人出场，也两次都对他倾注了如此不耐的极端蔑视，以致听来像一种呼喊——自我蔑视的呼喊。在诗人出场时，勃鲁托斯，连勃鲁托斯也失去了耐心，这个诗人如诗人们所惯于表现的那样，自命不凡，慷慨激昂，亦纠缠不休，这种人物似乎很为其伟大的可能性而感到自豪，然而在行动哲学和人生哲学之中，却连普遍的正直也很少达到。"他了解时代，我了解他的脾气——滚开，挂着铃铛的小丑！"——勃鲁托斯喝道。不妨把这话渡回写这话的诗人的灵魂中去。

叔本华的标签——我们再来谈一谈活着的叔本华分子中最著名的人物瓦格纳。他的境况和有些艺术家一样，他错误地解释了其所创造的形象，也认不清他自己在艺术中那尚未阐明的哲学。瓦格纳直到中年还被黑格尔引入歧途。后来，当他从自己塑造的形象中品味出叔本华的学说，并开始用"意志"、"天才"、"同情"来阐述自己时，他又一次被引入歧途。尽管如此，这一点仍然是真实的，没有比瓦格纳的英雄们身上那种瓦格纳气质更与叔本华精神相抵触了——我所指是最高自私的无辜，把伟大激情当作自在的善来相信。一句话，他在英雄的面貌中的齐格弗里德特性……一位艺术家的哲学终究并不重要，只要它只是一种附加的哲学，并且不损害他的艺术。人们不太注意，防止因为一种偶然的、也许十分不幸和荒唐的假面，而对一位艺术家生气。我们要知道，艺术家全都且必须也或许是一个，不演戏就难以长久支持下去。让我们始终忠实于瓦格纳，忠实于他身上真实的和原初的东西——特别是通过这途径：我们始终忠实于自己，忠实于我们身上真实的和原初的东西。让我们撇开他知性的脾气和痉挛，并合理地斟酌一番，像他的这样一种艺术，需要有一些什么特别的养分和代谢，才能生存和成长！他作为思想家却经常地犯错误，这一点其实无关紧要，公正和忍耐均非他的事情。只要他的生命在他自己面前拥有权利并且保持权利，这就够了——生命向我们每个人呼唤着："做一个男子汉，不要跟随我——而要跟随你自己！你自己！"我们的生命在自己面前也应该保持权利！也应该自由无畏地在无辜的自私中实现自我成长和繁荣！……

论德国音乐——德国音乐现在比任何别国音乐更像欧洲音乐，因为只有在它之中，欧洲因革命所经历的变化才得到了表现，也只有德国音乐家懂得表现骚动的民众，懂得原不必如此震耳欲聋的可怕的人为喧哗。相反，例如，意大利歌剧只知道仆役或士兵的合唱，却不知道"民众"的合唱。此外，从一切的德国音乐中可以听出一种对于贵族的嫉妒，尤其是对于机智和优雅的嫉妒，视之为一种宫廷、骑士、古老自信的社会的风度。这不是指那种音乐，如歌德的艺师们在大门前，也"在大厅里"演奏，而给国王消遣过的。这里不说："骑士勇敢盼睐，美人投入其怀。"在德国音乐里，哪怕典雅出场也不无良心的不安，只有在典雅的乡村姐妹妩媚那里，德国人才感到自己完全合乎道德，由此而一直上升到他那热狂的、玄奥的并时常是粗暴的"崇高"，那贝多芬式的崇高。如果要想象一下子属于此种音乐的人物，就请想起贝多芬吧，当他紧挨歌德，如那次在提普利茨相遇时所显示的，便犹如半野蛮紧挨文化，平民紧挨贵族，改邪归正者紧挨善人，而且不止是"善"人，梦想家紧挨艺术家，渴求安慰者紧挨已得安慰者，过度多疑者紧挨心平气和者，便犹如一个郁闷者和自虐狂，一个痴傻的狂喜者，一个幸福的不幸者，一个天真无邪的放浪者，一个狂妄之徒和笨汉——犹如一个"野人"。歌德是如此感觉和形容他，像歌德这个例外的德国人，与他相匹的音乐尚未发明呢！最后请考虑一下，德国人如今越演越甚的对旋律的蔑视和旋律感的退化，是否可以理解为一种民主主义的放肆和革命的余波。旋律如此明显地向往规则，同时如此憎恶一切变化着的、无形式的、任意的东西，以致听起来它像是发自欧洲事物古老秩序的音响，像是一种召唤，向古老秩序的一种回归。

我们对艺术的最后感谢——如果我们未曾高扬过艺术，未曾发明过这种对于虚幻事物的崇拜，那么，如今由科学所赋予我们的那对于普遍虚幻和欺骗的洞察——对于作为认知着感受着的生存前提的幻觉和误解的洞察——就简直使人忍受不了。随诚实而来的便是厌恶和自杀。然而，我们的诚实具有一种相反力量，帮助我们避开这样的结局，这就是艺术，即对于外观的美好意志。我们从不禁止我们的眼睛去修缘和完成对象，于是，我们便负载着渡过生成之河的不再是永恒的缺陷，我们倒自以为负载着一位女神，因而自豪而又天真地为她服务。作为审美现象，我们总还可以忍受生存，而通过艺术，我们有眼睛，手，尤其是良知，而能够从自身造成这样的现象。我们有时必须离开自己休息片刻，即从一个人为的远处，了解和俯视我们自己，为自己一笑，或为自己一哭。必须发现藏在我们求知热情中的英雄和傻子，必须间或欣喜于我们的愚蠢，以求能够常乐于我们的智慧！也正因为我们归根结底是持重严肃的人,所以没有比调皮鬼的帽子更适合于我们,我们需要它对付自己——需要一切恣肆、飘逸、舞蹈、嘲讽、傻气、快乐的艺术,以求不丧失我们的理想所要求的那种超然物外的自由。倘若带着敏感的诚实完全陷于道德之中,并且为了我们对自己提出的那过分严格的要求,甚至变成道德的怪物和吓鸟的草人,这对于我们将会是一种退步。我们也应当能够站在道德之上,如同一个每一瞬间都害怕滑跤堕落的人,带着战战兢兢的僵硬姿态,在道德之上飘浮和嬉戏!为此我们岂能没有艺术、没有傻子呢?只要你们仍然以不论何种方式自羞自惭,你们就还不属于我辈!

最美好的未来的音乐——在我看来,第一流的音乐家是这样的人,他除了至深的幸福的悲哀之外,尚不知道任何悲哀;迄今还不曾有过一位这样的音乐家。

笑——笑就是:幸灾乐祸,不过要带着好心肠。

诗人和说谎者——诗人在说谎者身上看到了他的同乳兄弟,这位兄弟的那份乳汁也被他吸去了,于是这兄弟就一直很病弱,从来也不曾做到问心无愧。

作品和艺术家——这位艺术家只有强烈的虚荣心,而别无其他,结果,他的作品仅是一枚放大镜,递给别人用来端详他。

选择中的颂扬——艺术家挑选他的题材,这是他的颂扬方式。

叹息——我在路上捕获了这个见解,并迅速地用最现成的拙劣文字把它固定住,使它不再离我飞走。可是,这样一来,它就死在这些枯燥的文字上了,在其间悬挂飘摇——当我端详它时,我仍然无法明白当初捕获这鸟儿时,为什么我那样快活。

我们应该向艺术家学习什么——我们有什么方法可以使事物美丽、诱人、令人渴慕,倘若它们本身并非如此?而我认为,它们本身从来不是如此的!在这里,我们可以向医生学点东西,比如他把苦药稀释,或者往混合罐里加酒加糖。但是,更可以向艺术家学习,他们生来就是不断地耍玩这种发明和妙技的。从事物远离,直到不能再看见它的许多东西,而为了仍然看见它,又必须幻入许多东西,或者只看事物的一角,就好像在一个剪孔里看,或者将它们如此安排,使它们部分地移位,只能作远景的透视,或者透过有色玻璃,或在夕阳返照中观看它们,或者给它们罩上一层不太透明的表皮,我们应当向艺术学习这一切,而在其余方面应当比他们更聪慧。因为在艺术停止和生活开始之处,他们这种精微的能力便也停止了!可是我们却要成为生活的诗人,首先是在最细小最平常的事情上!

最幸福者的危险——有着精微的感官和精微的趣味;习惯于把精选的最优秀的精神产品当作日常食物;陶醉于一颗强健、果敢、无畏的心灵;以沉静的眼光和坚定的步伐走过人生,始终如同准备过节般地准备面对最意外的事件,而且满怀对未发现的世界和海洋、人和神的渴望;倾听着每种明朗的音乐,仿佛其中有勇敢的男子汉、士兵和航海者恬然于短暂的休息和娱乐,并且在片刻的至深享受中,为眼泪和幸福者紫色的忧伤所征服;谁不愿意这一切成为他的财富,他的境界啊!这便是荷马的幸福!这便是为希腊人创造了他们的众神——不,也为自己创造了他的众神的那个人的境界!然而一个人心灵中有着这种荷马的幸福,便也是太阳下最容易痛苦的被造物!仅是以这等代价,他才换得了生存的波浪,迄今才冲洗到岸边的最珍贵的珠贝!拥有了这样的珠贝,人对痛苦就越来越敏感,终于还是太敏感了;一点微小的烦恼和嫌恶就足以使荷马厌倦生命。他未能解出少年渔夫向他提出的一个愚蠢的小谜语!是的,小谜语是最幸福者的危险!

闲暇与悠游——像美国人那样的拜金,这是一种印第安式的、印第安血统所特有的野蛮,而他们工作时那令人窒息的匆忙——新大陆真正的恶习——已开始使古老欧洲野蛮化,在欧洲传播了一种极为奇怪的无精神性。人们现在已经羞于安静,而且长久的沉思几乎也使人产生良心责备。人们手里拿着表思想,吃午饭时眼睛盯着商业新闻——人们像一个总是"可能耽误"了什么事的人那样生活着。"宁可随便做点什么,胜于一事不做"——这条原则也是一根绳索,用来缢死一切教养和一切高级趣味。很显然地,一切形式都会因工作者的这种匆忙而毁灭殆尽,甚至形式的感觉,感受动作旋律的耳朵和眼睛,也毁灭了。其证据存在于如今到处提倡的粗笨的明确性之中,存在于人与人之间一旦想真诚相处时所面临的种种情形之中,存在于同朋友、女人、亲戚、孩子、教师、学生、领导的交往之中——对于礼仪，委婉的情谊，交谈的一切风趣。总之，对于一切闲适，人们不再有时间和精力了，因为，逐利的生活不断地迫使他竭精殚虑，并置身于经常的伪装、欺骗或竞争之中，现在，用比别人少的时间做成一件事，才是真正的道德。所以，只有很少几个钟头可以允许人去真诚。可是，在这几个钟头里，人已经疲倦，不只想"放松"自己，而且想四肢摊开地躺直，甚不雅观。现在人们按照这种嗜好写明自己的书信，其风格和精神将不断成为真正的"时代标志"。如果还有对社会和艺术的娱乐，那也只是因工作疲劳的奴隶替自己准备的一种娱乐。唉，我们的有教养者和无教养者的"快乐"多么容易满足！唉，对一切快乐如何越来越怀疑！工作越来越成为唯一使人问心无愧的事情，求快乐的意向已自乐为"休养的需要的"。是的，不用多久，就会走到如此之远，人们倘若对于一种沉思生活的意向让步，便将不无自蔑和内疚——罢了！从前与此相反，工作使人内疚。一个好出身的人不得不工作时，要把他的工作隐藏起来。奴隶工作时要受到这种感觉的压抑，他在做某种可鄙的事——"做"本身就是某种可鄙的事。"唯有在闲适和优美之中才有尊贵和光荣"，古代的偏见如此回响！

女性的生命——要欣赏一件作品的极致之美，任何知识和任何善良愿望都无能为力，这需要最稀有的幸运机遇，云翳一度为我们从山巅移开，使太阳照耀其上。我们不但要站在合适的位置上来观看，同时心灵也从其高处移去屏障，而且还需要一种外来的表达和比喻，好像就是为了获得一个支点，保持住自身的力量。可是，这一切很少同时凑齐，以致我相信，一切美好事物，不论是作品、事业、人和自然，其顶峰对于多数甚至最优秀的人来说，至今仍是被隐藏和遮蔽着的，倘若向我们显露，它也向我们只显露一次！——希腊人祈求："一切美的事物出现两次三次！"——唉，他们有充分的理由向众神如此频呼，因为非神圣的现实根本不给我们美的事物，或者只给一次！我要说，世界上美的事物过于丰富，尽管如此，美的时刻和美的事物的显露仍然非常稀少。然而，也许这便是生命最强的魔力，她罩着一层美的金缕面纱，允诺着也抗拒着，羞怯又嘲讽，同情又引诱。

是的，生命是一个女子！

首先应明白怎样区分艺术品——凡思想、诗歌、绘画、乐曲、甚至建筑和雕塑，不是属于独白艺术，就是属于面对证人的艺术。那种表面上的独白艺术，一切祈祷诗，其中包含着对上帝的信仰，故也应算作面对证人的艺术，因为对于一个虔信者来说，并不存在孤独——是我们无神论者首先做出了这个发明。若要辨别一个艺术家的全部观点，不知道是否还有比这更深刻的区别，他是否用证人的眼睛来看待他正在创作的艺术品（看"自己"），或者是"忘掉了世界"，好像这是每种独白艺术的本质因素——独白艺术基于遗忘，它是遗忘的音乐。

玩世不恭者的话——我对瓦格纳音乐的反对，乃是生理上的反对。为何先要乔装在美学形式之下呢？我的"事实"是，当这音乐开始对我起作用时，我就不能再轻松呼吸了；我的脚立刻因为这音乐而不驯、暴动——脚需要的是节拍、舞蹈、行进，它从音乐中首先要求的是好的步行、迈进、跳跃、舞蹈所洋溢的那种兴奋——起来抗议的还有我的胃、我的心脏、我的血液循环、我的内脏。我在这时已经不知不觉地嘶哑了。我这样自问：我的整个躯体究竟想从音乐中得到些什么？我相信，是它的舒展作用，一切动物性机能仿佛因轻盈、勇猛、恣肆、自信的节律而加速了。铁和铅的人生仿佛因美好温柔的金的和声而镀了金。我的忧愁要躲在完美性这个隐蔽处和深渊里休养，为此我需要音乐。戏剧与我何干！它那道德狂喜的痉挛，使"民众"感到满足，与我何干！演员全部表情姿势的戏法与我何干！……可以猜到，我本质上是反对剧场的，而瓦格纳则相反，本质上是剧场人物和演员，还是空前最狂热的演员，当他作为音乐家时同样如此！……顺便说说，瓦格纳的理论是："戏剧和音乐始终只是姿态的手段。"音乐成为戏剧姿态和演员派头清晰化、强化、内在化的工具，而瓦格纳戏剧不过就是寻求许多戏剧姿态的一个场合！除了其余一切本能，他还有一个大演员的指挥本能，在所有一切事情上均如此，如上所述，作为音乐家也是如此。我曾经相当费力地向一位正直的瓦格纳信徒说明这一点，我还有理由补充说："请你对自己稍微诚实些，我们并非在剧院里！在剧院里，人们仅仅作为群众是诚实的，但作为个人却自欺欺人。当人们走进剧院时，便把他们的自我留在家里放弃发言权和选择权，放弃自己的趣味，甚至放弃当他们在自己的四壁之内面对上帝和他人时，所具有并运用的那种勇敢。没有人把他对艺术最纯净的官能带进剧院，连为剧院工作的艺术家也不这样做。在那里，人是民众、公众、女人、邻人、随从。在那里，最个人的良知输给了'最大多数'的平均化魔力。在那里，愚蠢像淫欲和传染病一样发生着作用。在那里，'邻人'统治着。在那里，人化为邻人……"（我忘记讲述这位开明的瓦格纳信徒对于我生理上的反对的回答了："那么，实际上不过是您对于我们的音乐来说还不够健康吧？"……）

我们的两个方面——我们应该承认，在我们艺术家身上有着巨大的分歧，一方面是我们的趣味，另一方面则是我们的创造力，二者以一种奇怪的方式各行其是，并不断各行其是，各有着自己的生长。我是说，二者有着完全不同的衰老、年轻、成熟、熟透、腐烂的程度和速度，比如，一位音乐家在一生中能创造出许多东西，而这恰与他身上那任性的听众之耳、听众之心所珍重，嗜好、偏爱的东西相冲突——他还未尝意识到这种冲突呢！如同一种近乎精确而规则的经验所表明的，一个人能够凭他的趣味轻易超过他的力量的趣味，而且他的力量并不因此而麻痹或在产生上受阻，但相反的情形也可能发生，而我要提醒艺术家注意的正是这一点。一个不倦的创造者，一个广义的"母亲"类型的人，一个这样的人，他除了精神上的受孕和抚育之外便一无所知，也一无所闻，他全然没有功夫思考自己和自己的作品，也全然没有工夫进行比较，他不再有训练他的趣味的愿望，而只是马虎地将它遗忘，也就是任其随遇而安，自生自灭——一个这样的人也许会产生出作品来，这些作品远非他的判断力可及，以致关于这些作品和关于自己，他只能说些蠢话——愚蠢地说和想。在我看来，这在多产的艺术家身上几乎是常规——没有人比做父母的更不了解自己的孩子，举一个重大的例子，这甚至也适用于整个希腊的诗人世界和艺术家世界，他们从来不"知道"他们所做的……

什么是浪漫主义——人们也许记得，至少我的朋友中会有人记得，我从前迷误甚深，估价太高，总是作为期望者向现代世界冲击，我的理解——谁知道由于什么个人经验？——19世纪悲观主义哲学，就好像它是思想的较高力量的表征，无所畏惧的勇敢的表征，人生凯旋丰满的表征，其实这些特征都属于18世纪，属于休谟、康德、孔狄亚克和感觉论者的时代，以至于在我看来，悲剧认识似乎是现代文化的真正奢侈，也是它的一种最昂贵、最显赫、最危险的挥霍，然而无论如何，由于现代文化的过于丰富，又是它的一种可允许的挥霍。同样地，我认为德国音乐正是德国灵魂的一种酒神式强力的表达，我相信在其中听到了地震，一种自古积压的原始力量随着这隆隆震声终于得到了释放——而并不顾恤从来称作文化的一切，因此摇摇欲坠。可以看到，我当时无论是对哲学悲观主义，还是对德国音乐，均未认清构成其真正性质的东西——它们的浪漫主义。什么是浪漫主义？每种艺术，每种哲学，都可以被看作是服务于生长着、战斗着的生命的药剂和辅助手段，它们始终是以痛苦和痛苦者为前提的。然而，有两种痛苦者：一种是苦于生命的过剩的痛苦者，他们需要一种酒神艺术，同样也需要一种悲剧的人生观和人生理解；另一种是苦于生命贫乏的痛苦者，他们借艺术和认识寻求安宁、平静、静谧的海洋，自我解脱，或者迷醉、麻痹、疯狂。与后者的双重需要适合的，是艺术和认识中的全部浪漫主义，曾经和继续与之相适合的使叔本华和瓦格纳，我这是举出最著名最露骨的浪漫主义者的名字，当时我误解了他们——顺便说说，众所周知，这对他们无损。生命最丰裕者，酒神式的神和人，不但能直视可怕可疑的事物，而且欢欣于可怕的行为本身，以及一切破坏、瓦解、否定的奢侈；在他身上，丑恶荒唐的事情好像也是许可的，由于生殖力、致孕力的过剩，简直能把一切沙漠造就成果实累累的良田。相反，最苦难、生命最贫乏，在思想上和行动上大多需要温柔、平和、善良，可能的话，还需要一个上帝，它真正完全是病人的上帝，一个"救世主"；同样也需要逻辑，需要对人生的抽象理解——因为逻辑使人平静，并提供信任感。简单地说，需要某种温暖抵御恐怖的密室，关闭在乐观的眼界之内。这样，我渐渐学会了理解伊壁鸠鲁,酒神式悲观主义者的这个对立面,同样也理解了"基督徒"。而事实上,仅是伊壁鸠鲁主义者的一个类型,两者实质上都是浪漫主义者。我的眼光越来越敏锐地洞察反推论的那种最艰难最棘手的形式,大多数错误都是在其中造成的,这就是由作品反推到作者,由行为反推到行为者,由理想反推到需要此理想的人,由每种思想方式和评价方式推到在背后起支配作用的需要。在考察一切的审美价值时,我现在使用这个主要尺度,我在每一个场合均问:"这里从事创造的是饥饿还是过剩。"另一种尺度从一开始就好像要自荐——它醒目得多,这就是着眼于创作的动机究竟是对凝固化、永久化的渴望,对存在的渴望,还是对破坏、变化、更新、未来、生成的渴望。然而,只要加以深究,这两类渴望就仍然显得含混不清,并且正是按照前面那种在我看来更佳的方案才能解释清楚。对破坏、变化、生成的渴望,可以是过于充沛的、孕育着未来的力量的表现(人所共知,我对此使用的术语是"酒神精神"这个词),但也可以是失败者、欠缺者、落伍者的憎恨,这种人破坏着,也必须破坏,因为常住者甚至一切常住、一切存在激怒着他,刺激着他——要理解这种情绪,人们不妨就近观察一下我们的无政府主义者。求永久化的意志同样应该有两种解释。一方面,它以出于感谢和爱。这种渊源的艺术永远是神化的艺术,也许热情奔放如鲁本斯,快乐嘲讽如哈菲斯,明朗慈爱如歌德,使万物披上荷马式的光辉和荣耀;另一方面,也可以是苦难深重者、挣扎者、受刑者的那种施虐意志,这种人想把他最个人、最特殊、最狭隘的东西,把他对于痛苦的实际上的过敏,变成一种有约束力的法则和强制,他把他的形象,他的受刑的形象,刻印、挤压、烙烫在万物上面,仿佛以此向万物报复。后者在其最充分的表现形式中便是浪漫悲观主义,而不论它是叔本华的意志哲学,还是瓦格纳的音乐——浪漫悲观主义,这是我们文化命运中最后的重大事件。(还可能有一种全然不同的悲观主义、一种古典悲观主义——我有这种预感和幻觉,简直摆脱不掉,就好像成了我的所有物和专有物,不过"古典这个词使我感到逆耳,它被用得太旧了,太圆滑了,变得面目全非了。我把那种未来的悲观主义——因为它正在到来",

我看到它在到来！——命名为酒神悲观主义。）

"科学"的偏见——由于等级秩序规律的作用，学者只要还属于精神上的中产阶级，就根本不可能有真正伟大的问题和问号能进入他们的视野，他们的勇气和他们的眼光都不够格，特别是把他们造就成研究者是他们的需要，他们内心想使事物有这样那样性质的计划和愿望，他们的恐惧和希望，都过于快地静息和满足了。例如，英国学究斯宾塞异想天开，要画出一条理想的分界线、水平线，奢谈什么"利己主义与利他主义"的最终和解，而这使我们这样的人几乎感到恶心，在我们看来，人类倘若以这种斯宾塞式的前景为最终前景，就只配受蔑视，只配毁灭！不过，他心目中的最高希望，在另一些人看来也只是一种令人厌恶的可能性，这是斯宾塞所不能预见到的一个问号……处于同样情况的是现在许多唯物主义的自然科学家欣然接受的那种信念，即相信这样一个世界，它应当在人的思想和人的价值观念中有其等价物和尺度，相信一个"真理的世界"，人们借自己渺小的四方形的人类理性便可以一劳永逸将它把握住——怎么？我们真愿意这样把人生贬低为一种计算的苦役和练习，并贬低为数学家的蛰居斗室？人们尤其不该企图消除生存的多义性质，这是良好趣味的要求，这种趣味对于超出你们眼界的一切肃然起敬！有一种世界解释，它把你们的存在合理化，使你们能够科学地研究和工作下去，这种世界解释除了数字、计算、度量、观察和掌握之外，其余一概不容许。如果以为只有这种解释是正确的，这是愚蠢和幼稚，倘若不是精神病和白痴的话。正确的解释可能正好相反，正是生存最表面最外部的东西——它的外观、它的皮肤和感性特征——首先被人把握？甚至也许只有它们被人把握？一种你们所谓的"科学的"世界解释，永远是一切可能的世界解释中最愚蠢的，即最无意义的一种。这是说给搞科学研究的人听的，他们如今喜欢冒充哲学家，甚至极其谬误地认为，力学是关于最初和最终规律的学说，全部人生都必须建立在力学的基础之上。然而，一个本质上机械的世界是一个本质上无意义的世界！假如评价一种音乐的价值，就要看它有多少东西可以被点数、计算，可以纳入公式，这样一种"科学的"音乐评价何等荒谬！从中能把握、理解、认识些什么！其中被当作"音乐"的东西一钱不值，实在是一钱不值！……

我们的慢时间——所有艺术家和为"作品"生活的人、母亲类型的人都这么感觉，他们总是相信，在生命的每个段落上（它往往由一部作品来划分），已经达到了目标，他们总是忍耐地接受死，怀着这种心情："我们在这方面是成熟了。"这与其说疲倦的表现，不如说是某种秋日明朗宽容的表现，往往是作品本身以及一部作品的成熟遗留给它的作者的。于是，生命速度放慢了，变稠厚了，呈蜜汁状了——化为长长的延长符号了，化为对这长长的延长符号的信仰了。

十三、天才的感悟

我的大海的深处是宁静的,但谁又能猜到它隐藏着戏谑的巨怪!

我的深处波澜不惊,但它因漂游之谜和大笑而闪烁。

今天我看见一个高超的人、一个庄重的人、一个精神的忏悔者,呵呵,我的灵魂如何为他的丑陋而发笑!

挺胸凸肚,就像正在鼓气的人,这高超的人,他就是如此般地站在那里,而且哑然无言。

悬挂着丑陋的真理,他的猎获物,满裹着褴褛的衣衫,还有许多棘刺黏在他身上——但我却未尝看见一朵玫瑰。

他还没有学会笑和美。这猎人阴郁地从知识之林归来。

他与野兽搏斗之后回到家来,但仍有一头野兽从他的严肃中瞥视——一头未制服的野兽!

他始终像一只虎站在那里,一只欲暴跳的虎,但我并不喜欢这些紧张的灵魂,我的趣味敌视着所有这些退隐者。

而你们对我说,朋友,趣味和口味是无可争论的?但全部人生就是趣味和口味的争论!

趣味,同时是重量、天平和权衡,可悲啊,是想要没有重量、天平和权衡的争论而生活的一切活人!

这高超的人,当他倦于他的高超之时,他的美才会开始……那时我才愿意欣赏他,才觉得他合口味。

只有当他躲开自己,他才能跳越过他自己的影子——而且,当真!跳进他的阳光当中。

他在阴影里坐得太久了,这精神忏悔者的脸颊变得苍白了,他几乎在他的期待中饿死了。

他的眼中还有着蔑视；他的嘴角还藏着厌恶。虽然他现在休息了，但他还不是休息在阳光之下。

他应当效法公牛，他的幸福应当散发大地的气息，而非散发蔑视大地的气息。

我愿看见他如同一头白牛，鼓鼻欢吼，拖犁前进。他的欢吼当赞美一切尘世的事物！

他的脸色仍然阴沉，手的阴影投在上面，其眼神仍然暗淡。

他的行为仍是他身上的阴影，手遮蔽了行动者。他仍未克服他的行为。

我诚然喜欢他那公牛般的颈背，但我也想看到天使的眼睛。

他还必须忘却他那英雄意志。对我来说，他应当是一个高贵的人，而不只是一个高超的人——苍天自己会举起他来，这失去意志的人！

他已征服猛兽，他已解开谜语。但他应该拯救他的猛兽和谜语，他还应该把它们化为上天的稚子。

他的知识还不会微笑，还没有摆脱嫉妒，他那汹涌热情还没有在美之中变得宁静。

真的，不应在饱足中，而应在美之中，他的渴望才得以沉寂！优美属于宽宏大量的胸怀。

以臂盖脸，英雄应当如此休息，而他也应当如此克服他的休息。

但对于英雄来说，美是万事中最难的事，一切强烈的意志都不可获得美。

差之毫厘，在这里便是失之千里。

肌肉放松、意志无羁而站立，对于你们是最困难的，你们这些高超的人！

当强力变得仁慈并下降为可见之时，我称这样的下降为美。

我对谁也不像对你那样去要求美，似你这般强而有力的人，你的善良当是你最后的自我征服。

我信任你的一切恶，所以我想要你的善。

真的，我常常笑那些衰弱的人，他们自以为善，因为他们有跛足！

你应当追求柱石的道德，它越是高耸，就越是美丽、雅致，但内部也越是坚硬、负重。

是的，以你这般高超的人，有一天你也应当是美的，并且临镜自赏你的美。

那时候，你的灵魂将因神圣的渴求而战栗，在你的虚荣中也将怀有崇敬！

这便是灵魂的奥秘：英雄离弃了它，然后在梦中，在它近旁便出现了——超英雄。

查拉图斯特拉如是说。

昨晚，当月亮升起时，我猜想它要生一个太阳，它如此硕大臃肿地躺在地平线上。

但它是一个假装怀孕的说谎者—— 我宁愿相信月亮是男人而不是女人。

然而，它也不太像男人，这位胆怯的夜游者，真的，它心怀鬼胎地窃行在屋顶上方。

因为它贪婪而又嫉妒，这月亮僧侣，正贪恋着大地和情人们的一切快乐。

不，我不喜欢它，这屋顶上的雄猫！那在半闭窗户周围潜行的一切都和我格格不入！

它虔诚而沉默地悄行在星毯上，但我不喜欢一切不伴随着马刺丁当的阒然无声的男人步履。

每个诚实的人走路都有声响，而猫儿却悄悄地溜过地面。看，月亮竟似猫儿般地来了，鬼鬼祟祟……

我把这个比喻给你们多感的伪善者，给你们，"纯粹的求知者"！我称你们为——贪婪者！

你们也爱大地和尘世，我看透了你们！但在你们的爱中有羞愧和良心不安——你们就像那月亮！

你们的精神而非你们的内脏被说服了蔑视尘世，而内脏是你们身上最顽强的东西!

而现在,你们的精神羞愧了,因为它只是你们内脏的意愿,它因这羞愧而躲躲闪闪地走小道。

"由于我是最高尚的",你们爱说谎的精神如此地对自己说,"无欲地静观人生,不像狗一样拖着垂涎的舌头。"

"以静观为幸福,意志寂灭,无自私的执著和贪欲——形同槁木,却又有着月亮般沉醉的眼睛!"

"这是我最喜爱的,"被诱惑者如此诱惑自己,"像月亮般那样地爱大地,仅仅用眼光玩赏它的美。"

"我称这为纯洁的知识:对万物一无所求,但愿像一面百目镜映照它们。"……

你们这多感的伪善者,你们这些贪婪者!你们的欲望自觉有罪,所以你们现在要诽谤欲望!

真的,你们不是作为创造者、生育者、满怀生成的喜悦者来爱大地!

无辜在哪里?在有着生育意志的地方。谁欲超越自己,他就有最纯洁的意志。

美在哪里?在我须以全意志意欲的地方;在我愿爱和死,使意象不只保持为意象的地方。

爱和死永远一致。求爱的意志,也就是甘愿赴死。我对你们这些怯懦者如此说!

而现在你们想把你们的卑怯的窥望称作"静观"!怯懦的眼光所及,就说是"美"!你们这些高贵名字的亵渎者!

这应当是你们的诅咒,你们这些纯洁者,纯粹的求知者:你们永远不育,即使你们硕大臃肿地躺在地平线上!

真的,你们满嘴高贵的言词,我们难道应该相信,你们的心也满溢,你们这些说谎者!

然而我的言词是卑微、轻蔑、卷曲的,我喜欢拾取你们掉在餐桌下的残屑。

我始终能用它们——向伪善者讲述真理!是的,我要用鱼刺、蚌壳和针叶要把伪善者的鼻子刺痒!

你们和你们宴席四周的空气混浊,你们贪婪的思想、你们的谎骗和隐私弥漫在空气里头!

首先要敢于相信自己——自己和自己的内脏!谁不相信自己,必定永远说谎。

你们给自己戴上神圣的面具,你们这"纯洁者"。你们那令人憎恶的毒蛇爬到面具后面。

真的,你们欺骗,你们这"静观者"!查拉图斯特拉一度也曾上了你们神圣外表的当,他没有看出盘在其后的毒蛇。

我曾经以为在你们的游戏里看到了一颗神圣的心灵,纯粹的求知者!我曾经以为没有比你们的艺术更好的艺术!

距离掩盖了毒蛇的污秽和恶劣的气味,蜥蜴的狡猾在那里到处贪婪地潜行。

可是我走近了你们,这时白昼降临于我——现在也降临于你们,——月亮的爱到尽头了!

看吧!它暴露了,并惨白地站住——在曙光之前!

然后她,那燃烧者,来了——她对大地的爱来了!全部太阳之爱都是无辜的,也都是创造的渴望!

看吧,她多么急切地渡海而来!你们没有感觉到她那爱的焦渴和灼热的呼吸吗?

她欲吮吸海,以把海的深处饮向自己的高处,这时海的渴望涌起千座乳峰。

它欲被太阳的焦渴亲吻和吮吸着,它欲成为空气、高天、光的道路,光本身!

真的,我像太阳那样爱着人生和一切深邃的海。

而我就把这叫作知识;一切深处应当上升——到我的高处!——查拉图斯特拉如是说。

"自从我更了解了肉体,"查拉图斯特拉对他的一个弟子说,"我觉得精神只不过就像是精神罢了,而一切所谓'永恒'也仅仅是一种比喻。"

"我已经听你这样说过一回",这弟子回答,"那回你还补上一句:'但诗人说谎太多。'为什么你说诗人说谎太多呢?"

"为什么?"查拉图斯特拉说,"你问为什么?我可不是那种可以向他问为什么的人。"

"我的经历是昨天的吗?我经历我的意见的论据已经很久了。

"倘若我也要保存我的论据,我是不是已变成一只记忆桶?

"即使保存我的意见,在我看来已经是太多了,有些鸟儿从其中飞走了。

"有时我也在我的鸽棚里发现一只陌生的飞禽,而当我的手触摸它时,它却颤抖了。

"然而,查拉图斯特拉对你说过什么?说诗人说谎太多?——但查拉图斯特拉也是一个诗人。

"现在你相信他是在这里说真理了吗?你为什么相信?"

这弟子回答:"我信仰查拉图斯特拉。"但查拉图斯特拉摇头且微笑了。

他说:信仰并不使我幸福,特别是对我的信仰。

姑且假定某个极其严肃的人说,诗人说谎太多,那么,他是对的,——我们说谎太多。

我们所知太少,是坏学生,所以我们必须要说谎。

我们诗人谁没有在自己的酒里掺水?在我们的地窖里制造出了许多有毒的混合物,许多难以描绘的事情就在那里做成了。

因为我们所知甚少,所以我们衷心喜欢精神贫乏的人,尤其是少女。

我们甚至渴望去倾听老妪们夜晚的唠叨,并以此把这叫作心中的永恒女性。

仿佛有一条特别的秘密通道通往知识,但对于求知者来说已经掩埋了,所以我们信仰人民及其"智慧"。

但一切诗人都相信,谁静卧草地或幽谷,侧耳倾听,必定能领悟天地间万物的奥秘。

倘有柔情袭来,诗人必以为自然在与他们恋爱。

她悄悄俯身于他们耳畔,秘授天机,软语温存,于是他们炫耀自夸于众生之前!

天地间如许大千世界,唯有诗人与它梦魂相连!

尤其在苍穹之上,因为众神都是诗人的比喻,诗人的诡诈!

真的,我们总是被诱往高处——那缥缈云乡,我们在其上安置彩色玩偶,然后取其名为神和超人……

所有这些神和超人,诚然足够轻飘,与这底座相称!

唉,我是多么厌倦一切可望而不可及的东西!唉,我是多么厌倦诗人!

当查拉图斯特拉这样说时,他的弟子怒而不言。查拉图斯特拉也沉默了。他凝目内视,好像在凝视遥远的地方,最后,叹息而深深吸气。

然后他说:我属于今天和昨天,但我身上也有属于明天、后天甚至遥远将来的东西。

我厌倦了诗人,无论旧的还是新的,我总觉得他们都是肤浅的,就像浅海。

他们想得不够深,所以他们的情感也不深沉。

一点儿淫欲、一点儿无聊,便是他们最好的沉思。

他们的竖琴之声,听来像是幽灵的喘息和脚步,他们迄今知道什么是音乐的热情?……

我觉得他们也不够纯洁,他们全都搅浑了自己的池塘,以使之显得深邃。

他们喜欢以此而自荐为调解者,然而,在我看来,他们却始终是骑墙者、混合者,非驴非马,太不纯粹!……

唉,纵然我把我的网投入他们的海里,欲捕捉鲜鱼,可是,我捞起的始终是老朽的绳头。

这样,大海以石头供应饥者,他们自己大约出身于海。

的确,人们在他们身上找到了珍珠,于是他们越发地像海蚌了。我在他们那里找到的不是灵魂,而只是咸的黏液。

他们还从大海学习它的虚荣,而大海不是孔雀中的孔雀吗?

即使在最丑陋的水牛面前，孔雀也张开它的尾巴，未尝倦于炫耀它的灿烂锦屏。

水牛对此不屑一顾，它的灵魂爱沙滩，更爱丛林，最爱沼泽。

美、大海、孔雀羽毛与它何干！我向诗人说着这比喻。

真的，他们的心灵就是孔雀中的孔雀，虚荣的大海！

诗人的心灵需要观众，哪怕是水牛！……

但我厌倦了这种心灵，而我看到它厌倦自己的时候也正在到来。

我看到诗人已经发生变化，反省自己。

我看到从诗人中成长起来的精神忏悔者正在到来。

查拉图斯特拉如是说。

人必须用雷霆和烟火向迟钝而昏睡的灵魂说话。

但美却柔声细语，因为它只是悄悄潜入最清醒的灵魂。

今天向我微微倩笑，这是美所发出神圣的笑和震颤。

你们这道德家，今天我的美嘲笑你们……

我漫步在人之中，如同漫步在未来的碎片之中，那可是我榜望到的未来。

我把碎片、谜和可怕的偶然搜集、聚合为一体，这便是我的全部创作和追求。

倘若人不是诗人、猜谜者和偶然的拯救者，我如何能忍受做人！

啊，孤独！你是我的家，孤独啊！我在陌生的蛮人中落荒太久，所以我不能不泪水汹涌地回到你这里。

现在你只是像慈母一样抚慰着我，现在你像慈母一样对我微笑，只是对我说："从前是谁像一阵风似的离开了我？——

"——谁在临别时喊道：我与孤独相处太久了，所以我忘却了沉默！你现在大约学会沉默了吧？

"哦，查拉图斯特拉，我知道一切，你在众人中间比与我同处更加寂寞，也更是孤身一人！

"寂寞是一回事，而孤独又是一回事，你现在懂得这一点了吧！你在人世中永远是荒凉陌生的。

"——即使他们爱你，你也仍感荒凉陌生，因为他们首先要你格外地去爱惜他们!

"而在这里,你是在自己的家里,你在这里可以倾诉一切、论证一切,这里有无人羞于隐秘的、执著的情感。

"这里万物爱抚地走向你的言谈,向你谄媚,因为它们想骑在你的背上驰骋,这里你骑在每种比喻上驰向每种真理。

"这里你可以诚实坦率地向万物说话,真的,在它们听来,这会是怎样的赞美,倘若一个人直接与万物交谈!……"

啊,孤独!你是我的家,孤独啊!你的声音多么温柔甜蜜地向我倾谈!

我们不互相盘问,我们也不互相抱怨,我们要彼此开诚布公,开门见山。

因为在你那里,一切都敞开而证明,这里光阴也以更轻捷的足奔跑,时间在黑暗中比在光明中是更沉重的负担!

这里一切存在的语言和语言宝库向我突然打开;这里一切存在都想变成语言,一切生成都想从我学习言谈。

我聪慧的渴望如此迸发出欢喊和大笑,这渴望诞生于高山,真是一种野性的智慧啊!——我那飒飒展翅的伟大渴望。

它常常带我扶摇直上,遨游四方,沉浸在大笑之中。我颤悠悠地飞翔,如一支箭穿越过浸透阳光的狂喜。

——飞到梦想不到的遥远未来,飞到比画家们所憧憬的更炎热的南方,那里诸神裸舞,以一切衣裳为羞!

(我是在用比喻说话,像诗人一样诘屈聱牙。真的,我惭愧我仍然不能不是一个诗人!)

那里一切生成在我看来都像是诸神的舞蹈和精神的任性,在那里世界重获自由,返璞归真!

宛如众神的一种永恒的自我逃避和自我寻觅,宛如众神欢快的自我冲突、自我和解、自我恢复!

那里一切时间在我看来都像是对瞬间的欢快嘲弄,那里必然就是自由,它欢快地戏弄着自由的螫针……

你们这些创造者,你们这些更高贵的人!必须分娩者受苦,已经分娩者不净。

试问女人:分娩并非因为这使人快乐,痛苦使母鸡和诗人咯咯大叫。

你们创造者,你们身上有许多不净,你们不得不做母亲,才致使如此。

一个新生儿:啊,多少新的污秽也来到了世上!走开吧!已经分娩的人应当洗净他的灵魂!

十四、自我的批判

《悲剧的诞生》这成问题的一节究竟缘何而写,这无疑是一个头等的、饶有趣味的问题,并且还是一个深刻的个人问题——证据是它写于激动人心的1870～1871年普法战争时期,但它又不愿于这个时期而写出。正当沃尔特战役的炮声震撼欧洲之际,一个沉思者和谜语爱好者,却安坐在阿尔卑斯山的一隅,潜心地思索和猜谜,结果既黯然神伤,又心旷神怡,记下了他关于希腊人的思绪——这奇特而艰难的核心,现在这篇序(或后记)便是为他而写的。几个星期后,他身在麦茨城下,仍然放不开他对希腊人和希腊艺术所谓"乐天"的疑问,直到最后,在最紧张的那一个月里,凡尔赛和谈正在进行之际,他也和自己达成了和解,渐渐从一种由战场带回的疾病中痊愈,也相信自己可以动手写《悲剧从音乐精神中诞生》一书了。从音乐中?音乐与悲剧?希腊人与悲剧音乐?希腊人与悲观主义艺术作品?人类到目前为止最健全、最优美、最令人羡慕、最富于人生魅力的种族,这些希腊人——怎么?偏偏他们必须有悲剧?而且——必须有艺术?希腊艺术究竟为何?……

人所深思的是,关于生存价值的重大疑问在这里究竟被置于何种地位。悲观主义一定是衰退、堕落、失败的标志,疲惫而羸弱的本能的标志吗?——在印度人那儿,显然还有在我们"现代"人和欧洲人这儿,它确实是的。可有一种强者的悲观主义?一种出于幸福,出于过度的健康,出于生存的充实,而对于生存中艰难、恐怖、邪恶和可疑事物的理智的偏爱?也许竟有一种因过于充实而生的痛苦?一种目光炯炯但求一试的勇敢,渴求可怕事物犹如渴求敌手,渴求像样的歌手，以便考验一下自己的力量，并领教一下什么叫"害怕"？在希腊最美好、最强大、最勇敢的时代，悲剧神话意味着什么呢？伟大的酒神现象意味着什么？悲剧是从中诞生的吗？另一方面，悲剧毁灭于道德的苏格拉底主义、辩证法、理论家的自满和乐观吗？——怎么，这苏格拉底主义不会是衰退"疲惫、疾病以及本能错乱解体的征象吗"？而后期希腊精神的"希腊的乐天"不会只是一种回光返照吗？反悲观主义的伊壁鸠鲁意志不会只是一种受苦人的谨慎吗？甚至科学，我们的科学——是的，全部科学，作为生命的象征看来，究竟会意味着什么呢？全部科学向何处去，更糟的是，从何而来？怎么，科学精神也许只是对悲观主义的一种惧怕和逃避？对真理的一种巧妙防卫？用道德术语来说，是类似怯懦和虚构的东西？用非道德术语来说，是一种机灵？哦，苏格拉底，苏格拉底，莫非这便是你的秘密？哦，神秘的冷嘲者，莫非这便是你的——冷嘲？

当时我要抓住的是某种可怕而危险的东西，是一个带角的问题，倒未必是一头公牛，但无论如何却是一个新问题。今天我不妨说，它就是科学本身的问题——科学第一次被视为有问题的、可疑的东西了。然而，这本血气方刚、大胆怀疑的书，其任务原不适合于一个青年人，又是一本多么不可思议的书！它出自于纯粹早期极不成熟的个人体验，这些体验全部艰难地想要得到表达，它立足在艺术的基础上——因为科学问题不可能在科学的基础上被认识。也许是一本为那些兼有分析和反省能力的艺术家写的书，含有充满心理学的新见和艺术家的奥秘，有一种艺术家的形而上学为其背景，一部充满青年人的勇气和青年人的忧伤的青年之作，即使在似乎折服于一个权威并表现出真诚敬意的地方，也仍然毫不盲从，傲然独立。简单地说，尽管它的问题是古老的，尽管它患有青年人的种种毛病，尤其是"过于冗长"，"咄咄逼人"，但它仍是一本首创之作，哪怕是从这个词的种种贬义上而言。另一方面，从它产生的效果看来（特别是在伟大艺术家理查德·瓦格纳身上，这本书就是为他而写的），又是一本得到了证明的书，我的意思是说，它是一本至少使"当时最优秀的人物"满意的书。以此，它即已应该得到重视和静默，但尽管如此，我也完全不想隐瞒,现在我觉得它多么不顺眼,事隔十六年后,它现在在我眼中是多么地陌生,——而这双眼睛对于这本大胆的书首次着手的任务是仍然不陌生的,而这任务就是用艺术家的眼光考察科学,又用人生的眼光考察艺术……

再说一遍,现在我觉得,它是一本不可思议的书——它写得很糟、笨拙、艰苦、耽于想象、印象纷乱、好动感情,而且有些地方甜蜜得有女儿气,节奏又不统一,还无意于逻辑的清晰性,显得过于自信而轻视证明,甚至不相信证明的正当性,宛如写给知己看的书,宛如奏给受过音乐洗礼、一开始就被共同而又珍贵的艺术体验联结起来的人们听的"音乐",宛如为艺术上血缘相近的人准备的识别标记——一本傲慢而狂热的书。从第一页起就与"有教养"的芸芸众生无缘,更甚于与"民众"无缘,但如同它的效果已在证明并且仍在证明的那样,它又必定善于寻求它的共鸣者,以引领他们走上新的幽径和舞场。无论如何,在这里说话的人们的好奇以及反感都供认了这一点——是一个陌生的声音,是一位"尚不认识的神"的信徒。他暂时藏身于学者帽之下,于德国人的笨重和辩证的乏味之下,甚至于瓦格纳之徒的恶劣举止之下,这里有一颗怀着异样的、莫名的需要的灵魂,有一种充满疑问、体验、隐秘的同忆,其中还要添上狄奥尼索斯的名字,就如同添上一个问号,在这里倾诉的是人们疑惧地自言自语——是一颗神秘的、近乎酒神女祭司的灵魂一类的东西,它异常艰难,不由自主,几乎决定不了它要表达自己还是隐匿自己,仿佛在用别人的舌头讷讷而言。这"新的灵魂"本应当歌唱,而不是说话!我没有勇气像诗人那样,唱出我当时想说的东西,这是多么地遗憾,我本来也许能够这样做的!或者,至少像语言学家那样。然而,在这个领域中,对于语言学家来说,差不多一切事物仍然有待于揭示和发掘!特别是这个问题,这里提出一个问题,而只要我们没有回答"什么是酒神精神"这个问题,希腊人就始终全然是未被理解和不可想像的……

是的,什么是酒神精神?这本书提出了一个答案,在书中说话的是个"知者",是这位神灵的知己和信徒。也许我现在会更加审慎、更加谦虚地谈论像希腊悲剧的起源这样一个困难的心理学问题。其根本问题是希腊人对待痛苦的态度，他们的敏感程度——这种态度是一成不变的，还是有所变化的？就是这个问题，他们愈来愈强烈的对美的渴求，对节庆、快乐、新的崇拜的渴求，实际上，是否生自欠缺、匮乏、忧郁、痛苦？假如这是事实——古希腊民主派首领伯里克利或古希腊历史学家修昔底德在伟大的悼词中已经使我们明白了这一点。那么，早些时候显示出来的相反渴求，对于丑的渴求，更早的希腊人求悲观主义的意志，求悲剧神话的意志，求生存基础之上一切可怕、邪恶、破坏、不祥事物的观念的意志，又从何而来呢？悲剧又从何而来呢？也许生自快乐，生自力量，生自满意的健康，生自过度的充实？那么，从生理学上看来，那种产生出悲剧艺术和喜剧艺术的疯狂，酒神的疯狂，又意味着什么呢？怎么，疯狂也许未必是蜕化、衰退、末日文化的象征？也许有一种——向精神病医生提的一个问题，健康的精神官能症？民族青年和青春的精神官能症？神与公山羊在萨提儿身上合二为一又意味着什么？是出于怎样的亲身体验，或由于怎样的冲动，使希腊人构想出了萨提儿这样的酒神醉心者和原始人？至于说到悲剧歌队的起源，在希腊人的躯体生气勃勃、希腊人的心灵神采焕发的那几个世纪中，也许有一种尘世的狂欢？也许正是幻想和幻觉笼罩着整个城邦，整个崇神集会？怎么，希腊人正值年富力壮之时，反有一种求悲剧事物的意志，反是悲观主义者？用柏拉图的话来说，正是疯狂给希腊带来了最大的福祉？相反，希腊人在其瓦解和衰弱的时代，却越发乐观、肤浅、戏子气十足，也越发热心于逻辑和世界的逻辑化。因而也更"快乐"，也更"科学"了？怎么，与一切"现代观念"和民主趣味的成见相抵牾，乐观主义的胜利，占据优势的理性，实践上和理论上的功利主义（它与民主相似并与之?），会是衰弱的力量、临近的暮年、生理的疲惫的一种象征？因而不正是悲观主义吗？伊壁鸠鲁成为乐观主义者，不也正因为他是受苦者吗？可以看出，这本书所承担的是一大批难题，我们还要补上它最难的一个难题！用人生的眼光来看，道德意味着什么？……

　　人们可以明白我这本书已大胆着手于一项怎样的任务了吗？……

我现在感到多么遗憾，当时我还没有勇气处处为如此独特的见解和冒险而使用一种独特的语言——我费力地试图用叔本华和康德的公式，去表达与他们的精神和趣味截然相反的异样而新颖的价值估价！那么，叔本华对悲剧是怎么想的？他在《作为意志和表象的世界》第二卷中说："使一切悲剧有特殊鼓舞力量的是认识的提高，世界、生命并不能给人以真正的满足，因而并不值得我们依恋。悲剧的精神即在其中。所以，它引导我们听天由命。"哦，酒神告诉我的是多么不同！哦，正是这种听天由命主义，当时对我是多么的格格不入！然而，这本书却有着某种极严重的缺点，比起用叔本华的公式遮蔽、损害酒神的预感来，它现在更使我遗憾，这便是，我以混入当代事物而根本损害了我所面临的伟大的希腊问题！在毫无希望之处，在败相昭然若揭之处，我仍然寄予希望！我根据德国近期音乐，便开口奢谈"德国精神"，仿佛它正在显身，也正在重新发现自己，而且是在这样的时代。德国精神不久前还具有统治欧洲的意志和领导欧洲的力量，可现在却已经寿终正寝，并且在建立帝国的漂亮借口下，把它的衰亡炮制成中庸、民主和"现代观念"！事实上，在这期间，我已经懂得完全不抱希望和毫不怜惜地看待"德国精神"，我也同样如此地看待德国音乐，并把它看作彻头彻尾的浪漫主义，一切可能的艺术形式中最非希腊的形式，此外它还是头等的神经摧残剂，对于一个酗酒并且视晦涩为美德的民族来说具有双重危险。也就是说，它具有双重性能，是既使人陶醉，又使人糊涂的麻醉剂。当然，除了抱轻率的希望并且做过不正确的应用，因而有损于我的处女作之外，书中却也始终坚持提出伟大的酒神问题，包括在音乐方面，一种音乐必须具有怎样的特性，它不再是浪漫主义音乐，也不再是德国音乐，而是酒神音乐？……

可是，倘若您的书不是浪漫主义，那么世界上还有什么能是浪漫主义呢？您的艺术家形而上学地宁愿相信虚无，宁愿相信魔鬼，也不愿相信"现在"。对于"现在"、"现实"、"现代观念"的深仇大恨还能表现得比这更过分的吗？在您所有的对于音乐和耳官诱惑之中，不是有一种愤怒而又渴望毁灭的隆隆声，一种反对一切"现在"事物和勃然大怒，一种与实践的虚无主义相去不远的意志，在发出轰鸣吗？这意志似乎喊道，宁愿无物为真，胜于你们得理，胜于你们的真理成立！悲观主义者和神化艺术的人，您自己听听从您的书中摘出的一些句子，也就是谈到屠龙之士那些颇为雄辩的句子，会使年轻的耳朵和心灵为它入迷的。怎么，那不是1380年的地道的浪漫主义表白，戴上了1850年的悲观主义面具吗？其后便奏起了浪漫主义者共同的最后乐章——灰心丧气，一蹶不振，皈依和膜拜一种旧的信仰，那位旧的神灵……怎么，您的悲观主义著作不也正是一部反希腊精神的浪漫主义著作，不正是一种"既使人陶醉，又使人糊涂"的东西，至少是一种麻醉剂，甚至是一曲音乐、一曲德国音乐吗？请听吧：

"我们想象一下，这成长着的一代，竟具有如此大无畏的目光，怀抱如此雄心壮志；我们想像一下，这些屠龙之士，迈着坚定的步伐，洋溢着豪迈的冒险精神，鄙弃那种乐观主义的全部虚弱教条，但求在整体和完满中'勇敢地生活'，那么，这种文化的悲剧人物，当他进行自我教育以变得严肃和畏惧之时，必定渴望一种新的艺术，形而上慰藉的艺术，其渴望悲剧，如同渴望属于他的海伦一样吗？他必定要和浮士德一同喊道：

我岂不要凭眷恋的痴情，

带给人生那唯一的艳影？"

"岂非必定？"……不，不，绝不！你们年轻的浪漫主义者，并非必定！但事情很可能如此告终，你们很可能如此告终，即得到"慰藉"，如同我所写的那样，而不去进行任何自我教育以变得严肃和畏惧，却得到"形而上的慰藉"，简单地说，如浪漫主义者那样告终，以基督教的方式……不！你们首先应当学会尘世慰藉的艺术，你们应当学会欢笑，年轻的朋友们，除非你们想永远做悲观主义者。所以，作为欢笑者，你们有朝一日也许会把一切形而上慰藉，首先是形式上学——扔给魔鬼！或者，用酒神精灵查拉图斯特拉的话来说：

"振作你们的精神，我的兄弟们，向上，更向上！也别忘了双腿！也振作你们的双腿，你们这些舞蹈家，倘若你们能坚强就更妙了！

"这顶欢笑者的王冠，这顶玫瑰花环的王冠，我给自己戴上了这顶王冠,我自己宣布我的大笑是神圣的。今天我没有发现别人在这方面足够强大。

"查拉图斯特拉这舞蹈家,查拉图斯特拉这振翅欲飞的轻捷者,一个示意百鸟各就各位的预备飞翔的人,一个幸福的粗心

大意者……

"查拉图斯特拉这预言家,查拉图斯特拉这真正的欢笑者,一个并不急躁的人,一个并不固执的人,一个爱蹦爱跳的人,我给自己戴上了王冠,同胞们,我把这顶王冠掷给你们!我宣布欢笑是神圣的,你们这些更高贵的人,向我学习——欢笑!"

十五、疯狂的激情

营养的选择，气候的选择和地方的选择。一个人万不可大意的第三件事就是对他休养方式的选择。在这里，允许其精神独特的界限，即有益的范围，也是狭窄的，并且是更加狭窄的。对我来说，一切阅读都是我的休养，使我从我自己中解放出来，任凭我游于陌生的学科和灵魂——我不再严肃对待。阅读恰恰使我从严肃中得以复原。埋头工作之时，在我这里看不到一本书，我禁止任何人在我旁边说话甚或默想，而这就叫阅读……人们可曾注意到，在那种因孕育而使精神和整个机体所陷入的至深紧张当中，偶然事件和外来刺激会产生格外猛烈的作用，会造成格外深重的"打击"？一个人必须尽可能避开偶然事件和外来刺激，自筑壁垒是精神孕育的第一本能和第一智慧。我要让一种别人的思想偷偷越过壁垒吗？——而这就叫阅读……在工作和丰收的时间之后，便是休养的时间，你们来吧，愉快的书籍，机智的书籍，聪颖的书籍！——那会是德国书籍吗？……我必须回溯到半年前，随手抓到了一本书。那是一本什么书？——维克多·勃罗查德的杰作《希腊怀疑论者》，我的《第欧要尼·拉尔修》在其中也得到了很好的运用。怀疑论者，模棱两可的哲学家民族中唯一可尊敬的类型！……我历来总是避难于这些人的书籍，避难于为数甚少的恰好为我提供的书籍。读得多而杂也许不合我的天性，一间阅览室会使我生病。爱得多而杂同样不合我的天性。提防甚至仇视新书，比起仇视"容忍"、"心胸开阔"以及别的"邻人爱"，更早化作了我的本能……归根到底，只有少数几个过去的法国人能使我流连忘返，我只相信法国教养，而把欧洲自称为教养的一切看作误会，更不必说德国教养了。我在德国所遇见的少数高等教养的例子，全部都是法国血统，尤其是柯西马·瓦格纳夫人，在趣味问题上绝对是我所知道第一流的。我不是读过，而是爱上了帕斯卡尔，爱他作为基督教精神的富有教益的牺牲品，慢慢地被宰割，先是在肉体上，然后是在心灵上，这惨无人道的恐怖程式的整个逻辑，在我的心灵里，谁知道呢，或许也在我的肉体里，有一些蒙田的任性，我的艺术家趣味捍卫着莫里哀、高乃依和拉辛的名字，而对莎士比亚这样粗暴的天才不无痛恨。最后，这一切并不妨碍我也把新近的法国人看作是可爱的友伴。我完全不知道，历史上有哪一个世纪像今日的巴黎那样，有如此好奇又如此精微的心理学家们济济一堂。我试着数出——因为他们的人数实在不少，布尔热、洛蒂、吉普、梅雅克、法朗士、列梅特尔诸位先生，或者为了突出强健神族中的一员，举出我特别喜欢的一位真正的拉丁人——莫泊桑。我偏爱这一代人，即我们之中的人，乃至其大师，这些大师全都被德国哲学败坏了（例如，泰纳先生被黑格尔败坏了，他因为黑格尔而误解了伟大人物和伟大时代）。德国伸展到哪里，就败坏了哪里的文化。只是战争才"拯救"了法国的精神……司汤达，我生命中最美好的邂逅之一——因为在我的生命中划时代的一切，都是来自邂逅，从来不是来自一种建议——他那心理学家的先见之明，他对事实的把握，那是不可估价的，令人想起来最伟大的事业家（指拿破仑），最后，并非最不重要的，作为正直的无神论者，一个在法国罕见的、并且未曾遇见过的类型——则是光荣的梅里美……莫非我竟嫉妒司汤达？他夺走了无神论者所能说出的最巧妙的俏皮话，这话本来是应该由我说出的："上帝唯一可宽恕之处，就是他并不存在。"……我自己在什么地方也说过：迄今为止，什么是对生命的最大困难？上帝……

　　给我以抒情诗人的最高概念的是海涅。我在许多世纪的一切领域中，徒劳地寻找着一种同样甜蜜而又热情的音乐。他具有那神圣的恶意，没有这种恶意，我就不能想像美满——我估量人和种族的价值，就看他们如何能不由自主地结合着牧神去理解上帝。而且他是怎样运用德语的啊！有一天人们会说，海涅和我绝对是德国语言的第一流艺术家——距离纯粹德国人的德语水平无限远。我和拜伦的曼弗雷德必定有很深的血缘关系,我在自己身上发现了其一切深渊——13岁时,我的这部作品已经成熟了。谁敢当着曼弗雷德的面提起浮士德,我实在无话可说,也只有瞥他一眼。德国人对于伟大的任何概念都是低能的,舒曼就是证据。我本人出于对这个甜腻腻的撒克逊人的痛恨,曾经给曼弗雷德写过一段反序曲,19世纪德国著名的指挥家汉斯·凡·彪罗说,他从未见过与此相似的乐谱,这是对女神欧忒耳珀的渎念。当我寻求我对莎士比亚的最高公式时,我找到的始终是:他塑造了恺撒这个典型。一个人是不能猜透这种典型的他或者就是它,或者就不是它。这位大诗人只能发掘他的亲身经历,以至于他后来不能再忍受他的作品了……当我望了一眼查拉图斯特拉,我在屋子里蹀踱了半个钟头,再也控制不住难以忍受的悲恸抽搐。我不知道还有比读莎士比亚更令人心碎的事情了:一个人何以必须如此受苦,以致不能去做一个小丑!人们理解哈姆雷特了吗?会逼人发狂的并不是怀疑,而是确信,可是要有这体会,一个人必须深刻,成为深渊、哲学家——我们都害怕真理……

  谈到生命的休养,我在这里可不能不赞一词,以表达我对那一生中最深沉最亲切地使我复元的事情的谢忱。这无疑就是和理查德·瓦格纳的亲密交往。我可以轻易放弃我人间关系的零头,但没有什么代价可以使我从生命中缴出特里伯辛的日子,而那信任而明朗的日子,有着微妙的意外——有着深邃的瞬间……我不知道别人和瓦格纳一起有何感觉,不曾有过一朵云影掠过我们的天空——我再次返回法国。对于瓦格纳派以及其余诸如此类的人物,我不屑置辩,而只是轻蔑地一撇嘴角,这些人满以为瓦格纳与己同类,借此信念而向他致敬……依我至深的天性,我和一切德国的东西都如此格格不入,以致只要接近一个德国人,就足以阻碍我的消化,和瓦格纳的初次接触只是我生命中第一回扬眉吐气,我感到,我尊敬他如同尊敬异国,如同尊敬一切"德国德行"的对立面和对它有血有肉的抗议。我们,在18世纪50年代的瘴气中度过了童年的我们,对于"德国的"这个概念不可避免地是悲观者,我们除了做革命者外别无其他可能——我们不能容忍伪君子高高在上的情景。无论这伪君子如今怎样乔装变色，他是纡金拖紫，或是披盔挂甲，对我是全然一样……好吧！瓦格纳是一位革命者——他逃离了德国人……作为艺人，一个人在欧洲除了巴黎之外便无家可归。瓦格纳艺术的前提，那五种艺术官能的精致，对于细微差别的把握，心理的病态，只有在巴黎才能找到。任何别处都不会有对于形式问题的狂热，对于舞台调度的认真——巴黎人的认真是卓越的。在德国，人们对于活跃在一位巴黎艺术家灵魂中的那种巨大野心甚至还形不成概念。德国人是驯顺的，而瓦格纳却根本不是驯顺的……然而，关于瓦格纳何所归属，谁是他最近的亲属，我已经说得够多了，这就是法国后期浪漫派，那个腾云驾雾的艺术家类型。例如，德拉克罗瓦、柏辽兹，具有一种疾病的、不治之症的性格基础，是表情的公开热衷者，也是彻头彻尾的明星……一般来说，谁是瓦格纳的第一个自觉追随者？查尔斯·波德莱尔，他最先理解了德拉克罗瓦是一个典型的颓废派，整个艺术人家族都在他身上重新认识了自己——他或许还是其中的最后一人……我绝不能原谅瓦格纳的是什么？就是他屈尊俯就德国人！他成了德国国民——德国伸展到哪里，就败坏了哪里的文化。

  细想起来，没有瓦格纳的音乐，我就不可能忍受得了我的青年时代。因为我已经被判决为一个德国人。当一个人想摆脱一种无法忍受的压迫时，必须要有麻醉品。好吧，我必须有瓦格纳。瓦格纳是一切德国事物卓越的抗毒剂——我并不否认他也是毒剂……自从听到《特里斯坦》钢琴片断的那一刹那起——多谢彪罗先生！——我就成为一个瓦格纳派了。我看瓦格纳以前的作品都在我之下——还太平庸、太"德国气"……可是今天我还在寻找一部作品，与《特里斯坦》有着同样危险的魅惑力和同样可怕而甜蜜的无穷意味——我在一切艺术中徒劳地寻找着。只要响起《特里斯坦》的第一个音符，列奥纳多·达·芬奇的全部奇特就都失去了魅力。这部作品绝对是瓦格纳的顶峰，他的《名歌手》和《指环》已是从顶峰下跌了。变得更健康——这在瓦格纳这样的天性反是一种退步……生逢其时，并且恰好生在德国人中间，以求成熟于这部作品，我以为是头等的幸运，我身上心理学家的好奇心是走得如此之远。对于从未病得足以沉溺于这种"地狱之狂欢"的人来说，世界是贫乏的，应当准许甚至命令在这里运用一种秘密形式。我认为，我比任何人都更了解瓦格纳的奇伟怪诞，除了他，无人能展翅飞抵狂喜的五十重天，况且我足够强壮，可以使最可疑、最危险的事物变得对我有益，并且变得更为强壮，所以我称瓦格纳为我生命的大恩人。使我们结成亲缘的是，比起本世纪人们所能忍受的苦来，我们受苦更深，而且互从对方感到受苦，这将使我们的名字永远重新联结在一起，在德国人中间，瓦格纳必定是一个纯粹的误解，我也必定是如此，且将永远如此——我的日耳曼同胞，你们首先得受两百年的心理学和艺术的训练！……然而这一课却是没法补上的了。

  我还要概括地谈谈我的风格和艺术。用符号以及这些符号的节拍来传达一种状态，一种内在的激情的紧张——这是每种风格的意义，由于我的内在状态异常繁多，就具有风格的多种可能性，一般说来，只是一个人所曾掌握过的最多样化的风格的艺术。一种风格若能真实地传达其内在状态，不错用符号、符号的节拍以及表情（一切修辞都是表情的技巧），便是好的风格。我的本能在这方面是不会错的。自在的好风格是十足的愚蠢，是纯粹的"理想主义"，如同"自在之美"、"自在之善"、"自在之物"一样……前提始终是要有听取的耳朵、有懂得并且配得上这种激情的人，有可以向它传达的人。例如，我的《查拉图斯特拉》，目前还在寻找这样的人——唉！它还将久久地寻找！人必须要配得上受它的考验……在那个时辰到来之前，不会有人理解我耗费在这本书中的技巧，也不曾有人致力于如此崭新的、闻所未闻、真正首创的艺术手段。在德语中能够有这样的东西，这一点一直有待证明，我本人从前对此也坚决否认。在我之前，人们不知道用德语能够做成什么——一般来说，用语言能够做成什么。伟大节奏的技巧，修辞的伟大风格，以表达高尚的超人激情的澎湃起伏，首先被我发现了，仅凭借《七印记》这样的颂诗，我便翱翔在迄今所谓诗歌之上一千英里。

  要公正对待《悲剧的诞生》，就必须忘掉一些事情。它是靠它的错误发生影响甚至使人着迷的——这错误便是它对瓦格纳主义的利用，似乎瓦格纳主义是一种向上的征象。也正因为如此，这部作品成了瓦格纳生活中的一件大事，从此以后，伟大的希望系于瓦格纳的名字。即使在今天，只要提起《帕西法尔》，人们还要提醒我，对于这一运动的文化价值作出如此高度评价，这种意见占上风，我是负有罪责的。我时常发现这部作品被引作《悲剧从音乐精神中的复活》，人们于其中只注意瓦格纳的艺术、意图和使命的新公式，却忽略了隐藏在这部作品基础中的真正价值。"希腊精神和悲观主义"，这可是一个毫不含糊的标题，即首次说明了希腊人是如何清算悲观主义的——他们靠什么战胜了悲观主义……悲剧恰好证明，希腊人不是悲观主义者，叔本华在这里如同他在所有问题上一样，还是弄错了。用局外人的眼光看《悲剧的诞生》显得很不合时宜，难以想像，它是在沃尔特战役的炮声中开头的。我在麦茨城下，在寒冷的九月之夜，在护理病人的服务中，沉思了这些问题，人们不妨相信，这部作品有五十年的历史了。它对政治是冷淡的——今天人们会说是"非德国的"，它散发着令人厌恶的黑格尔气味，只在某些公式中，它才夹带着些叔本华的报丧者气息。一种"理念"——酒神因素与日神因素的树立，被阐释为形而上学，历史本身被看作这种"理念"的开展，这一对立在悲剧中被扬弃而归于统一，在这种光学下，从未彼此照面的事物突然相遇，互相照亮和阐明。正如歌剧和革命……书中有两点决定性的创新，第一是对希腊人酒神现象的理解——为它提供了第一部心理学，把它看作全部希腊艺术的根源；第二是对苏格拉底主义的理解，苏格拉底第一次被认作是希腊衰亡的工具、颓废的典型。"理性"反对本能，"理性"无论如何都是摧残生命的危险力量！全书对基督教保持深深敌意的沉默。基督教既非日神也非酒神，它否定一切审美价值——《悲剧的诞生》所承认的唯一价值，它在至深的意识中是虚无主义的；反之，酒神的象征却达到了肯定的极限。基督教教士一度被喻为是"阴险的侏儒族类"、"地下族类"……

　　这一个起点是无比奇特的。我凭借最内在的经验，发现了历史中所具有的唯一比喻和对应物，因此，我首先理解了奇异的酒神现象。

同时我视苏格拉底为颓废者，并彼此毫不含糊地证明，我的心理绝不会陷入任何道德过敏的危险——视道德本身为颓废的象征，只是一个创新，是认识史上头等的独特事件。借这两个见解，我如何高出于乐观主义和悲观主义那可怜的肤浅空谈之上！我首先看出真正的对立——看出蜕化的本能带着隐秘的复仇欲转而去反对生命（其典型形态是基督教。叔本华哲学，在某种意义上还有柏拉图哲学，全部唯心主义），反对生于丰盈和满足的最高肯定的公式，无条件的肯定，肯定痛苦，肯定罪恶，甚至去肯定生存的一切可疑和异常的特征……对于生命最终、最快乐的、最热情洋溢的肯定，不但是最高的智慧，而且是最深刻的智慧，于是得到了真理和科学最有力的证明和维护。凡存在的人，无物要抛弃，无物为多余——虚无主义者所摒斥的生存方面，在价值系列中所占据的地位，甚至要无限地高于颓废的本能所赞许、所称道的东西。要理解这一点，必须要有勇气而接近真理。强者必须认识和肯定现实，恰如弱者由于虚弱而必定怯懦并且逃避现实，此谓"理想"……他们没有认识的自由，颓废的人离不开欺骗——这是他们的保存条件。无论是谁，不但理解"酒神"的这个词，而且由这个词而理解自己，他就用不着去反驳柏拉图或叔本华——他能嗅到那腐味……

最近我还在《偶像的黄昏》中表明，我如何借此而找到了"悲剧的"这个概念，找到了关于什么是悲剧心理的终极知识。"肯定生命，哪怕是在它最异样、最艰难的问题上，生命意志都在其最高类型的牺牲中，为自身的不可穷竭而欢欣鼓舞——我称这为酒神精神，我把这看作通往悲剧诗人心理的桥梁。不是为了摆脱恐惧和怜悯，也不是为了通过猛烈的宣泄，而从一种危险的激情中净化自己（亚里士多德如此误解），而是为了超越恐惧和怜悯，为了成为生成的永恒喜悦本身——这种喜悦在自身中也包含着毁灭的喜悦……"在这个意义上，我有权把自己看作第一个悲剧哲学家，也就是悲观主义哲学家极端的树立者和相反者。而在我之前，没有人把酒神变为一种哲学激情，尚缺乏悲剧智慧，甚至在苏格拉底前两百年的希腊大哲学家身上，我也是徒劳地寻找此种智慧的征兆。唯有对于赫拉克利特，我有所保留地与他接近，我的心情比在其他任何地方更觉得温暖和愉快。肯定流逝和毁灭，酒神哲学中的决定性因素，肯定矛盾和战争，生成，以及彻底否定"存在"概念——我在其中不能不认出至今为止与我最相像的思想。"永恒轮回"的学说，即万物是无条件的和无限重复的循环学说，终究可能也已经为赫拉克利特所教导过。几乎所有根本观念都从赫拉克利特继承而来的斯多噶派便有此种学说的迹象。

　　一个宏伟的希望从这论著中说话。我终究没有任何理由放弃对于音乐的一种酒神式未来的希望。让我们放眼一百年以后，设想一下我对两千年来的反自然和人类耻辱的进攻就已成功。那新的生命党，着手于最伟大的使命，培养着人类更高的品质，其中包括无情地毁灭一切坠落者和寄生者，将使大地上生命之丰盈重新成为可能，因而使酒神境界也必定重新高涨。我预期着一个悲剧时代，一旦人类具备一种觉悟，进行最艰苦却也最必要的战争，并不因此痛苦，肯定生命的最高艺术，即悲剧，就要复活了……

　　在19世纪末叶，可有谁清楚地知道强盛时代的诗人们称什么为灵感？倘若没有，我愿来说说。一个人稍微有一点迷信，恐怕就不会拒绝在事实上想象一下，自己成为某些极强大力量的纯粹化身、纯粹传声筒、纯粹媒介。启示的概念就是描述这种情况的，它的含义是，使一个人深深震撼战栗的某种东西，突然以一种不可言说的准确和精细变得可见可闻。倾听，而并不寻求，接受，而并不追问谁在给予；一种思想犹如电光突然闪亮，带着必然性，毫不犹豫地获得形式——根本不容选择。一种喜悦，其巨大的紧张有时通过泪水的汹涌而得舒缓，他此时步态踉跄，时而疾行，时而又踟蹰；一种不完全的出神状态却又清晰地意识到有无数微妙的震颤和波动流遍全身；一种至深的幸福，痛苦和阴郁在其中并非作为对立面，而是作为条件，作为产物，作为如此光辉灿烂中必有的色彩起作用；一种节律关系的本能，它绷紧了形式的广阔空间——长度，对于扩展的节律的需要，几乎是衡量灵感力量的尺度，是对灵感的压力和紧张的一种平衡……万物最高程度地显现了，这是不由自主的，却又好像是一种自由情感、绝对、强力、神性的狂飙突起……最奇特的是形象和比喻皆不期而至，人不再明白什么是形象,什么是比喻,一切都以最迅捷、最正确、最单纯的表达方式呈现自己。看来是真的,用查拉图斯特拉的话来说,事物好像自动前来,甘愿充当比喻。("这里万物爱抚地走向你的言谈,向你谄媚,因为它们想骑在你的背上驰骋。这里你骑在每种比喻上,驰向每种真理。这里一切存在的语言宝库向你突然打开;这里的一切都想变成了语言,一切生成都想从你学习言谈。")这便是我对灵感的体会,我不怀疑,必须倒退几千年,才能找到一个能向我说这话的人:"这也是我的体会。"

十六、艺术的意志

我们的宗教、道德和哲学是人的颓废形式。

相反的运动——艺术。

艺术哲学家——艺术的更高概念。一个人能否站在离别人如此遥远的地方来塑造他们呢?(预习:第一,做一个自我塑造者,一个隐居者;第二,像到目前为止的艺术家那样,在某种资料方面,做一个小小的完成者。)

在没有艺术家的情形下所出现的艺术品,比如说,就像一个机体,一个组织(普鲁士军官团,耶稣会教团)。艺术家在某种程度上仅仅是一个初级阶段。

世界就犹如一件自我生育的艺术品。

"艺术家"这种现象最容易一目了然,从那里可以去窥视强力、自然等基本本能!甚至是宗教和道德的基本本能!

"游戏",看起来毫无可用——恰恰是充溢着力量的人的理想,是"稚气"。像神的稚气一样,嬉戏着的儿童。

世间存在着日神状态和酒神状态。艺术本身就像一种自然的强力一样,它借这两种状态表现在人的身上,并支配着他,而不管他是否愿意,或作为驶向幻觉的动力,或作为驶向放纵的动力。这两种状态在日常生活中也有所表现,只是比较弱些,在梦中,在醉中。

但是,即使是在梦和醉之间,也存在着同样的对比,这两者都在我们身上释放艺术的强力,而各自释放的却不相同:梦释放视觉、联想、诗意的强力;醉释放姿态、激情、歌咏、舞蹈的强力。

在狄奥尼索斯的醉中有性欲和情欲,而阿波罗的方式中也不乏这些。在这两种状态之中必定还有一种节奏的差异……某种醉感的极端平静（确切地说，是时间感和空间感的变缓）特别反映在最平静的姿势和心灵行为的幻觉之中。古典风格本质上表现着平静、单纯、简洁和凝练，其最高的强力感集中在古典范型之中。拙于反应，一种高度的自信，毫无争斗之感。

醉感，它实际上同力的过剩相应——在两性动情期最为强烈，新的器官，新的技能，色彩，外形，"美化"是高涨的力的结果。美化是得胜的意志的表现，是加强了协调的表现，是所有强烈欲求已达和谐的表现，也是分毫不爽地垂直重力的表现。逻辑和几何的简洁是力量高涨的结果，反过来这种简洁的感觉又提高了力量感——其发展的顶点显露伟大的风格。

丑意味着某种形式的颓败、内心欲求的冲突和失调，意味着组织力的衰退，按照心理学的说法，即"意志"的衰退。

那种人们称之为醉的快乐状态，是不折不扣一种高度的强力感——时间感和空间感改变了，天涯海角一览无遗，简直像一次得以尽收眼底，眼光伸展，投向更纷繁、更辽远的事物，器官变得精微，犹如肌肉中的一种支配感，犹如运动的敏捷和快乐，犹如舞蹈，犹如强健得以证明之际的快乐，犹如绝技、冒险、无畏、置生死于度外……人生的所有这些高潮时刻相互激动，这一时刻的形象世界和想象世界化作提示满足着另一时刻，就这样，那些原本也许有理由互不相闻的种种状态终于并生互绕、相互合并。例如，宗教的陶醉与性的兴奋（两种深刻的感情，几乎总是奇妙地关联着。什么能取悦于所有虔信的妇女，无分老少？答案是：一个圣人，有着美丽的大腿，仍然年轻，仍然童贞）。悲剧的残酷与怜悯（通常也相互关联着）……春意、舞蹈、音乐，无非是异性的互相显耀，而且还有那种浮士德式的"春心无限"。

艺术家倘若能有些作为，都一定是禀性强健（肉体上也如此），精力过剩，且像野兽一般，充满情态。假如没有某种过于炽烈的性欲，就无法想象会有拉斐尔……其创作音乐也不过是制造孩子的一种方式，贞洁不过是艺术家的经济学，无论如何，艺术家的创作力总是随着生殖力的终止而终止……艺术家不应当按照本来的面目看事物，而应当看得更丰满、更单纯和更强健。为此，在他们自己的生命中就必须有一种朝气和春意，有一种常驻的醉意。

在某些状态中，我们把光彩和丰盈加之于事物，并赋予诗意。直到它们反映出我们自身的丰富和生命欢乐。这些状态是：性冲动，醉，宴饮，春天，克敌制胜，嘲弄，绝技，残酷，宗教感的狂喜。三种因素是主要的，即性冲动、醉和残酷，它们都属于人类最古老的节庆的快乐，也都在原初的"艺术家"身上占据优势。

反过来，当显示了光彩和丰盈的事物迎面而来，我们身上的动物性存在，就以上述那一切快感状态所寓的那些区域的兴奋来做答，而动物性快感和欲望的这些极其精妙的细微差别的混合就是审美状态。审美状态仅仅出现在那些能使肉体活力横溢的天性之中，其第一推动力永远是在肉体的活力里面。清醒的人、疲倦的人、筋疲力尽的人、干巴巴的人（比如学者）绝对不能从艺术中感受到什么，因为他没有艺术的原动力，没有内在的丰富的逼迫——谁不能给予，谁也就无所感受。

"完满"是在那些状态中（特别是在性爱中）天真地透露了至深的本能，通常尊崇为最高、最令人向往、最有价值的东西，其透露了本能类型的上升运动，而本能实际上也就在力争这种境界。完满是本能强力感的异常扩展，是丰富，是冲决一切堤防后的必然泛滥。

艺术使我们想起动物活力的状态，它一方面是旺盛的肉体活力向形象世界和意愿世界的涌流喷射；另一方面是借助崇高生活的形象和意愿对动物性机能的诱发。它既是生命感的高涨，也是生命感的激发。

丑在何种程度上也具有这种威力？就是在这种程度上，它多少还是在传达艺术家获胜的精力，而他已主宰了这丑和可怖。或者是在这种程度上，它在我们身上稍稍激发起残忍的快感（在某些情况下甚至是自伤的快感，从而又是驾驭我们自身的强力感）。

对艺术家来说，"美"之所以是至高无上的东西，那是因为在美里面对立被制服了，强力的最高标志就是胜于对立面，而且毫无紧张之感，暴力不再必要，一切都如此轻松地俯首听命，而且带着再友好不过的神态来顺从——这使得艺术家的强力意志感到欢欣鼓舞。

美和丑各有其生物学价值。使我们在审美活动中本能地反感的东西，就是被人长期证明为有害的、危险和可疑的东西，突然说话的审美本能（如厌恶）包含着一个判断。在同样的程度上，美属于有用、有益、提高生命等生物价值的一般范畴之列。然而就是这样——极为长久以来提示着、联系着有用事物和有用状态的种种刺激给我们以美感，即强力感增长的感觉（所以，不仅仅是事物，而且还伴随着这些事物的感觉或者象征）。

因此，美和丑被看作是有条件的，即要从我们最基本的自我保存价值来着眼，因而要设定美的东西和丑的东西是毫无意义的。没有美，就像没有善和真是一样的。在特定场合，它又同某种特定类型的人的保存条件有关，从而，和异常的人、超人相比，群氓就会在另一类东西上感到美的价值。

这是近景光学，它只对切近的后果加以考察，而美（还有善和真）的价值就从它产生。

一切本能的判断，就一系列因果链条来看，都是目光短浅的，它们建议，什么事情都需要即刻去办。理智主要是一种阻止对本能判断作出即时反应的制动装置，它止步，它权衡再三，因为它看到较长远的因果链条。

关于美和丑的判断是目光短浅的（它们总有个理智同自己相对立），但是在最高程度又是可信赖的，他们诉诸我们的本能，就在那里，本能最快地作出决定，断然说出自己的是或否，而这时理智还不曾得发一言。

最通常的美的肯定是互相激励的。审美本能一旦工作起来，结晶在"这一个美"周围的，还有许许多多其他来路不同的完满。要保持客观是不可能的，要摆脱解释、赋予、充实和诗化的力量也是不可能的（最后这种力量是美的肯定本身的维系）。正好看见一位"美貌的女子"。

因此，第一，美的判断是目光短浅的，它仅仅看到最近的后果。

第二，它赋予那个激发它的对象一种魔力，这种魔力是以各个美的判断之间的联想为条件的，却与那个对象的本质完全无关。把一个事物感受为美的，必然是一种错觉（顺便说说正因为如此，从社会的观点来看，因恋爱而结婚是一种最不理智的结合）。

关于艺术的发生：制造完满和发现完满，这是负担着过重性力的大脑组织所固有的（和情人一起消磨的黄昏美化了最细小的偶然事件，生活被美化为一连串精美的事物，如"不幸的爱情之不幸，其价值高于一切"）。另一方面，每种完满和美的东西，其作用犹如对那种热恋状态及其看待世界的方式的一种无意识的回忆。每种完满事物那完整的美，接触之下都会重新唤起性欲亢奋的极乐（从生理学角度看，艺术家的创造本能和精液流入血液的份额……）。对艺术和美的渴望是对性欲癫狂的间接渴望，他把这种快感传导给大脑，并通过"爱"而变幻出完美的世界。

乔装打扮的肉欲：第一，作为理想主义（"柏拉图式"），常见于青年人，造成这样一种凹面镜映像，情人显得与众不同，是一种镶嵌、一种夸张、一种美化，其环拥着万物的一种无穷；第二，在爱情宗教中，"一个英俊少年"，"一位佳丽"，无论如何都是神圣的，是心灵的新郎和新娘；第三，在艺术中，作为一种"装饰的"力量，就像一个男人看一个女人时，简直要把人间一切优点都当礼物送给她一样，艺术家的肉欲也把他一向还尊重和珍视的一切赋予一个对象，这样地去完成一个对象（把它"理想化"）。女人意识到男人对女人的感觉，就迎合这种理想化的努力，于是浓妆淡抹，翩行宛舞，巧思织想，与此同时，她练得羞怯、蕴藉和矜持——出于一种要增加男人的理想化余地的本能。（尽管女性的本能异常精细，羞怯仍然绝不意味着有意的虚伪，她猜到，正是天真而真实的羞耻对男人诱惑最甚，促使他过高评价女人。女人因此而天真——出于本能的精细，这本能把天真无邪的用处晓谕给她。故意闭着眼睛不去自省……无论什么场合，只要无意识地使矫饰更有作为，那么矫饰就会变成无意识的。）

陶醉真是无所不能，这被称作"爱情"的陶醉，这还不仅止于爱情的陶醉！对此，人人都有切身的体会，只要一个男人来到近旁，一个少女的肌肉力量就会增加，这一点可以用仪器测量出来。在两性更接近的关系中，比如在舞会上或在其他社交场合，这种力量更可以增加到成为真正神力的地步。最后，人们再不信赖眼睛和表面！在这里当然要考虑到，就像每一种快速运动一样，跳舞本身已经为整个血管、神经和肌肉组织带来一种陶醉了。在这种情况下，就要计算双重陶醉的联合作用。有时候有点儿疯狂是多么聪明！……有一些事实，人是从来不可向自己承认的，就此而言，人是女人，就此而言，人具有女性的全部羞耻心……在那里跳舞的这些年轻人，显然已经超然物外，他们不过是在同仅可触知的理想跳舞，而且他们甚至看见理想已围绕自己而坐——那些母亲们……得以引证《浮士德》的场合……当她们有点儿疯狂的时候，这些尤物啊，看起来真是无比动人，而她们自己也清清楚楚！正因为她们清楚这一点，她们甚至变得更讨人喜欢了！最后，她们的装束也激动着她们，她们的装束是她们的第三项小小的陶醉，她们信奉她们的裁缝就像是信奉她们的上帝一样——而谁又去反对她们的这个信仰！这个信仰造福于人！而自我欣赏是健康的！自我欣赏可以预防伤风。可曾有一个知道自己衣着华丽的漂亮女人伤风过吗！从来不曾有过！我甚至设想，她即使几乎一丝不挂也不会伤风。

想得到醉的变形力量究竟多么令人惊叹的证明吗？"爱情"就是一种证明，在世界的一切语言和一切缄默之中，有些都被称作爱情。在这里，醉是这样来处置现实的，在恋爱者的意识里，真实的动机消隐了，别的什么东西似乎取代了它的位置——喀耳刻的所有魔镜的颤动和闪光……在这一点上，人和动物并无区别，精神、善和诚实尤其无所区别。谁精明，谁就被精明地愚弄；谁粗鲁，谁就被粗鲁地愚弄。但是，爱，甚至对上帝的爱，"拯救灵魂"的神圣的爱，归根结底也都是一码事，这是一种冠冕堂皇地把自己理想化的狂热，一种巧妙地编造关于自己的谎言，他似乎面目一新了，更强壮、更丰富、更完美了，他是更完美了……在这里，我们发现艺术是一种生物机能，我们发现它被置入"爱"的那天使般的本能之中，我们发现它是生命的最强大动力，因此，甚至在撒谎这一点上，艺术也是非常合乎目的的……可是，如果我们在它的欺压力量上停留下来，我们就错了。它的作为不止于想象，它甚至改变价值。而且并非仅仅是说它改变了价值感，恋爱者是更有价值的，是比较强有力的。在动物身上，这种状态产生出新的武器、色素、颜色和外形，特别是新的运动、新的节奏、新的声音和引诱。在人身上，事情并无不同。他的整个组织比以往更丰富了，比不恋爱时更有力、更完备了。恋爱者成了挥霍者，他富裕得足以这样做。他现在胆大妄为，成了冒险家，成了一个宽宏大量、纯洁无邪的天真汉。他又信奉上帝了，他也信奉德行了，因为他信奉爱。除此之外，这个幸福的白痴还增添了翅膀和新的能力，甚至艺术之门也为他敞开了。如果我们借音和字抒情的作品删去了那种内在狂热的暗示，那么，抒情诗和音乐还剩下些什么呢？……为艺术而艺术，多半是冻僵了的青蛙在沼泽里垂死挣扎的高超聒噪……其他一切都是由爱创造的……

一切艺术都是作为对肌肉感官的暗示而发挥作用的，肌肉和感官本来就是在天真的艺术型的人身上活动的。艺术向来只对艺术家说话，它只对肉体极其灵敏的这些类型说话。"外行"这个概念是一个错误概念。聋子根本不能称之为有听力。

一切艺术都有健身作用，可以增添力量，燃起欲火（即力量感），激起对醉的全部微妙的回忆——有一种特别的记忆潜入到这种状态中，一个遥远的、稍纵即逝的感觉世界回到这里来了。

丑，即艺术的对立面，是艺术所排斥的，是它的否定。只要一察觉到衰落、生命的枯竭，一察觉到瘫软、瓦解和腐败，不论相隔多远，审美者都要做出否定的反映。丑起着压抑的作用，它是压抑的标志。它夺走力量，它使人枯竭，它压迫……丑暗示着丑恶的东西。一个人可以从他的健康状况来验证，生病会怎样明显地提高对于丑恶事物的想象力。对事业、意趣、问题的选择变得不同了。在逻辑的领域里也有与丑血缘相近的状态——笨重、迟钝。从力学上说，这里失去了平衡：丑，跛足而行，丑，跌跌撞撞，恰与舞蹈者那神圣的轻盈相反。

审美状态具有丰富的传达手段，同时对刺激和信号具有高度感受性。它是生物之间进行交流和传递的顶峰，它是语言的泉源。语言在这里自有其起源，这一点适用于声音语言，就如同适用于手势表情语言，即使到今天，人们仍然还用肌肉来听，甚至还用肌肉来读。

每一种成熟的艺术都有许多惯例作为基础，因为它总是一种语言。惯例是伟大艺术的条件而不是它的障碍……生命的高涨总是提高了人的传达力，同时也提高了人的理解力。深入他人灵魂而共生本来无关乎道德，却是一种对于暗示的生理易感性。"同情"或所谓"利他主义"不过是被当作精神性来看待的心理动力联系的现形。人们从来不传达思想，他们传达动作，传达用表情和动作表达的符号，这些东西被我们事后解释为思想。

与音乐相比，一切借用言词的传达都是无耻的方式，言词使内容变得稀薄而愚蠢，言词抹杀个性，言词化神奇为陈腐。

正是那些例外的情形造就成了艺术家，这些情形全部和病态深有亲缘并且深相纠结，以至于看起来想当个没病的艺术家是不可能的。

以下的生理状态在艺术家身上被培育成"个性"。一般来说，它们在某种程度上也附着于普通人。

第一，醉，高度的力感，一种通过事物来反映自身的充实和完满的内在冲动。

第二，某种官能的极端敏锐，以至于它能够理解并且创造一种完全不同的符号语言，这种敏锐常常同有些精神病相连，有极端的灵活性，并从中发展出一种高度的传达能力，可以谈论一切能给出符号的事物的愿望，似乎要通过符号和表情姿势摆脱自我的需要，用成百种语言方式来谈论自己的能力———一种爆发状态。首先必须把这样一种状态设想为通过各种肌肉劳作和活动而从极度的内在紧张中摆脱出来的驱迫和冲动，然后把它设想为这种向内部过程（想象、思想、欲望）发展的运动的自发协调———设想为整个肌肉组织在从内发挥作用的强烈刺激推动下的一种自动作用，而没有能力去阻止反应，制动装置简直束之高阁了。每一种内部运动（感觉、思想、情绪）都伴随着血管的变化，随之而来的是肤色、体温和体液分泌的变化。音乐的暗示力量，是指它的"精神暗示"。

第三，模仿的冲动，一种异常的过敏，这时一定的榜样富有感染力地传达自己，一种状态已经根据符号被猜中和显示出来了……一个印象在头脑里一闪现，就作为肢体的运动而发生作用了——意志的某种停顿（叔本华！）……对外部世界的某种闭目塞听，便忍受下来的刺激范围被严格地限定了。

这一点区别了艺术家和外行（艺术的接受者），后者在接受中达到兴奋高潮，前者则是在给予中达到。因此，这两种资质的对抗，不但是合乎自然的，而且也是值得盼望的了。其中每一种状态都各有一个相反的着眼点，要求艺术家具备听众（批评家）的眼光，就等于要求他使自己以及自己的创作力枯竭……这里的情形同两性差别相类似，人们不应当要求从事给予的艺术家变成女人。

我们的美学就这方面来说，至今还是一种女人美学，仅仅是由接受者们为艺术提出了他们关于"什么是美"的经验。在全部哲学中，迄今为止还缺乏艺术家……正如前面所指出的，这是一个不可避免的缺陷，因为只要艺术家开始去理解自己，他立刻也就会误解了自己，他不应该向后看，他根本就不应该看，他必须给予。没有能力做批评家，这是艺术家的荣幸；否则，他只是半瓶醋，也只能"赶时髦"。

这里我举出一系列心理状态作为充实而旺盛的生命的标志，人们今天习惯于把这些标志视为病态的。然而，在这同时，我们已经放弃谈论健康与病态间的对立了，问题只涉及程度。在这一点上，我的看法是，今天被称为"健康"的东西不过是意味着下述状态的一种较低级的水平，这种状态的种族。对我们来说是会造成危害的东西，在我们身上会成为病态的东西，在他身上却是自然的。可是人们表示反对，认为正是机器的失灵才使人得以对各种暗示具备过度的理解力，而证据就是我们那些歇斯底里的女人。

正如生命的枯竭一样，生气和精力的充溢能够带来局部的压抑、感官的幻觉、对暗示的敏感等表征，刺激所据的条件不同，效果却相同……不同的主要是最后效果，一切病态天性由于神经的离心倾向而造成极度松弛，与艺术家的状态毫无共同之处，后来也不必为他的美好时光还债……他富裕得足够挥霍而不至于穷竭。

就像如今"天才"可以被看作精神官能症的一种形式一样，艺术的暗示力量也许可以被同样看待，而我们的演员们事实上仅仅与歇斯底里的女人是一路货色！不过，这是反对"今天"，而不是反对"艺术家"。

非艺术状态：客观状态、反映状态、意志被解除的状态……（叔本华的荒唐误解是他把艺术当作通向否定生命的桥梁……）非艺术状态使人变得枯竭、贫乏、苍白，生命因瞥见这些状态而受苦——基督徒。

现代艺术家在生理上与歇斯底里的血缘最近，他们的性格也是根据这种病态而被描画出来的。歇斯底里是假的，他们为了撒谎的乐趣而撒谎，他们在每种矫饰的艺术中都是令人叹服的——如果病态的虚荣心不曾愚弄他们的话。这虚荣心犹如一种持续不断的热病，需要麻醉剂，什么自欺和约许片刻慰藉的闹剧都吓不退它。（没有能力骄傲，为深入骨髓的自卑不断报仇的需要——这差不多就是这类虚荣心的定义。）

他们的整个系统荒谬地易于激动，这把他们的全部经历都变成危机，把"戏剧性因素"塞进最微不足道的生活细节里面，以夺走他们的一切可预测因素。他们不再是人，至多是角色的会合，其中忽而这个角色、忽而那个角色，带着无耻的狂妄态度出来自我标榜一番。也刚好在这点上，他们和演员一样伟大，所有这些可怜的无意志者，医生总是守在旁边研究着他们，他们用他们那表情的、变形的以及可以进入几乎任何一种派定角色的高超技巧而令人惊呆。

艺术家不是有巨大激情的人，尽管他们喜欢向我们和向自己这样宣称。有两个根据：第一，他们面对自己缺乏羞耻心（他们作为戏子而滥用它）；第二，他们的高利贷者——他们的才能——通常不乐意他们如此挥霍地被叫作激情的那种力量。有才能的人同时是他才能的牺牲品，人们生活在他才能的高利益盘剥之下。

一个人并非是通过表现他的激情来摆脱激情的，不如说当他表现它的时候，已经摆脱了它。（歌德的教导不同，不过好像他在这方面故意误解自己——出于审慎。）

关于生活的理性。一种相对的贞洁，哪怕在思想中也对色情持有一种基本的聪明的谨慎，这一点对于禀赋丰富的完满的天性来说，也算是巨大的生活理性。这个原理特别适用于艺术家，它属于最高生活智慧之列。明白无疑地赞同这一见解的呼声已经升高，我这里提起司汤达、泰戈蒂叶，还有福楼拜。艺术家按照其性质来说，恐怕难免好色、易受刺激，每种官能都开放着，远远地就能对刺激和刺激的暗示起反应。尽管如此，平心而论，处在他的任务、他要获得技能的意愿压力下，他倒真正是个节制的人，甚至常常是个贞洁的人。他那点优势的本能要他这样，不允许他随随便便地消耗自己。一个人在艺术构思中消耗的力，和一个人在性行为中消耗的力是同一种力，也只有一种类型的力。对于一个艺术家来说，在这方面输掉，在这方面消耗自己，就是背叛，它会把他的艺术贬值到不可估量的程度。

同艺术家相比，科学家的出现确实是生命的某种限制和降级的标志（但也是强大、严格顽强、意志力的标志）。

在何种程度上，艺术家身上的虚饰，对真实和效用的漠不关心，可以是年轻的和"稚气"的表征……他们的惯常举止，他们的不理智，他们对自己的无知，他们对"永恒价值"的淡漠，他们"游戏"时的认真——他们缺少体面；丑角与上帝为邻，圣徒与恶棍为邻……模仿一种专横的本能。上升的艺术家和下降的艺术家，但他们是否属于一切阶段？……是的！

倘若其中没有女人和女人的工作，艺术和科学的整个链条是否会缺少某一个环节呢？我们承认这个例外——它证明了规则——女人总会把算不上工作的事做得尽善尽美，例如，写信、写回忆录，总之，这些事并非手艺，而这正是因为她在其中实现自己，也因为她借此说服了她所赋有唯一的艺术冲动——她要让人喜欢……可是，女人和真正艺术家的热烈冷淡岂可同日而语？后者赋予一种声响、一种气息、一种细枝末节以较它本身更多的意义，他伸开五指抓取最隐蔽、最内在的东西，他不把价值给予任何一个事物，除非它知道变为形式（除非它自首，除非它自己亮相）。艺术，就像艺术家所从事的那样，难道你们不明白它是什么吗？它是对一切羞耻心的剿杀……也只有在这个世纪，女人才胆敢涉足文学（老米拉波说：向文坛流氓、无聊文人看齐），她写作，她搞艺术，她失去本能。于是人们不禁要问：究竟往何处去？

一个人只有当他把一切非艺术家看作"形式"的东西感受为内容、为"事物本身"的时候，才是艺术家。如此，他当然就属于一个颠倒的世界，因为从今以后，内容被看成是纯粹形式的东西，我们的生命也算在内。

对于细微差别（真正的现代行为），以及不平常事物的领悟和喜爱，是与本能背道而驰的，本能的兴趣和力量在于抓住典型事物，如同黄金时代的希腊风尚那样。其中有一种对蓬勃生机的制服，分寸成为主人，坚强灵魂的那种平静只是根基，它动作缓慢，对过分的生机怀有厌恶之情。普遍情况、法则受到重视和强调，相反，例外被放到一边，细微差别也被一笔抹杀。坚固、有力、牢靠的东西，宽广有力地栖息着的、掩藏自身力量的生活，这一切"令人愉快"，即符合人们的自我评价。

大概说来，我认为艺术家比到目前为止的全部哲学家都更正确，他们没有离开生活轨迹而前进的总轨道，他们热爱"尘世"事物——他们爱他们的感官。在我看来，追求"禁欲"倘若不是一种纯粹的虚伪或自欺，那就可能是一种误解，或者是一种病态，或者是一种治疗。我祝愿我自己、一切不为清教徒良心所困扰而生活着的人们及可得而如此生活的人们，不断增进其感官的精神性和多重性，我们的确愿为感官的精细、丰富和有力而感谢它们，并且为此而向它们奉献我们最好的精神成果。像僧侣和形而上学那样把感官斥为异端与我们何干！我们已经不再需要这样制造异端了，一个人像歌德那样以不断增长的乐趣和诚意依恋着"半尘世事物"，这也正是有教养的标志，这样也会坚持一个伟大的人类观念：当人学会美化自己的时候，他就成了存在的美化者。

艺术中的悲观主义？艺术家逐渐为方法本身而喜欢方法，醉在方法当中而认出了自己，极端的精致和色彩的鲜丽，线条的清晰，音色的细腻——在正规状态下任何特色都阙如此处的特色。一切有特色的东西，一切细微差别，只要它们令人想到醉引起的极端力量的振奋，就会重新唤起这种醉感。艺术作品的作用便在于激发艺术创造状态，激发醉境。

艺术的本质始终在于它产生完美和充实，艺术本质上是肯定，是祝福，是存在的神化……一种悲观主义的艺术意味着什么？这不是自相矛盾吗？是的。当叔本华把某些艺术作品用来为悲观主义服务时，他错了。悲剧并不教人"听天由命"……而可怕可疑事物本身就已经体现着艺术家的强力本能和雄伟气魄，他不怕它们……根本不存在悲观主义的艺术……艺术从事着肯定。作品从事着肯定。可是左拉呢？龚古尔兄弟呢？他们表现的事物是丑的，然而他们之所以表现它们，是出于对这些丑的事物的乐趣……无济于事！你们还要固执己见，那你们就是在欺骗自己。陀思妥耶夫斯基将是怎样的救星啊！

倘若我的读者们被充分地告知，生活大舞台上的"善"同样意味着枯竭的一种形式，那么，他们就会尊重基督教的结论了，它把善想象为丑的东西。基督教在这一点上倒是对的。

对一个哲学家来说，宣布"善与美是一回事"是一种卑鄙行为，如果他竟然还要补充说"真也如此"，那他真该打。可见，真理是丑的。

我们有了艺术，依靠它我们就不致毁于真理。

艺术的道德化，艺术是对道德约束和道德广角镜的摆脱，或者是对它们的嘲讽。逃回大自然，在那里大自然的美与恐怖交媾。便有了伟人之受孕。

——脆弱而无用的奢侈的灵魂，一阵微风就使它黯然，"美丽的灵魂"。

——褪色的古代理想，将以其不可调和的严厉和残忍觉醒，以恢复它们的本来面目；它们是最为恢宏大观的怪物。

——心领神会到所有的道德文化艺术家都不知不觉地在蠕行和作戏，是一种幸灾乐祸的享受。

——艺术的造作——把艺术的不道德大白于天下。

——把"理想化的基本力量"（肉欲、醉、太多的兽性）大白于天下。

艺术中的现代伪币制造活动，它被认为是必不可少的。也就是说，它适应于现代精神的最实际的需要。

人们填补才能的缺陷，更多地填补教育、阅历和素养的缺陷。

第一，他们找一伙不大在行的公众，这些公众无条件地爱他们（并且顷刻间就能跪倒在角色面前）。我们这个世纪的迷信，对"天才"的迷信，也助长了这一点。

第二，他们虚张声势地谈论一个民主时代的怨天尤人、贪慕功名和自我掩饰的黑暗本能，可见姿态的重要性。

第三，他们把一种艺术的方法搬到另一种艺术中去，把艺术的目的与知识的目的、教会的目的、种族利益（民族主义）的目的或哲学的目的混为一谈——他们一下子就敲响了所有的钟以激起似是而非的疑惑，也许他们是一个神。

第四，他们奉承女人、受难者和愤怒者，而且他们使麻醉剂和鸦片剂在艺术中也占据优势。他们把有教养的人、诗歌和古老历史的读者逗得心痒难耐。

"公众"和"佼佼者"的区别。一个人要满足前者，在今天就必须是个江湖骗子，要满足后者，就只要愿意是个高手，哪里还会是别的！我们19世纪特有的天才抹平了这个区别，在两方面都称得上伟大；雨果和瓦格纳的巨大骗术，不过还要与如此真实的高超技艺相交媾，甚至足以使艺术感官最精细的人也心满意足。于是缺少大师，他们有一种游移眼光，时而要照顾最粗俗的需要，时而也要照顾最精雅的需要。

虚假的"强化"。第一，在浪漫主义中，这种经常的富于表情不是强大的标志，而是一种欠缺感的标志。

第二，如画的音乐，所谓戏剧性的音乐，要特别容易些（如同恶毒地散布流言蜚语，以及自然主义小说里罗列事实和特征一样）。

第三，"激情"是神经和疲倦心灵的事情，比如从峻岭、荒漠、暴风雨、宴饮和可憎的事得到的享受，从大量和坚实的东西得到的享受（比如在历史学家那里），事实上存在着一种对逾常感觉的崇拜

(强大的时代在艺术中有一种相反的需要，对于激情的反面的需要，这是怎么回事？)。

第四，对于刺激性题材的偏爱（色情或病理学），这一切标记都是为了今天那些人、那些劳累过度的人、那些变得涣散或虚弱的人制定的。

对人们必须施暴政，才能奏效。

现代的艺术是一种施暴政的艺术。粗糙而强迫推行的轮廓逻辑，题材被简化成了公式，公式在施暴政。线条中包含着一种未开化的杂多，一种压倒一切的堆积，把感官弄得混乱不堪，色彩、题材和欲望的蛮横。例如，左拉、瓦格纳，在更精神化的层次上还有泰纳。除此便是逻辑、堆积和蛮横。

关于画家，所有那些现代作家都是曾经幻想过要做画家的诗人。有的曾在历史里寻找悲剧，有的却在发掘风俗剧；前者正在表现哲学，后者则在参悟宗教。这一个模仿拉斐尔，那一个模仿早期意大利大师，风景画家用树和云彩来制作颂歌或挽歌。没有人是纯粹的画家，人人都是各种各样事件或理论的考古学家、心理学家和舞台的主持人。他们欣赏我们的博学，欣赏我们的哲学。他们和我们一样富于一般的思想，并且也丰富得过了头。他们爱好一种形式并不是为了它是什么，而是为了它能表达了什么。他们是博学的、苦恼的、探索的时代的产儿，与那些不事阅读、只想用眼睛来享受的古代大师们相距千里。

瓦格纳的音乐在根子上还是文学的它当之无愧是十足的法国浪漫主义，异国情调（延异的时代、风俗和激情）的魅力，施加于多愁善感的小康国民。跨进极其遥远的异国之史前天地时的狂喜，那通道是凭画本导引的，整个地平线因此用新的颜色和可能性描绘出来——对更为遥远的未知世界的憧憬，对林荫道的鄙弃——不用欺骗自己，因为民族主义也只是异国情调的一种形式——浪漫主义音乐家叙述的是异国籍在他们身上做成了什么，人们一心想经历异国事件，以及佛罗伦萨和威尼斯风味那样的激情，最后人们满足于在想像中寻求它们——根本的东西是一种新的渴望，一种照着做、照着生活的愿望，灵魂乔装和作假——浪漫主义艺术只是对一种不成功的"真实性"的应急措施。

创新的尝试：革命、拿破仑。拿破仑代表着精神的激情，精神的空间扩张。

意志越衰弱，感受、想象、梦想新奇事物的欲望就越漫无节制。人们经历过的放荡事情的后果，在贪求放荡感觉的饥火中燃烧——异国文学提供了最过瘾的佐料。

温克尔曼和歌德的希腊人，雨果的东方人，瓦格纳的冰岛诗歌式人物，司各特的13世纪英国人——总有一天整部喜剧会被揭穿！这一切都是异乎寻常的虚假历史，然而却是时髦的。

关于民族的天才对待外来的和借鉴的东西的态度特点——

英国的天才把自己感受到的一切粗俗化和自然化；

法国的天才把它们稀薄化、简单化、逻辑化、装潢打扮；

德国的天才把它们融合、调和、缠绕和道德化；

意大利的天才远为自如和巧妙地使用所借鉴的东西，并且往里面放入的要百倍地多于从中取出的，他们才是最丰富的天才，因为赠送得最多。

犹太人借助海涅和奥芬巴哈而在艺术领域里达乎天才，法国音乐家奥芬巴哈是一个最机智、最放纵的色情狂，作为一个音乐家，他保持着伟大的传统，对并非只有耳朵的人来说，他又是一次真正的解放，并且摆脱了那些感伤的归根到底是堕落的德国浪漫派音乐家。

奥芬巴哈：法国音乐兼伏尔泰式的智慧、自由、放纵，带着一丁点儿冷笑，然而明朗、机智到了平庸的地步（他不是修饰），毫无病态的或曰金发维也纳人那淫荡的做作，倘若把艺术家的天才可理解为法则下最高的自由，最凝重之中的神性的轻快和敏捷，那么，奥芬巴哈要比瓦格纳更有权利被称为"天才"。瓦格纳笨重而迟钝，对他来说，没有什么比纵情的完美时刻更陌生的了，而这种时刻在小丑奥芬巴哈那里每插科打诨一次就几乎都能达到五六次。不过关于天才也许可以有别的一些什么理解。

关于"音乐"，德国音乐、法国音乐和意大利音乐。（我们政治上最卑微的时代是最多产的时代。斯拉夫人?）文化历史的芭蕾，战胜了歌剧，戏剧演员的音乐和音乐家的音乐。如果认为瓦格纳作的曲子是形式，那可是误解，它是无形式的东西。戏剧结构的可能性现在尚有待于发现节奏。为了"表达"不惜一切代价。《卡门》的光荣、许茨（以及"李斯特协会"）的光荣——乐器的卖淫、门德尔松的光荣；歌德的一个要素就在其中而不在任何别处！（就像歌德的另一个要素在拉结身上趋于完成，而第三个要素在海涅身上趋于完成一样。）

描述的音乐：听任真实去发挥作用……所有这类艺术都是较为容易的、较近于模仿的，且低能儿就会追求它们，向本能呼吁，暗示的艺术。

关于我们的现代音乐，旋律的衰弱就像"思想"的衰弱，辩证法的衰弱，精神活动自由的衰弱。——一种笨拙和迟钝，止发展成为新的冒险，甚至发展成为原则，最后，人们只有其天资的原则，即天资狭窄的原则。

"戏剧音乐"是胡扯！这纯粹是坏音乐……当人们达不到高度智慧，及这种智慧的（如伏尔泰）幸福之时，"感情"和"激情"就成了替代品。"感情"和"激情"在技术上较容易表达，而这又是以更为可怜的艺术家为前提的，转向戏剧，就暴露了一个艺术家支配虚假手段比支配真实手段更在行。于是，我们便有了戏剧绘画、戏剧诗歌等。

我们在音乐里缺少一种懂得为音乐家设置规则、创造良心的美学，由此造成的后果是，我们缺少一场为"原则"的真正斗争，因为作为音乐家，我们同样厉害地嘲笑这个领域里赫巴特的幻想，就像嘲笑叔本华的幻想一样。事实上，从中产生了一个巨大的困难，我们不再知道论证"典范"、"卓越技巧"、"完满"等概念，我们在价值领域里，凭着往日爱好和欣赏的本能四处盲目地摸索，我们几乎信奉"凡使我们高兴的便是好的"……完全无辜的贝多芬到处被称作"古典派"，这种情形就引起了我的怀疑。我本会严格坚持，在其他艺术中，人们是把古典派理解为同贝多芬相反的类型的。然而更有甚者，瓦格纳那完美耀眼的风格的瓦解，他的所谓戏剧风格，居然也被当作

"榜样"、"卓越技巧"、"进步"而受人仿效并大出风头，于是我忍无可忍了。音乐中的戏剧风格，如瓦格纳所理解的那样，便是根本放弃风格，服从于以下前提：另一种东西与音乐相比要百倍地重要，这种东西当然就是戏剧。瓦格纳会画画，他不是为了音乐而使用音乐，他故作姿态，因为他是诗人；最后，他像所有剧场艺术家一样诉诸"美感"和"高耸的酥胸"，他同所有剧场艺术家一道诱使女人和文化贫乏之辈皈依自己，可是，音乐与女人及文化贫乏之辈何干！这些人全无艺术的良心，当一种艺术首要的、必不可少的优点因为次要的目的。例如，戏剧的奴婢被践踏和嘲弄时，他们无动于衷。当所要表达的东西，即艺术本身失去了它自己的规则时，随着表达手段的任何扩展都会发生什么事情呀！如画一样的华美和色调的强烈，声调的象征意义，节奏，谐音和不谐音的色调，音乐的暗示意义，靠瓦格纳而获得支配地位的音乐的官感，这些就是瓦格纳在音乐中所认识、强调和发展的一切。雨果在语言中做了相似的事情，然而如今在法国，人们谈及雨果时已经自问：难道没有败坏语言吗……随着感官在语言中被抬高，语言中的理性、智慧和深刻的法则难道没有被有所压低吗？诗人在法国成了雕塑匠，音乐家在德国成了戏剧演员和文化油漆匠，难道这还不是颓废的征兆吗？

　　今天还存在一种音乐家的悲观主义，甚至在非音乐家之中也存在。谁没有遇到过、谁没有诅咒过这种晦气的青年人，他把他的钢琴抓出绝望的叫嚣，他在自己面前亲手搅动着阴郁的灰褐色的和声泥浆？一个人从此而被认出是个悲观主义者……那么，他是否也以此而被认出是个"音乐家"呢？反正，我是不会相信的。瓦格纳之徒的纯粹血统是非音乐的，他屈从音乐的自然力差不多就像女人屈从她的催眠师的意志一样，而为了能够做到这一点，他就不可因为严厉而细腻的良心而在音乐和音乐效果的迷画中变得多疑。我说"差不多就像"，可是也许在这里事情的真相超过一个比喻。不妨细想一下瓦格纳带着偏爱而使用着那制造效果的手段（其中很大一部分他还得自己来发明），他们与催眠师用来制造效果的手段有着惊人的相似（其动作的选择，乐队的音色；竭力逃避旋律的逻辑和规矩；蹑行，抚摸，神秘，他的"回旋曲"的歇斯底里）。那样一种状态，例如，《罗恩格林》序曲使听众陷入的状态，那同梦游者的恍惚有什么实质性区别呢？我听到一个意大利女人在听了上述序曲之后，带着那双女瓦格纳迷善于做出的狂喜眼神，便如此说道："这音乐多能催人入睡啊！"

音乐中的宗教，一切宗教需要在瓦格纳的音乐里能获得多少未被承认甚至未被理解的满足！那里面仍有多少祈祷、修身、涂油膏礼、"处女贞操"、"拯救"在发言！……音乐可以抄袭词和概念——它会怎样地从中获利啊，这狡诈的天使，它引导人追溯曾经相信过的一切！……当任何一种古老本能用颤抖的嘴唇从禁杯里啜饮时，我们理智的良心便无须自愧，它停留在外边——这是聪明、健康，就它由于宗教本能的满足而流露羞愧来说，甚至还是一个善的标志——阴险的基督教教义："后期瓦格纳"音乐的典型。

我区分面对人的勇气、面对物的勇气和面对纸张的勇气。例如，德国的神学家和哲学家史特劳斯的勇气就属于最后一种，我又区分有证人的勇气和没有证人的勇气，一个基督教徒，一个上帝的信徒的勇气根本不可能没有证人的勇气，仅这一点就足以使它贬值了。最后，我还区分出于秉性的勇气和出于对恐惧的畏惧而产生勇气，道德的勇气是后者的特例，出于绝望的勇气也属于此类。

瓦格纳具有这样一类勇气，他在音乐方面的处境基本上是绝望的。使人能够成为好音乐家的两大要素他都缺乏：自然和文化，音乐的天份和音乐的训练。他可有勇气，他把这缺陷制作成一个原则，他替自己发明了音乐的一个种类。"戏剧音乐"，正如他所发明的那样，就是他能够制造的音乐，而它的概念是瓦格纳的界限。

然而这是误解了他！——误解了他吗？……六分之五的现代音乐家都同他境况一样。瓦格纳是他们的救星，而且六分之五还是"最小的数目"。无论何处，只要自然无情地显示自己，文化却留在一种偶然、尝试、一知半解的状态中，艺术家就会本能地——我说什么啦？——热情地转向瓦格纳，像诗人歌德的《渔夫》诗中所说的那样："一半人拉他，一半他自沉。"

"音乐"和伟大的风格，一个艺术家的伟大不能用他所激起的

"美感"来衡量，淑女们才乐意信这一套。应该用他接近伟大风格、擅长伟大风格的程度来衡量。伟大的风格与伟大情感的共通点是——它不屑于讨好，它想不起劝说，它下命令，它意欲……支配人们的混乱，迫使他们的混乱化为形式。简单，明确，成为数学、法律——在这里，这就是伟大的野心。人们因此而骇退了，没有任何东西再能刺激起这种强者的爱，荒漠正围绕着他们，缄默，仿佛面临一种巨大恶行而恐惧……—切艺术都熟悉伟大风格的这种追求者，为何在音乐中却没有他们？还不曾有过一个音乐家像完成了匹提宫的那个建筑师那样来建造——这是一个问题。莫非音乐属于那种文化，在那里各种类型的强者的王国已经到了尽头？莫非伟大风格的概念终于还是同音乐的灵魂——我们音乐中的"女人"——发生了冲突？……

我在这里触及了一个关键问题：我们的全部音乐将何所归属？古典趣味的时代不知道任何可以同它相比较的东西，当文艺复兴的世界迎来自己的黄昏时，当"自由"辞别风俗甚至辞别人而去时，音乐却繁荣起来了，莫非反文艺复兴就成了它的特征？莫非它是巴洛克风格的姐妹，既然它们总是同生共存？音乐、现代音乐不是已经颓废了吗？……

我在前面已经指出了这个问题，我们的音乐是否不是艺术中的反文艺复兴？它是否不是巴洛克风格的近亲？它是否在同一切古典趣味的冲突中成长起来的，以至古典主义的每一要求都被它禁止？

对这个头等有价值的问题的答案本应当毋庸置疑，倘若以下事实可以获得正确评价，那么音乐作为浪漫主义，同时也作为对古典主义的反对，已达到了它的最高成熟和丰收。

贝多芬按照法国的浪漫主义概念的含义，是第一个伟大的浪漫主义者，就像瓦格纳是最后一个伟大的浪漫主义者一样……他们两人都是古典趣味、严谨风格的本能的反对者，更不必说在这一点上的"伟大"了。

浪漫主义，恰恰如同一切现代问题一样，是一个歧义的问题。

审美状态是两面的：一方面是丰富和赠送；另一方面是寻求和渴慕。

一个浪漫主义者是这样一个艺术家，是对自己的巨大不满造就了他，他把目光从自己和同代人身上移开，去回顾过去。

　　艺术是对现实不满的结果吗？抑或是对所经历的幸福表示感激？前者是浪漫主义，后者是颂扬和赞美（简单地说，神化的艺术）。拉斐尔也属后者，不过他的行为，具有欺诈性，把基督教世界观的外表奉若神明。他之所以感谢生活恰恰是因为生活并非纯粹基督教生活。

　　世界受不了道德的解说。基督教就是用道德的解说来"征服"世界的，即否定世界的企图。实际上就是一种疯狂的谋杀——人类面对世界的一种疯狂的自我抬高——只能以人类的阴暗、渺小和贫困告终，也只有最平凡最无害的族类，和群居的人们，才能在那里有所指望，倘若愿意，不妨说他们在那里还能繁荣滋生。

　　荷马是神化的艺术家，鲁本斯也是，而音乐界尚没有这种艺术家。

　　对伟大的作恶者的美化（意识到他的伟大）是希腊，对罪人的贬低、诽谤和蔑视是犹太人和基督教。

　　什么是浪漫主义？在考察一切审美价值时，我现在使用这个主要尺度，在每一个具体场合，我都要问："在这里是因饥饿还是因过剩而得以富于创造性的？"乍看之下，另外一个尺度可能看起来会合适些，它要引人注目得多，这个标志是：究竟对坚固、永恒、"存在"的愿望还是对破坏、变化、生成的愿望是创造的动机。然而，要深入地考察一下，这两种愿望确实仍是模棱两可的，并且在我看来也正是按照应当放在前面的那个被选中的方案才能得到说明。

　　对破坏、变化和生成的愿望可以是充溢着孕育未来力量的表示（正如人们所知道的，我给它的名称是"狄奥尼索斯"一词），但这也可以是对失败、匮乏和唾手而得的憎恨，这种憎恨破坏着，也必定要破坏着，因为现存物、甚至一切现存物、存在本身都在在激怒和挑拨着它。

　　另一方面，"不朽化"可以来自感激和爱，一种以此为泉源的艺术终归是一种神化艺术，也许热烈如鲁本斯，幸福如哈菲兹，英明仁慈如歌德，并且使荷马式的光辉普照万物，但它也可以是一个沉重受难者的那种施虐意志，他要把他痛苦的原有特质，把最个人的、最个别的、最狭窄的东西变为有约束力的法则和命令，他简直是向万物报复，其办法就是用他的印象、用他受折磨的印象来压迫、限制和烙烫它们。后一种情况表现得最突出的形式是浪漫悲观主义，而无需管它是叔本华的意志哲学还是瓦格纳的音乐。

在古典主义与浪漫主义的对立后面，是否就不会隐藏着积极与反动的对立？

一个人要成为古典主义者，就必须具备所有强大的、表面上充满矛盾的才能和欲望，不过它们应当共同服从于统一的驾驭，以走向适当的时机，来使文学、艺术或政治中的一种达到其高峰和顶点（并非在这已经实现之后……），在其最深刻最内在的精神中反映一种全貌（不论是一个民族的还是一种文化的），当时这种全貌还是坚固的，尚未被对外国的模仿所污染的（或者还是有所依赖的……）；不是反的、而是审慎的引向前进的精神，在任何情形下，哪怕在憎恨时也会表示肯定。

"难道最高的个人价值不在此例吗？"……或许要考虑，道德偏见在这里是否不起作用，以及伟大的道德高度是否同古典主义相矛盾？……道德怪物在言论和行动上是否不一定是浪漫主义者？……一种德行压过别的德行的偏重（就像在道德怪物那里）恰好是同平衡的古典力量相敌对的。假如一个人具有这般道德高度，却又仍然是古典主义者，那么我们可以大胆地断言，他在同等高度上是不道德的。这恐怕就是莎士比亚的情形（假定他真是培根勋爵）。

关于未来，反对具有巨大"激情"的浪漫主义。要懂得一定程度的冷峻、透彻和严厉是怎样同一切"古典"趣味密切相连的优于一切的连贯性，理智的愉快，集中情感、情绪、巧智的憎恶，憎恶难多，不确定性、闪烁其辞、朦胧犹如憎恶简略、尖刻、漂亮和善良。一个人不应当玩弄艺术公式，而应当改造生活，它必能自己获得形式。

这是一场开心的喜剧，我们最近才学会对它发笑，因为我们刚刚观看了它，赫尔德、温克尔曼、歌德和黑格尔的同时代人宣布重新发现了古典理想……而且还有莎士比亚！这同一伙人又卑鄙地同法国古典学派断绝了关系！似乎从这里不像从别处那样，曾经能够学得根本的东西！……可是人们想要"天性"、"自然"，多么愚蠢啊！人们竟相信古典主义是一种自然行为！

不带偏见和放任，彻底地思考一下，在什么样的土壤上能生长起一种古典趣味？人的硬朗、朴实、坚强和凶悍，与此密不可分。逻辑和心理的简化。对细节、复杂和含糊的蔑视。

德国浪漫主义并不反对古典主义，而是反对理性、启蒙、趣味和18世纪。

瓦格纳浪漫主义音乐的敏感性是古典敏感性的对立物。

要求统一的意志（因为统一施暴政，即施于听众和观众），在主要之点上却无法向自己施暴政，这是就作品本身来看（就删节、缩短、澄清、简化来看），以量取胜（瓦格纳、雨果、左拉、泰纳）。

艺术家的虚无主义。自然通过它的晴朗残酷，用它的日出进行嘲讽。我们敌视感动，我们逃到那样的地方，在那里，自然触动我们的感官和我们的想像力，我们无物可爱，我们也不曾想起北方自然道德上的虚伪和谨慎，在艺术中同样如此。我们更喜欢不使我们想起"善和恶"的东西。在一个可怕而幸福的自然之中，在感官和力的宿命论中，我们的道德敏感和痛苦似乎得到了解脱，这便是无善的生活。

恬然存在于自然对善和恶的极冷淡的注视之中。

历史没有正义，自然没有善。因此，一个悲观主义者若是艺术家，就会进入历史，在那里，正义的不存在，仍会极其天真地得到显示，而这恰恰是完满表现出来了；他同样也进入自然，在那里，冷漠的性格并不遮掩自己，自然表现出完美的性质……虚无主义艺术家在对愤世嫉俗的历史，和愤世嫉俗的自然的向往偏爱中，透露了自己。

究竟什么是悲剧的因素？我一再指出亚里士多德的误解，他相信在两种消沉的情感中，即在恐惧和怜悯中，可以辨认出悲剧的情感。假如他是对的，悲剧就是一种危及生命的艺术了，那么人们必须警惕它犹如警惕某种通常有害的和声名狼藉的东西。艺术本来可以是生命的伟大刺激剂、生命的陶醉、求生存的意志，在这里却为衰落服务，这就好像悲观主义的侍女一样损害健康（因为亚里士多德似乎相信，人们通过在自己身上激起这些情感而从它们得到"净化"，而这是不真实的）。某种东西惯常激起恐惧和怜悯，它就是在瓦解、削弱和使人气馁。如果说叔本华关于悲剧教人听天由命的看法是对的（即温顺地放弃幸福、希望和生存意志），那就得设想要有一种自己否定自己的艺术。于是，悲剧意味着一个瓦解过程，生存本能在艺术本能中自己毁灭着自己。基督教、虚无主义、悲剧艺术、生理的衰弱，这些东西彼此支持，在同一时刻走向优势，互相驱赶着前进，驱赶着——堕落……悲剧就会是一个衰败的征象了。

人们可以用最冷静的方式来反驳这个理论，即用功率计来测量悲剧情感的效果。而其得到的结果是，最后只有一个教条主义者的绝对欺诳才会不予承认，这个结果是，悲剧是一种强壮剂。如果叔本华不想明白这一点，如果他把通常的沮丧看作悲剧状态，如果他告诉希腊人（他们不"顺从"他的烦恼……），说他们并非处于世界观的高峰，那么，这是先人之见，是体系的逻辑，是教条主义者的伪造，这样一种糟糕的伪造将会一步一步地败坏掉叔本华的全部心理（他武断而粗暴地曲解了天才、道德、异教、美、知识以及几乎一切事物）。

悲剧艺术家。"美"的判断是否成立和因何成立，这是（一个人的或一个民族的）力量的问题，充实感，积涨的力量感（由此而得以勇敢而轻快地接受懦弱者为之颤抖的许多东西）。强力感对于那些无力的本能，只能评价为可憎的"丑的"事物和状态，也会作出"美"的判断。有一种嗅觉，当我们的肉体遭到危险、诱惑时，它使我们安全地过，这种嗅觉同样也决定着我们审美上的肯定。

由此可见，总之，对可疑和可怕事物的偏爱乃是有力量的象征，对漂亮的和纤巧事物的喜好则是衰弱和审慎的征象。对悲剧的快感表明了强有力的时代和性格，它们在悲剧的残酷中自我肯定，坚强得足以把苦难当作快乐来感受。

可以设想一下相反的情况，懦弱者渴望从不是为他们而设的艺术中获得享受，为了使悲剧合他们的口味，他们会怎样做呢？他们会把他们自己的价值感塞进悲剧里去。例如，"道德世界秩序的胜利"，或"人生无意义"的说教，或"听天由命"的要求（或许还有亚里士多德的半医学半道德的情感净化）。最后，恐怖的艺术，只要它刺激神经，就可以作为兴奋剂而成为懦弱者和疲惫者的宝贝。例如，在今天，这就是瓦格纳的艺术成为宝贝的原因。一个人在多大程度上敢于承认具有可怕和可疑特征的事物，他最终是否需要一个"答案"，这是幸福感和强力感的一个标志。

这种艺术悲观主义恰好同道德宗教悲观主义相反，后者苦于人类的"堕落"和存在之谜，而它却一定要一个答案，至少要一个解答的希望。受苦的人、绝望的人、不相信自己的人，一句话，病态的人，任何时候都必须有振奋人心的幻想，以便撑下去（"天国幸福"的概念就是这样产生的）。颓废艺术家的情形与此相似，他们在根本上虚无主义地对待生命，逃入形式美之中，逃入精选的事物之中，在那里，自然是完美的，它淡然地伟大而美丽……（因此，"爱美"不一定是欣赏美和创造美的一种能力，它恰恰是对此无能的象征）。

艺术家从每种冲突中奏出和声，他们使事物享受到他们的强大和自救，他们通过每件艺术品的象征意义，表达出最隐秘的体验，他们的创作是对生存的感谢。

悲剧艺术家的深刻在于，他的审美本能可以洞察遥远的结果，而并非近视地局限于身边的事物，他肯定大经济学，这种经济学为可怕的、可恶的、可疑的东西辩护，而且还不只是辩护。